JN048325

50州が動かすアメリカ政治

久保文明
21世紀政策研究所
［編著］

keiso shobo

ご 挨 拶

　このたび久保文明先生＋21世紀政策研究所による編著『50州が動かすアメリカ政治』が勁草書房から発刊されることになりました。本書は，久保文明先生のご指導のもと，前嶋和弘先生はじめアメリカ研究の第一線でご活躍の研究者の方々の参加を得て21世紀政策研究所が進めてきたアメリカ研究プロジェクトの成果をもとに，アメリカの州─連邦関係の分析に焦点を絞ってとりまとめられたものです。

　2017年のトランプ政権発足以降，大きく変動するアメリカ政治・社会の動向，そして，通商，安全保障，地球温暖化などをめぐる主要政策が国際協調体制や国際秩序に及ぼす影響を理解することが従来にもまして重要になっています。そこで，当研究所では，国際情勢分析事業の一環として，大統領選挙をめぐるアメリカの政治情勢と社会の変化，アメリカの対外政策の変化が日本，中国，ヨーロッパ，国際機関などに及ぼす影響，企業の事業活動に影響を及ぼす主要政策の3点を研究課題として取り上げました。研究の推進にあたっては，企業の現場で得られた知見や視点を政策研究に反映させる観点から，対米ビジネスや国際社会での経験が豊かな各業界の企業人に参画いただき，研究者との間で14回にわたり討論を行いました。

　本書は，上記3つの研究課題のうち，企業の事業活動に影響を及ぼす主要政策について，アメリカでは，これら政策が誰によってどのように決定されるのかという問題意識が出発点となっています。議論の前提として，まず，アメリカ国民が，生活に直接関係する制度のあり方は自ら決めるという考え方をもっており，その結果生じる州ごとの政策的な不揃いは基本的にすべて許容する点を指摘しています。そして，こうした国民の姿勢を背景に，州政府が多くの分野で政策の具体的な内容を決定し連邦政府の政策決定にも影響を及ぼすほか，アメリカ政治のあり方やアメリカと国際社会との関係をも規定するケースがあることを気候変動問題への対応など豊富な事例とともに説明しています。

　各章の論考と企業人によるコラムを通して，久保文明先生が「はじめに」で説明されているように，私たちが慣れ親しんでいる日本の地方分権の概念ではとうていはかりきれない州政府の権限の大きさを理解できます。こうした日本からは見えにくいアメリカの統治機構の仕組みを解明することで，各界で実際にアメリカとの関係構築に携わっている方々に対米理解を深めていただき，ひいては，今後の国際社会への向き合い方や日本社会のあり方を考える契機としていただくことを願っております[1]。

2021 年 1 月
21 世紀政策研究所所長[2]
飯島　彰己

1　本書は，21 世紀政策研究所の研究成果であり，経団連の見解を示すものではありません。
2　役職は 2021 年 1 月現在です。

はじめに

　アメリカで州政府の権限が大きいことはよく知られている。しかし，それがどの程度かについて，正確に理解している人はそれほど多くないのではなかろうか。少なくとも日本でいう地方分権といった概念では想像できない規模であることは確かである。

　州によって，死刑制度の有無だけでなく，教育制度や司法制度も異なっている。弁護士として活動するためにはその州の司法試験に合格している必要がある。裁判官を選挙で選ぶ州もあれば，そうでない州もある。州民投票制度の有無についても同様である。これらの例は，州の制度のあり方を決めるのは州民自身であるという考え方がいかに確固として定着しているかを表し，またアメリカ市民はこのような州ごとの不揃いを許容する国民であることも示している。

　ビジネスをめぐる政策あるいは規制についても，連邦政府が決定するものも存在するが，州政府の決定によるものが圧倒的に多い。州政府による規制に関して訴訟になった場合には，ほとんどの場合州の裁判所によって審理されることになる。運転免許証の取得，学校制度，アルコール飲料の販売時間の規制など，多国籍企業の現地駐在員の日常生活にかかわる事柄も，州ごとに違いがある。

　連邦政府の決定が州政府を拘束する例は当然ながら多数存在するが，州の動向や州政府の決定が連邦レベルの政治に影響を及ぼす場合もある。たとえば，長らく共和党が強かったカリフォルニア州が 1992 年の大統領選挙以降，民主党が強い州になっていることは，大統領選挙の帰趨に大きな影響を及ぼした。あるいは，トランプ政権は地球温暖化防止のためのパリ協定から離脱したものの，アメリカ全体の人口の 55%，GDP の 60% を占める全米 25 の州は，パリ協定の気候変動対策目標を域内で遵守することを約束する「アメリカ気候同盟」を結成した。また，13 の州およびワシントン DC，プエルトリコが 100% クリーンエネルギーを達成するための法律や州知事令を可決し，9 つの州が炭

素汚染物質削減目標を設定した。

　本書は，州政府がもつ巨大な権限を確認し，また州政治のあり方について連邦政治と比較しながら把握しつつ，州が連邦の政治に及ぼす影響，そして州ごとの相違についても，掘り下げて説明しようとしたものである。本書において提供するいくつかのコラムについては，現地に駐在された経済界の方から寄稿していただいた。

　アメリカにおける州政治の重要性について，そして連邦の政治との双方向的な関連について，これまで以上に視野の広い理解のために本書が貢献できれば，著者一同にとって望外の幸せである。

　本書は，かねてより久保文明を研究主幹，前嶋和弘を研究副主幹として実施されていた 21 世紀政策研究所米国研究プロジェクトの研究成果の一部である。プロジェクト実施にあたり，事務局長の太田誠氏ほか研究員の皆様から終始一貫変わることなくいただいてきたご支援とご厚情にあらためて感謝の念を表したい。

　勁草書房編集部の上原正信氏には本書の構成につきさまざまな点でご助言いただくとともに，原稿の遅れについても辛抱強くお待ちいただいた。深くお礼申し上げたい。

2021 年 1 月 25 日

久保 文明

目　　次

第II部　州が動かす連邦の政治

第7章　州が起点となったエネルギー・環境政策の革新———— 159
杉野　綾子

第8章　現代アメリカを動かす州司法長官———————— 179
梅川　葉菜

第9章　州政府の多州連携————————————— 201
——連邦政府に頼らない課題解決の方法
梅川　葉菜

序 章

州の政治と連邦の政治

久保 文明

1. 州の権限の大きさと多様性

　アメリカの政治という場合，通常はアメリカの連邦レベルの政治を指すことがほとんどであろう。連邦レベルの政治とは，大統領選挙など連邦レベルの選挙，連邦議会が可決する条約や法律，あるいは連邦裁判所が下す判決を意味している。しかし，アメリカ合衆国憲法の定めるところにより，連邦政府には非常に限定された権限しか与えられておらず，多くの権限は実は州政府に残されている。その結果，国民の日常生活に影響を与える民法や刑法などの決定は基本的に州政府の権限であり，その結果必然的に中身も州ごとに違っている。経済規制，環境規制なども，州政府が独自で策定できる余地は大きい。と同時に，州の政治的傾向ないし方向性，すなわちリベラル勢力・保守勢力のどちらが強いかも，州によって大きな違いがある。

　連邦レベルでは民主党と共和党の党勢は，2020年上院選挙の結果議席数が50対50になったことに象徴される通り，ほぼ五分五分であり，きわめて拮抗している。2000年の選挙においても，上院の結果は同様に50対50であった。しかしながら，ひとたび州レベルに目を転ずると，共和党が強い州から，二大政党の勢力が拮抗している州，そして民主党が強い州まで，大きな違いが存在する。すなわち，州によって「大きな政府か小さな政府か」という点で大きな違いが存在するし，労働組合の権利を制限するいわゆる労働権法（right-to-work laws）の有無についても，さらには宗教心の強さ（世俗派に対してどの

程度，熱心な信者が存在するか）に関しても，無視しがたい相違が存在する。

　アメリカ政治における州の重要性を理解するためには，このように州政府がもつ大きな権限と州の間の多様性を理解する必要がある。ここで登場する論点としては，以下のようなものがあげられる。

1. 連邦憲法上，州に残された（留保された）権限の大きさ（第1章）
2. 州の統治機構と政治過程（とくに政党・利益団体）（第2章）
3. 州政治とメディアの関係（第3章）
4. 州政治における多様性と分極化
   a. 大きな政府と小さな政府（第4章）
   b. 労働組合の権利（第5章）
   c. 文化と宗教（第6章）

　第1章では，連邦憲法の規定を柱にしながら，州政府がもつ権限がいかに大きいかについて詳述している。アメリカでは中央政府が地方自治法を制定して地方自治を認めたのではなく，州政府が先に生まれ，その一部の権限を譲渡することによって連邦政府が生み出された。連邦政府の権限はきわめて限定されており，州政府は司法制度にも見られるように，自らの選択で多様な制度を採択している。

　第2章では，州の政治制度の基本について説明している。それは連邦の政治制度に酷似しているが，知事の拒否権を覆すために必要な議会での票数など，細部においては相違がある。14の州が州議会議員に対して任期制限を設けていることも，もうひとつの例であろう。また，州によっては第三政党が連邦より大きな役割を果たしている。

　第3章で扱われるメディアのあり方は，日本の状況と大きく異なっている。新聞・テレビ・ラジオいずれにおいても，「州のメディア」というものは存在しない。州の面積は通常きわめて広いため，メディアは地方自治体を拠点とする「ローカルメディア」として存在する。その中にあって，地方テレビは近年ローカルニュースの時間を増やしているが，同時にインターネットに押されて，新聞・テレビ・ラジオともに広告収入を減らしており，地方紙がなくなってし

まった地域すら存在する。

　第4章では，州の間に存在する政府の規模や射程の違いに焦点をあて，とくに福祉政策において州による給付水準や受給資格に大きな違いがあることを示している。興味深いのは，「小さな政府」を支持する南部諸州が，連邦政府補助金への高い依存度を示していることである。

　第5章は，州によって労働組合と労働者の権利のあり方がどのように異なっているかについて説明している。とくに企業経営者にとって重要なのが，労働権法（right-to-work laws）の有無である。これは，「労働組合による支配を受けることなく働く権利」を意味している。連邦の労働法のもとで，州はユニオン・ショップ協定（労働組合と使用者の間で，被用者が労働組合員であることを雇用条件とする協定）を禁止することが認められているが，2020年現在，27州においてこれを定めた労働権法が導入されている。

　宗教においても州の間には大きな違いがある。この問題を扱ったのが，第6章である。人工妊娠中絶については，1973年の連邦最高裁判所の判決によって，妊娠した女性が人工中絶を選択する権利が基本的に認められているが，近年州政府は意図的にこれに挑戦する法律を成立させている。同性愛・同性婚についても，2015年の連邦最高裁の判決が出されるまでは，州によって扱いが異なっていた。進化論教育をどの程度許容するかは，州政府よりさらに下のレベルで依然として深刻な争点であり続けている。

2．州が動かす連邦の政治

　以上が，州の権限と多様性を扱った章である。しかしながら，本書はそれにとどまらず，これまでの類書では踏み込んだ分析がなされていない部分にまで立ち入って考察を加えている。それが，州の政治が連邦政治に大きな影響を及ぼしている側面である。州政治の変化や行動が，連邦レベルの政治に大きく影響を与える場合があるが，これについてはこれまでの研究ではほとんど分析されてこなかったといえよう。州が連邦に影響を及ぼす経路や方法は多様であるが，ここではとりあえず，以下の5つを指摘したい。

5. 州の政治的傾向が大きく変わり，連邦政治のバランスにも変更を迫る（序章）。
6. 州に由来する政策や提案が連邦政府に採用され，全国に普及していく（第7章，第8章）。
7. 州独自の行動により，連邦政府と異なるばかりか，ときにそれと対立する政策が追求される（第8章）。
8. 統一州法あるいは州際協定によって複数の州が共同行動をとる（第9章）。
9. 州が連邦政府と異なる方針で国際社会と関わりをもつ（第10章）。

以下，5から9について若干の付言をする。

（1）州の政党支持パターンの変化が連邦の政治を変える

この文脈において，過去半世紀に起きた最も巨大な変化は，1970年代から今日にかけて南部諸州が民主党の一党支配から，共和党が優位に立つ地域に変わったことであろう。それまでの連邦レベルでの政党政治では，民主党内には南部保守派が牢固として存在し，共和党にも多数のリベラル派が残存していたため，超党派的性格が顕著であった。

しかし，それが長期にわたって徐々に，しかし大規模に変化していった。共和党が南部で勢力を伸ばしただけでなく，西部山岳州での党勢を伸ばした。ただ，それに伴う同党の保守化のいわば対価として，共和党は北部，とりわけリベラル色の強い東北部において議席を失った。

1994年の中間選挙において共和党は下院で40年ぶりに少数党を脱却して多数党の座に復帰した。その後は今日に至るまで，民主党とほぼ互角の戦いを演じている。その意味では，上記の変化は，民主党優位から両党拮抗の政党制への変化を生み出したといえる。

同時に，以上の過程において，共和党は党内のリベラル派と穏健派を大部分失い，他方で民主党は南部出身者を中心とする保守派を失い，両政党はイデオロギー的に以前よりはるかに純化された状態となった。今日のアメリカ政治のイデオロギー的分断の根のひとつはここにある。その意味で，上記の州・地域

における支配政党の変化は，連邦レベルの政治に重要な含意をもっていた（ただし，とくに南部白人の民主党離れのきっかけになったのは，1964 年の公民権法，すなわち連邦議会が制定した法律であった）。

　この例に匹敵するような州レベルの政党政治の巨大な変化の例は，ほかには恐らくないと思われるが，少し規模の小さいものを探せば容易に見つかる。たとえば，カリフォルニア州は 1950 年代から長らく共和党優位の州であった。1964 年大統領選挙のリンドン・ジョンソンの全国における圧勝時，民主党はカリフォルニア州でも例外的に勝利を収めたのみである。しかし，1992 年に民主党が勝利して以来，同党が圧倒的な優位に立っている。これによって，大統領選挙において 1968 年から 88 年まで 1 勝 5 敗であった民主党は，再び形勢互角に戻すことが可能になった。この変化の要因のひとつは，人口動態的なものである。すなわち，同州で民主党を支持する傾向が強いアジア系，ヒスパニック系住人が増えた結果，徐々に民主党が優位に立った。同じ時期に同州共和党が反不法移民の態度を鮮明にしたことも，この傾向を加速した。同州に集まったハイテク産業にも社会的にリベラルな人々が多く，それは民主党を強化した。

　2020 年の大統領選挙において，民主党はアリゾナ州で勝利した。この理由についても，ヒスパニック票の増加の影響が考えられる。隣のニューメキシコ州では，すでに民主党が安定して優位を確立している。今後テキサス州にまでこの効果が及ぶと，大統領選挙での二大政党のバランスが民主党優位に傾くであろう。

　それに対して，2016 年の大統領選挙では共和党がペンシルベニア，ミシガン，ウィスコンシンの 3 州で勝利した。4 年後の選挙で民主党がこれら 3 州を奪還したものの，その差はわずかであった。どちらかというと民主党が優位に立っていたこれらの州で，この 2 回の選挙において白人労働者票がドナルド・トランプを擁する共和党に流れた。もし今後もこれらの州で接戦が続くと，民主党にとって厳しい状況となる。

　このように，州政治の動向は，全国レベルでの政党の力関係に大きな影響を及ぼすのである。

（2）州の政策の波及

　連邦最高裁判事を務めたルイス・ブランダイスは「各州は民主主義の実験室である」との有名な言葉を残した[1]。

　在日本アメリカ大使館のホームページには，2019年7月1日に施行された州法の一部を以下のように例示している。

- カリフォルニア州は，「患者の知る権利法」を制定し，患者に有害な行為を働き保護観察処分にある医師や医療従事者に対して患者への報告を義務づける法律を制定した州第1号です。
- バージニア州は，吸引製品などたばこ製品を購入できる年齢制限を18歳から21歳へと引き上げました。この法律は，他の多くの州と同様の規制を導入したもので，現役軍人を適用外としています。
- インディアナ州は，州間高速道路での電動スクーターの走行を禁止しました。また同法は，州内の各自治体に，スクーターの追加規制を導入する権限を与えています。
- ジョージア州では法律により，入居者からの居住環境への苦情に対して，家主が立ち退きを求めたり報復措置をとることが禁じられています。
- アイオワ州は，農村地帯に高速インターネット通信サービスを拡大する企業への奨励策として，助成金制度を創設する法律を制定しました[2]。

　このような例からも，各州の創意工夫でさまざまな新規の政策が実行に移されていることがわかる。州で試みられた「実験」については，水平的波及と垂直的波及を考えることができよう。

　20世紀初頭，ウィスコンシン州で制定された政党法は，主要政党が連邦議員公認候補や州知事候補などを決定する際に，党幹部が恣意的に決めてはならず，党員による投票（予備選挙）によって決めるように義務づけた。これは細部で多少の相違を伴いながらも，1920年頃までにはほとんどの州で採用されることになった。

　同じく20世紀初頭，西部の州において，州民投票，リコール，住民（州民）発案など，いわゆる直接民主主義的手段が法制化されたが，これも他州・他地

域に伝播し，今日ではおよそ半数の州で実施に移されている。

　これらは水平的伝播であるが，前者は，全国政党の本質的性格にかかわる法制であり，アメリカの政党の規律の弱さ，すなわち分権的性格を規定しているため，連邦レベルの政治に対しても重要な含意をもっていたともいえる。

　いわゆる垂直的伝播の例も多数存在する。20世紀に入ってから，ウィスコンシン，マサチューセッツ，ニューヨークなどの州では，失業保険，最低賃金，時間外手当に関する法律が制定されたが，これらの政策は1933年から開始されたニューディール政策の一部として連邦政府によっても採用された[3]。

　これらは大きな政府への流れのなかでの出来事であるが，政治的には逆の，すなわち小さな政府に向けた流れで起きた事例も存在する。1978年，カリフォルニア州では住民提案第13号が可決され，財産税の大幅な引き下げが可決された。これは全米に衝撃を与え，第二次世界大戦後のアメリカ政治で主流であった大きな政府のあり方に修正を迫った。それは減税の規模においてカリフォルニア州を下回るものの，アリゾナやマサチューセッツなど他の州の減税に波及しただけでなく[4]，全国の減税運動とそれと結びついた保守派の運動を下支えした。1980年にはロナルド・レーガンが当選し，翌年には連邦レベルでの大減税が成立した。連邦レベルでは国民投票制度は存在しないが，州民投票の結果が連邦政治に影響を与えることは可能なのである。

　1996年，連邦議会は大統領に項目別拒否権を与える法案を可決した。これは多数の州が採用している手法であり，州知事は予算案について一括して拒否権を発動するのでなく，その一部についてのみ拒否権を発動できる。これも，州政府が採用している方法が連邦に波及した一例である。ただし，これは1998年に連邦最高裁判所によって違憲と判断された。ちなみにこの方式は，現在では43州において採用されている。1994年に連邦議会が可決した「三振バッターアウト法」（犯罪3回目で重罪となる）も，すでにいくつかの州が実施していた法律を取り入れたものである。

　このようなアイディアの政治の例はほとんど枚挙にいとまがない。

　第7章で扱っている政策革新もその例である。この章では，州政府が州政府固有の権限に基づいて実施した新たな政策が，連邦政府に影響を及ぼした例を分析している。ここで扱われているのは電気料金改革と再生可能電力基準（Renewable Portfolio Standard: RPS）である。前者は結果的に全米すべての州に受け入れられるに至っており，後者はまだ12の州が導入しておらず連邦法も成立していないが，これらの州レベルでの政策革新が低炭素化に向かう「潮流」を形作っていることを示唆している。

（3）連邦政府の前に立ちはだかる州政府

いうまでもなく，州政府と連邦政府の間には長年にわたって協力関係が数多く，しかも多重・多層的に存在している。しかしながら，州政府が連邦政府の政策を阻止しようとして行動する場合もある。

近年目立つのは，第8章において詳述されるように，州政府とくに州の司法長官が連邦政府を訴える例である。むろん，最終的には訴訟提起のみでは目的は達成できず，多くの場合，連邦最高裁判所で勝訴を勝ち取る必要がある。ただし，連邦地方裁判所で勝訴するだけで，連邦政府による政策執行を一時的に停止させることができるので，それだけでも一定の成果であるとの評価も成り立つ。トランプ政権のように4年しか存続できなかった政権にとって，そのうち数年間でも訴訟によって政策の実施を阻まれると，その痛手は小さいとはいえなくなる。

共和党の複数の州の司法長官と2州の知事は，皆保険化を目指す医療保険改革であるオバマケア（2010年成立）について，2017年の税制改革法においてオバマケアへの加入を怠った人に対して課される罰則が廃止された以上，医療保険改革法すなわちオバマケア全体が無効になったはずであると訴えた。2018年12月に出されたテキサス連邦地方裁判所の判決は，以上の訴えを認めて，医療保険改革法を違憲とした。ただし，差し止め命令は含まれておらず，また民主党のカリフォルニア州知事が控訴したため，引き続き争われることになった。連邦最高裁判所は2020年11月に審理を開始したが，ロバーツ判事とカバノー判事が加入義務づけを違憲とする一方で，他の部分の存続を認める姿勢を示したことから，アメリカの多数のメディアは，オバマケアは存続する見込みであると報じた。

民主党の影響力が強いハワイ州は，トランプ大統領が主にイスラム教徒が住む6カ国からの修正版入国禁止命令を発したことについて，2017年3月訴訟

を同州の連邦地方裁判所に提起して勝訴し，無期限の差し止め命令を勝ち取った。さらにサンフランシスコの連邦控訴裁判所は 2017 年 6 月，執行を差し止める一審判決を支持した。連邦第 9 巡回区の控訴裁判所は，大統領令が既存の移民法に抵触するとの判断を示した。控訴裁は，大統領令が特定する 6 カ国の国民の入国や難民受け入れが，アメリカの国益を損ねるという主張を，トランプ政権は十分に証拠で裏付けていないと判断した。

　しかし，連邦最高裁判所は 2018 年 6 月，トランプ大統領が 17 年 9 月に出した修正版イスラム圏 5 カ国からの入国制限措置を支持する判断を示した。下級裁判所はこの入国禁止令についても違憲としていたが，最高裁では 9 人の最高裁判事のうち保守派の 5 人が禁止令を支持し，賛成 5，反対 4 でこれを覆した。かくして，原告の民主党の州政府は目的を達成することはできなかったが，その執行を大幅に遅らせることには成功した。そうこうしているうちに 2021 年 1 月には民主党政権が復帰し，大統領令は撤回された。

（4）州間の協力

　アメリカでは歴史的に，州単独では解決し得ない問題に対処する手段として，連邦政府による立法措置を求める以外に，統一州法あるいは州際協定を利用してきた。これが第 9 章で分析される手法である。

　前者は連邦憲法上，取り締まり権限は州政府に属しているが，商慣行の例など，各州が不統一な対応をとると著しい不都合ないし不便をもたらすがゆえに，州政府が協力して統一した法律を制定して，基本的に同じ対応をしようとするものである。雛形となる法案を準備する専門家組織が誕生し，州政府に助言し，各州政府が公式に法制化することによって，完了する。州政府が独自の考え方によって一部を修正することもありうる。また，法律の執行は，各州政府の責任で遂行される。限られた権限しか与えられていない連邦政府の弱点を，州政府の自発的協力によって補い，円滑に機能させているのが，統一州法であるといえよう。

　それに対して，州際協定のほうは統一州法と異なって，連邦憲法に定められた方法であり，2 つ以上の州の間で結ばれる契約を意味する。州際協定は，協定締結州とその市民の権利と責任に影響を与える。州際協定は当然ながらそれ

ぞれの州で承認されなければならないが，それが締結州の立法制定手続きに従って承認されると州法となる。連邦議会の同意が必要な場合もあり，その同意を得た州際協定は，連邦法として扱われる。古くは州境紛争の解決を目的としたものが多かったが，ニューヨーク州とニュージャージー州が締結した港湾協定（1921年，連邦議会の同意あり）のように，共同事業を運営するための場合もある。

　近年は，民主党が強い州を中心として，大統領選挙の結果を左右しうる協定も生まれている。これは，総得票での勝者に各州の大統領選挙人を自動的に与えるという州間の協定であり，現在15州とワシントンDCが採択しており，大統領選挙での勝利に必要な270人のうち196人分に相当する。今後，共和党が強い州にどの程度広がっていくかについては未知数であるものの，このように連邦政治の根幹にかかわる協定も生まれている。

　「はじめに」で紹介した地球温暖化防止策も，ここでの例に加えることができよう。トランプ政権は地球温暖化防止のためのパリ協定から離脱したものの，アメリカ全体の人口の55%，GDPの60%を占める全米25の州は，パリ協定の気候変動対策目標を域内で遵守することを約束する「アメリカ気候同盟」を結成した。これは民主党系の州政府が協定を結び，共和党が支配する連邦行政府に対抗している例となる[5]。これは第10章でも触れられる例である。

（5）国際社会との関わり

　州と国際社会の関わりは，州政治についての概説書では通常あまり取り上げられない項目かもしれない。しかし州政府が連邦政府が離脱した国際協定を遵守することから海外に州政府事務所を置き通商の振興を図ることに至るまで，州政府が連邦政府から独立した形で国際社会と関係をもつことはめずらしくない。州政府によっては，外国政府と貿易協定すら結んでいる。第10章ではこの側面についてもまとめて叙述した。

　本書は全体として，アメリカ政治を理解する際に州政治がもつ重要性を強調している。まずは保持している権限の大きさに由来する州政治の自律性と多様性を認識することが肝要である。同時に，州政治が連邦政治に及ぼす影響の大

きさとその経路の多様性について，本書をきっかけに理解が深まれば幸いである。

注

1　トーマス・コーカン「大統領選挙と新たな『社会契約』の必要性」『ビジネス・レーバー・トレンド』2017 年 1 月号，https://www.jil.go.jp/kokunai/blt/backnumber/2017/01/036-041.pdf（2021 年 3 月 24 日閲覧）。

2　アメリカ大使館公式マガジン　アメリカンビュー「アメリカの制度を支える州の権限」https://amview.japan.usembassy.gov/states-power-is-key-to-us-system（2021 年 2 月 8 日閲覧）

3　コーカン「大統領選挙と新たな『社会契約』の必要性」。

4　Therese J. McGuire, "Proposition 13 and Its Offspring: For Good or for Evil?" *National Tax Journal*, Vol. 52, No. 1（March 1999）.

5　佐野裕太「コロナ禍の米国シンクタンクの発信③　環境問題をめぐる国際協調と米国内対立」https://www.spf.org/jpus-j/ideas-and-analysis/20210118.html（2021 年 2 月 9 日閲覧）

第Ⅰ部

州の権限の大きさと多様性

第1章

アメリカ合衆国の連邦制
——協力，競合，対立

梅川 健

は じ め に

　アメリカ合衆国は日本のような単一国家ではなく，連邦制国家である。これは1787年に採択され翌78年に批准された合衆国憲法による。合衆国憲法を批准する資格をもっていたのは，イギリスからの独立を果たした13の主権国家たる邦（合衆国憲法制定後は州となる）であった。植民地からようやく主権国家になった13邦は，外交的・経済的不利を克服する必要性と，各邦内の政治的混乱に対処する必要性から，中央政府の建設を指向した。すなわち，アメリカにおいては，中央政府こそが地方政府の創造物であって，その逆ではない。

　ゆえに，アメリカの連邦政府と州政府の関係は，日本の中央・地方関係とは全く異なっている。ここに，国家としてのアメリカについての理解のしにくさの一因がある。アメリカの場合，州政府は主権をもつ存在であり，州の領域内の事項について最終的な決定権をもつ。アメリカの人々は，連邦政府と州政府という二種類の政府のもとに暮らしているのである。本章では，連邦制にかかわる歴史から話を始め，州政府には何ができるのか，州政府にはどのような多様性があるのかを論じることにしたい。

1.　連邦政府と州政府の権限

(1) アメリカ合衆国はどのように成立したのか

　1787 年に開催された合衆国憲法制定会議では，これから作る中央政府にどれほどの権限を与えるべきなのかをめぐって立場が分かれた。将来の危機にも対応できるよう強い中央政府を望む連邦主義者と，邦が統治の中心たるべきで弱い中央政府こそ望ましいとする反連邦主義者の間には激しい対立があった[1]。

　両者の交渉と妥協の跡が合衆国憲法には見られる。外交，安全保障と，国境もしくは州境をまたぐ通商についての権限が中央政府たる連邦政府に明示的に与えられる一方で，合衆国憲法修正第 10 条は，この憲法典に列挙された連邦政府の権限以外，すべて地方政府たる州政府と人民に保留されると確認している。

　ただし，州政府は他国と同盟を結ぶこと，貨幣を鋳造すること，信用証券を発行すること，関税をかけること，平時に軍隊を備えることについて，連邦政府の権限との関係から禁じられた。また，連邦政府は各邦内の混乱に対応するために樹立されたという経緯から，財産権を理由なく取り上げるような私権剝奪法，法律を制定前にさかのぼって適用する遡及法の制定，債務の帳消しのような契約上の債務を損なう法律の制定を州政府が行うことを，合衆国憲法は第 1 条 10 節で禁じた。

　州政府は主権国家としての権能の一部を連邦政府に譲り，いくつかの事項は禁止されながらも，州民の安全，健康，福祉の増進のための法律を作り，執行することができる。このような州政府の権能をポリス・パワーと呼ぶ。ポリスとは「警察」のことではなくて，「政治共同体（たとえばギリシアのポリスのように）」を意味する言葉であり，ポリス・パワーとは州内に及ぶ統治権を意味する[2]。

　州政府は州知事，州議会，州裁判所の権限を自由に設定し，カウンティ（郡）などの下位政府を設置できる。州民に税金（関税以外）を課し，州民の財産権を規制することもできる。また州政府は学校や病院，福祉施設の設置，道路や運河などの公共事業も実施できる。土地，資本，労使関係についても州

政府が管理できる。州政府は，政治，経済，社会関係などあらゆる領域を，連邦政府に諮ることなく決定することができる。奴隷制を採用するかどうかも，1865年の憲法修正で禁止されるまでは州政府の選択に委ねられていた。

　州政府は法律も独自に制定する。各州は独自の憲法をもち，民法や刑法など一揃いの法律を備えている。たとえば死刑制度がニューヨーク州にはなく，テキサス州にはあるといった州によるばらつきが生じる理由はここにある。ただし，商法などの法分野では，州ごとに異なるのは不便であるという理由から，統一された法典が採択されている場合もある（詳しくは第9章を参照）。

　こうしてみると，合衆国憲法は弱い中央政府を指向する勢力の主張が通ったようにも見えるが，憲法典はつねに解釈の対象であり，時代の移り変わりとともに，個々の条文解釈が変わり，連邦と州の関係も変わっていくことになる。

(2) 州政府が連邦政府に委譲した権限

　合衆国憲法が定める連邦政府の権限は，州政府が委譲したものであり，具体的な権限として列挙されている。建国後には，黙示的に委任された権限もあるとされるようになるが，ここでは，合衆国憲法が明示的に連邦政府に認めた権限について確認していこう。合衆国憲法で連邦政府に委任されなかった権限はすべて州政府の権限である。

　合衆国憲法第1条8節に連邦議会の権限が列挙されている。国債の支払いと，「共同の防衛」および「一般の福祉」のために租税，関税，輸入税，消費税を賦課徴収する権限（1項）。国債を発行する権限（2項）。諸外国との通商，州間ならびにインディアン部族との通商を規制する権限（3項）。合衆国への帰化について規則を定める権限，破産法を制定する権限（4項）。貨幣を鋳造する権限，度量衡を定める権限（5項）。証券，および通貨の偽造を罰する権限（6項）。郵便局および郵便道路を建設する権限（7項）。特許権と著作権について定める権限（8項）。連邦最高裁のもとに下級裁判所を設置する権限（9項）。公海における海賊行為および重罪ならびに国際法に対する犯罪を定義し，罰則を定める権限（10項）。戦争を宣言し，捕獲免許状を付与し，捕獲に関する規定を定める権限（11項）。陸軍と海軍を組織し，財政的に維持する権限，陸海軍の規律を定める権限（12，13，14項）。民兵の召集の権限，民兵の規律を定

める権限（15，16 項）。連邦政府直轄地（首都）に専属的立法権を行使する権限（17 項）。これらの権限および憲法により連邦政府またはその各省もしくは官吏に対して与えられた他のいっさいの権限を執行するために，必要かつ適当なすべての法律を制定する権限（18 項）。

　これらの憲法上の規定は文言としては今日まで変更されていないものの，その解釈については変遷を遂げている。たとえば，1 項の「一般の福祉」はフランクリン・ローズベルト大統領が 1934 年に社会保障も含まれるのだという解釈を示し，1935 年社会保障法の制定につながった。連邦最高裁も「一般の福祉」を広く解釈することを追認している（合衆国対バトラー事件判決)[3]。

　3 項の州際通商条項については，建国期に「通商」とは物品の売買だけを意味するのではなく，「商業上の相互交流」も含むと連邦最高裁が判断した（ギボンズ対オグデン事件判決)[4]。ニューディール期には連邦最高裁によって，生産活動が「相当程度」の影響を州際通商に及ぼせば通商条項に基づいて規制できると判断された（合衆国対ダービー事件判決)[5]。「州際通商」の概念が拡張されるにつれ，連邦政府による経済規制権限は強まった。

　18 項の「必要かつ適当」条項については，連邦政府は明示的に列挙された権限を行使するために有効な手段をとることができると連邦最高裁が判断し，黙示的権限まで広く認められるようになった（マカラック対メリーランド州事件判決)[6]。これらの拡大解釈は，連邦政府が州政府の領域へと進出するにあたっての足がかりとなっていく。

（3）合衆国憲法の定める連邦と州の相互関係

　合衆国憲法は，連邦と州の関係についても定めている。第 4 条 4 節は，州が外部勢力によって侵略された場合，または州内で暴動が発生した場合，州議会（州議会が閉会中の場合は州知事）の要請により，連邦政府は当該州を保護すると定めている。侵略の場合，連邦政府は州の同意を必要とせずに，州を保護する義務を負う。他方で，暴動の場合は州からの要請が必要とされている。

　ただし，州の要請がなくとも大統領は連邦軍を派遣してきた歴史がある。たとえば，1957 年アーカンソー州でのリトルロック高校事件，1963 年のミシシッピー州立大学事件などである。1954 年，連邦最高裁はブラウン判決によっ

て人種別学を違憲としていたにもかかわらず，57年の事件では州立高校への黒人の登校を，63年の事件では州立大学への黒人への入学をそれぞれの州知事が拒んだ。大統領は州知事の同意なしに連邦軍を派遣し，黒人学生の入学・登校を実現させたのである。

　州が連邦に負う義務として，連邦選挙（上院，下院，大統領選挙人）の実施がある。第1条4節1項は，各州議会が，上院議員と下院議員の選挙の時期，場所，方法を定められるとする。また，第2条1節2項は，各州は，各州議会の定める方法により，大統領選挙人を選任すると定める。つまり，連邦の選挙ではあるものの，州が選挙の方式や実施に決定権をもつのである。大統領選挙のたびに話題になるが，州によって（さらには下位政府のカウンティによって）投票用紙が異なるのは，州が選挙実施に権限をもつためである。2020年の大統領選挙ではドナルド・トランプ大統領が「合法な票だけを数えるべきだ」という主張をしたが，票のカウントがとまることはなかった。票の集計を担うのが州政府であるということが，あらためて認識される出来事だった。

　他方で，各州による連邦選挙の実施には，深刻な不正義の歴史がある。1964年公民権法と65年投票権法によって規制されるまで，黒人に投票させまいとする南部諸州の法律や規則の存在を可能にしていたのである。投票資格を得るための有権者登録における差別（識字テスト，祖父が奴隷である者には登録を認めない祖父条項，投票税），投票当日の差別（人種別投票箱，実質的な識字テストとなる公職別投票箱）などがあった。投票権法の成立後，連邦政府は各州に官吏を送り込み，差別的取り扱いを取り締まるようになった。

2. 連邦政府と州政府を結びつける連邦補助金制度

（1）政策領域と類型

　アメリカにおける連邦政府と州政府はそれぞれ異なる権限をもつが，両者が没交渉というわけではない。20世紀初頭から，連邦政府は補助金交付という形で州政府の政策に影響を与えるようになった。2019会計年度には，連邦政府は補助金として7500億ドルを支出しており，州政府からすると収入の3分の1を占めるほどになっている。

　連邦補助金がいかに連邦政府と州政府を財政的に結びつけているかを詳しく見てみよう。表 1-1 は 1902 年から 2019 年にかけて，連邦補助金が州政府とカウンティなどの下位政府に対して，政策分野別にいくら支出されてきたのかを名目ドルで示したものである。20 世紀初頭には少額であったが，1922 年になると交通・運輸のための連邦補助金が大きく伸びていた。1930 年には，教育・職業訓練プログラムへの増額がなされている。ニューディール政策を受けて 1940 年には，補助金の急激な上昇が見られる。連邦政府から州政府と下位政府への財政移転という現象は，第二次世界大戦後も変わることなく，今日まで継続している。州政府の財政において，連邦政府の存在感が強まっている。

　図 1-1 は，2012 年を基点にインフレ調整を施した連邦補助金の総額と連邦歳出に占める補助金の割合を示したものである。州政府と下位政府への連邦補助金が連邦歳出に占める割合は，1960 年から 1980 年にかけて急速に上昇した後，ロナルド・レーガン政権による「小さな政府」への方向転換を受けて下降した。しかしながらこの傾向は長くは続かず，90 年以降再び上昇した。今日では，連邦歳出の 16.5％ が連邦補助金として州政府と下位政府に移転されている。

　表 1-2 は連邦補助金の種類と数の経年変化を示している。連邦補助金には現在，使途限定補助金と一括補助金という 2 種類がある。使途限定補助金とは，連邦政府が州政府に，特定の目的にのみ使用を認める補助金である。連邦政府は特定の政策を州政府が実施する場合に限り補助金を出すことで，州政府の管轄する領域であっても政策を誘導することができる。一括補助金は定められた複数の事業への支出が可能な補助金の類型だが，使途限定補助金に比べると格段に少ない。なお，現在は廃止されている補助金の類型として，一般歳入分与という類型があった。これは，どのような目的にも州政府が使える補助金だったが，1986 年に廃止されている。

　連邦補助金の件数は 1902 年から 1930 年にかけてゆっくりと増加していった。1930 年からの 10 年間で数が倍増しているが，これは，連邦政府が大恐慌に対応すべく使途限定補助金を増やしたためである。40 年代と 50 年代にも連邦補助金は増えていく。60 年代になると，連邦政府は公民権運動と「貧困との戦い」に対応するために，連邦補助金の件数をさらに増やした。70 年代も連邦

表 1-1　政策分野と連邦補助金（名目，100 万ドル）

年	総額	医療・健康	所得保障	教育・職業訓練	交通・運輸	コミュニティ事業	その他
2019	749554	453862	114169	67500	67211	21917	24895
2010	608390	290168	115156	97586	60981	18908	25591
2000	285874	124843	68653	36672	32222	8665	14819
1990	135325	43890	36768	21780	19174	4965	8748
1980	91380	15758	18490	21862	13022	6486	15762
1970	24065	3849	5795	6417	4599	1780	1625
1960	7019	214	2635	525	2999	109	537
1950	2253	122	1335	150	465	1	180
1940	872	22	341	28	165	0	316
1930	100	0	1	22	76	0	1
1922	118	0	1	7	92	0	18
1913	12	0	2	3	0	0	7
1902	7	0	1	1	0	0	5

出典：“Federal Grants to State and Local Governments: A Historical Perspective on Contemporary Issues,” *CRS Report*, R40638, 2019, p. 5 より筆者作成。

図 1-1　連邦補助金総額と連邦歳出に占める割合

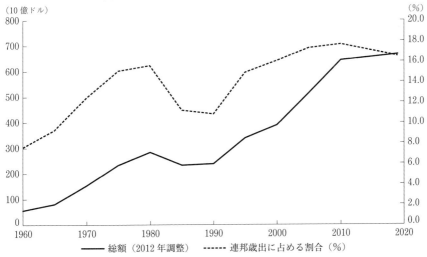

出典：“Federal Grants to State and Local Governments: A Historical Perspective on Contemporary Issues,” *CRS Report*, R40638, 2019, p. 7 より筆者作成。

表 1-2　連邦補助金の種類別件数

年	使途限定補助金	一括補助金	一般歳入分与
2018	1253	21	0
2009	929	24	0
1998	640	24	0
1991	543	14	0
1981	534	6	1
1975	442	5	1
1968	385	2	0
1960	132	0	0
1950	68	0	0
1940	31	0	0
1930	15	0	0
1920	12	0	0
1902	5	0	0

出典："Federal Grants to State and Local Governments:
A Historical Perspective on Contemporary Issues,"
CRS Report, R40638, 2019, p. 10 より筆者作成。

政府は補助金の種類を増やしていったが，ベトナム戦争による財政逼迫により
そのペースは鈍った。

　1981 年には「小さな政府」を主導するレーガン大統領のもと，62 の使途限
定補助金が打ち切られ，77 の使途限定補助金は 9 つの一括補助金に統合され
た。一括補助金への統合の際，およそ 10 億ドルが減額されたが，レーガン大
統領はこの減額は行政の効率化をもたらすので，サービスの低下につながるこ
とはないと説明していた。ただし，連邦補助金の件数の伸びが停滞したのは
80 年代のみであった。90 年代から今日にかけては再びその数が増加してい
る[7]。この動きは，図 1-1 で見た連邦補助金の総額と連動している。

　これらの図表は，連邦補助金制度が 20 世紀初頭から今日にかけて，連邦政
府と州政府の関係にとって重要性を増していることを示している。しかしなが
ら，合衆国憲法が規定するように，連邦政府の役割は限定的であったはずであ
る。連邦政府の役割はどのように増大したのだろうか。そして，連邦補助金と

いう形式が選ばれたのはなぜだろうか。歴史を振り返ろう。

（2）歴史的経緯

建国期から南北戦争にいたる時代，連邦政府の役割は限定的だった。州をまたいで生活や商売をする人は限られており，州政府が人々の日々の生活を統治していた。連邦政府と州政府が互いに別々の領域を統括するこの時代の政府間関係を，連邦制研究者は「二元的連邦制」と呼ぶ[8]。

19世紀末のアメリカで，現代の連邦制につながる大きな変化が生じた。南北戦争後，アメリカでは産業革命が起き，かつてない経済成長の時代に入った。大陸横断鉄道が1869年に完成し，アメリカの鉄道総延長は1860年から1916年の間に4.8万キロから40万キロへと伸張した。鉄鋼，石炭，小麦，とうもろこし，加工肉，工業製品がやりとりされ，州境を越えた全米規模の大市場が生まれた。スタンダード・オイル，ゼネラル・エレクトリック，カーネギー・スチール，アメリカン・テレフォン・アンド・テレグラフといった大企業が成長したのもこの時代である[9]。

州政府にとって，新しく登場した大企業による経済活動を統制することは権限の観点から難しかった。合衆国憲法の州際通商条項は，州境を越える経済活動を連邦政府の管轄としていたためである。たとえば，大企業である鉄道会社の中には，他の鉄道との競争による利益低下を防ぐために運賃等について鉄道カルテルを結ぶものもあった。このカルテルは利用者，とくに農産物輸送を鉄道に頼るようになった農民の利益に反するものだった。

そういった鉄道カルテルに対抗すべく，イリノイ州とアリゾナ州は，鉄道委員会を設置し，運賃に上限を設けようとした。しかしながら1886年，ワバッシュ，セントルイス，パシフィック鉄道会社対イリノイ州事件判決で最高裁は，「州際通商の利益に対する規制は，つねに連邦議会の権限である」と宣言し，鉄道会社に対する規制権限が州政府にはないことを示した。州政府の権限上の限界が裁判所によってあらためて確認されたのである。

経済規制を求める人々の期待は，連邦政府に向けられることになった。1887年に連邦政府は州際通商法を制定し，鉄道事業の規制を行う州際通商委員会を設置した。1890年には企業間のトラストを禁止するシャーマン反トラスト法

を制定した。独占的資本から人々を守るという形で，連邦政府の力は強まっていった。

　連邦政府を財政的に支えることになったのが，1913 年に成立した合衆国憲法修正第 16 条である。同条は，連邦政府に所得税の徴収を認めた。従来，連邦政府は関税などの間接税のみの徴収を認められていたので，この憲法修正によって，連邦政府は初めて直接税を徴収できるようになった [10]。

　ただし，連邦政府は所得税という税源を得たからといって，州政府が管轄する領域に独自の政策を押しつける権限を得たわけではない。そこで連邦政府が創出した方法が，州への補助金交付であった。使途限定補助金を州政府に交付することで，連邦政府は特定の政策を州に実施させようとした。

　20 世紀初頭の連邦補助金は，表 1-1 で見たように主として州による道路建設，職業訓練を促進するためのものであった。1916 年の連邦道路法は，農村部の道路状況を改善するために 500 万ドルの連邦補助金を交付している。州は，連邦補助金 1 ドルにつき，自前資金を 1 ドル用意しなければならず（この方式をマッチング・グラントと呼ぶ），また，補助金受け取りのために州政府内に高速道路担当部署を設置する必要があった。さらに州は，連邦政府が設けた高速道路についての全米規則に同意することを求められた。連邦政府は補助金を梃子に，全米規模の政策を実現したのである [11]。

　連邦補助金による全米規模での政策実現の他の例としては 1921 年母子保護法がある。同法は，各州に母子の健康を促進するためのプログラム（産院の設置，看護師教育等）の実施のための連邦補助金を創設した。1912 年に連邦政府に設置された児童保護局がこの事業を所管しており，全米に 3000 の産院が設置された。この法律の主眼である母子の福祉については 1935 年社会保障法に引き継がれていった [12]。

　連邦補助金の副次的効果は，連邦政府と州政府，さらにはカウンティなどの下位政府の内部に関与する部署，専門家と利益団体を生み出し，それらの連携関係の構築を促していったことにある。各州の専門家と利益団体は，連邦補助金によって全米に広がるネットワークを作り上げ，州を基盤とする政党勢力に対抗しうる存在へと成長していった [13]。

　1929 年に大恐慌が起きると州経済は壊滅的状況に陥った。州経済の安定と

発展は，連邦政府ではなく，州政府が担うべき役割だった。しかしながら，当時の州政府は州債の発行を自ら厳しく制限する傾向にあり，経済的危機に対応するための資金を集めることができなかった。むしろ，各州は州財政を均衡させようと試み，公共事業への支出を削減し，雇用状況を悪化させていた[14]。

　州政府が対応できない危機に，フランクリン・ローズベルト大統領が対応に乗り出した。ローズベルトは1932年の大統領選挙運動の演説でも言っているように，「政府の第一の義務は市民の福祉と幸福を守ること」であり，「この義務は州や地域社会が必要な救援を行うことができない場合には，州を超えて連邦政府自身にも及ぶ」と考えていた。ローズベルトは州経済への直接的介入も辞さないという心構えであった。

　ローズベルト政権のもとで進められたニューディール政策は，全米に広く公共事業をばらまくことで経済の歯車を回そうとしたものである。このときに，連邦政府が公共事業を実施するために用いた手段が，すでに経験が蓄積されていた連邦補助金制度であった。たとえば，1933年にローズベルト大統領は連邦緊急援助法に署名し，新たに連邦緊急援助局を設立した。この新部局は5億ドルを援助金として支出し，そのうち半分の2億5千ドルは，州政府に援助金1ドルあたり3ドルを支出させるマッチング・グラントの形態をとっていた[15]。

　1935年には社会保障法が制定され，老齢年金制度，失業保険制度，要扶養児童扶助（親の扶養を受けられない16歳未満の児童に対する現金給付事業）が始まった。このうち，老齢年金制度のみが連邦政府による直接管轄で，失業保険制度と要扶養児童扶助は，連邦補助金に基づくものであった。アメリカの社会保障の中枢も，連邦補助金制度によって支えられることになった。

　このように形作られたアメリカ型福祉国家はただし，州に失業保険と要扶養児童扶助の実施権限を与えたことで，ジェンダーと人種の問題に禍根を残した。失業給付の対象はほとんど男性であり，「家政婦」のような女性が多く就いていた職業は対象から外された。南部諸州では黒人が失業保険と要扶養児童扶助の対象から外された。南部諸州としては，社会保障プログラムの実施に「裁量」があることこそ，このような政策を受け入れるために必要な条件でもあった。

　大恐慌とニューディール政策を経て，全米規模の経済政策を連邦政府が主導

していくという新しい政府間関係が構築された。この時代の連邦制は「協調的連邦制」とも呼ばれている。この骨格には 19 世紀末の革新主義時代に発展した補助金制度が用いられていた。ニューディールに先んじて連邦補助金制度が発展していたために，補助金制度が政府間関係の中心的形態としてニューディール期を支えることになった。ここには経路依存的な制度発展が見られる。補助金制度は，今日においても，連邦政府と州政府の専門家の間のネットワークを活性化し，強化し，分権的な統治システムを作り上げている。

3.　「強制的連邦制」と政府間関係

（1）連邦法の先占

　合衆国憲法第 6 条 2 項は，「この憲法，これに準拠して制定される合衆国の法律，および合衆国の権限をもってすでに締結されまた将来締結されるすべての条約は，国の最高の法である」とする。この規定に基づいて，連邦法違反の州法を無効とすることを，連邦法の「先占」という。

　先に述べたように，連邦政府の権限は，一般の福祉条項，州際通商条項や「必要かつ適当」条項などの解釈変更によって拡大してきた。それに伴い，連邦議会は特定の政策領域について具体的な規制を州政府に強いる規定や，最低基準を設けつつより厳しい規制を州が実施する分には裁量を認める規定，すなわち先占規定を含んだ連邦法を積極的に制定するようになった。

　たとえば，1967 年の大気質法（現在の大気清浄法）は，排ガス規制についての先占規定を設けていた。この法律は，各州から排ガスを規制する権限を剥奪し，全米で一律の規制基準を設定している。50 州で異なる排ガス規制がなされてはかなわないと考えた自動車会社によるロビー活動の成果であった [16]。

　最低基準を設ける先占規定は 1972 年に制定された水質清浄法に見られる。同法は，環境保護長官に全米統一の水質基準を設定することを認めるとともに，ある州がその基準よりも厳しい水質基準を目指す計画を提出した場合には，水質規制の権限をその州に与えるとしている。環境保護庁は州による計画が達成されるかを監視し，目標未達の場合には水質規制に直接介入することができるとされた [17]。

　先占規定を含む連邦法は，1970年代から増加している。これは，ベトナム戦争によって財政が逼迫し，財政均衡を求める保守派が活発化することで，連邦補助金によって運営される「協調的連邦制」が，曲がり角を迎えていた時期と一致している。1900年から1969年の間に制定された先占を含む連邦法は176本であったのに対し，1970年代だけで108本，80年代にも100本と，協調的連邦制の時代とは隔絶している [18]。

　先占規定は，連邦補助金とは異なり財政移転を必要としないという点で，連邦政府にとって安上がりでもあった。先占規定が増え始める70年代以降の政府間関係は，連邦政府が州政府を無理矢理に方向付けるという側面から「強制的連邦制」と呼ばれることもある [19]。

(2) 適用免除と特区認可権

　1970年代から今日にかけて継続する「強制的連邦制」の中では，連邦法の適用免除と特区認可権の設定という手法も発展した。前述の先占は，連邦法の形をとるために連邦議会と大統領の共同行為たる立法に基づいていた。しかしながら，70年代以降にはイデオロギー的分極化が進んでおり，議会多数派と大統領の所属政党が異なる場合には，大統領が望む立法が成立しにくくなっていた。

　そのような中で，大統領は既存の連邦法に認められている適用免除の規定を，議会が望まない方向で使うことを思いついた。連邦法の中には，先占の法理によって州政府に何らかの事業実施を求める場合，一定基準を満たせば特定の規制の適用を免除するという規定が含まれていることがあった。州政府はそのような事業計画を連邦政府に提出し，法執行を司る大統領が認めれば免除が実現する。この適用免除規定が適用される区域を特区と呼び，大統領が特区を設定する権限を特区認可権と呼ぶ。

　本来，特区認可権は，議会がより望ましいと考える事業を実施するために大統領に与えられていた。しかしながら，レーガン大統領は，福祉を拡充するために設けられた特区認可権を使って，福祉を縮減するための特区を設定するという，議会が意図しない運用方法を編み出した。先占規定は，連邦議会と大統領の協力のもと，州政府の政策を方向付けるものであったが，特区認可権は大

統領と州政府が協力して，連邦議会の意に沿わない事業を実施する手段となりうるという特徴がある[20]。

4.　州政府の多様性

(1)　州知事，州議会の多様性

アメリカの州政府がそれぞれ憲法や民法などをもつことは先に述べたが，州政府の構造にも多様性がある。50 州いずれも，行政権を州知事に，立法権を州議会に，司法権を州裁判所に与えているという点では共通しているが，それぞれの役職の任期や具体的権限，相互の関係については多様性が見られる。ここではまず，州知事と州議会に見られる多様性に着目したい。

州知事の任期はニューハンプシャー州とバーモント州では 2 年と定められているが，他 48 州では 4 年である。州議会は 49 州で二院政をとり，ネブラスカ州だけが一院政をとる。州議会議員の任期は 4 年もしくは 2 年であり，上院が 4 年，下院が 2 年という組み合わせが多い[21]。

州知事と州議会議員については，同じ人物が何度も連続して務めることを制限する仕組みを導入している州がある。このような仕組みは任期制限と呼ばれ，連邦レベルでは，大統領に 2 期 8 年までの任期制限が 1951 年に合衆国憲法修正第 21 条として導入されている。現在では，38 州が州知事について，15 州が州議会議員について任期制限を設けている[22]。建国期から州憲法で規定されていた場合もあるが，多くは 1990 年代に全米に広がった任期制限運動を受けて成立したものである。健全な民主主義には公職の循環が必要だという思想が背後にある。

州知事と州議会の関係性にも多様性がある。いずれの州も，議会が法案を作成し，知事が署名することで州法が成立する。現在はすべての州知事が法案への拒否権をもっており，44 州の知事は法案の一部についての拒否権，すなわち項目別拒否権ももっている[23]。連邦レベルでは，序章でも見たように 1996 年に予算関連法案についてのみ大統領に項目別拒否権の行使を認める法律が制定されたが，1998 年の連邦最高裁判決で違憲とされたきりである。

なお，州知事の項目別拒否権は多くの州で予算法案以外にも行使できる。州

知事の項目別拒否権の歴史は古く，1861 年にジョージア州で認められたのを皮切りに，19 世紀中に 23 州，20 世紀初頭から 1930 年までに 18 州，その後 1995 年までに 3 州が認めている[24]。法案の一部だけについての拒否権は，法案に対する細かなコントロールを可能にするという点で，州知事を議会に対して有利な立場に置いている。

　州知事の拒否権が発動されると，法案は州議会に差し戻される。連邦議会であれば大統領による拒否権を覆すためには，上下両院で 3 分の 2 の特別過半数が必要とされるが，州議会ではその必要数に多様性が見られる。連邦議会と同様の基準を設ける州は 22 州，出席議員の 3 分の 2 とする 15 州，議員数の 5 分の 3 とする 7 州，さらに単純過半数で十分とする 6 州がある。今述べた順に州知事の拒否権を覆すためのハードルは下がり，ひとくちに州知事の拒否権といっても，その効力は同一ではない[25]。

(2) 州裁判所の多様性

　州政府の司法制度も，執政制度と同じく多様である。連邦裁判所と同じく三審制をとる州もあれば，二審制をとる州もある。連邦裁判所の仕組みと大きく異なるのは，終身制を採用している州が 3 州にとどまる点である。すなわち，47 州では裁判官に任期がある。連邦では裁判官を終身制とすることで政治部から独立して裁判官が判断できるようにしているが，多くの州は裁判所を民主的統制のもとに置くことを重視しているのである。

　裁判所をいかに民主的に統制するかは，州裁判官の任命方法に表れている。州裁判官の任命方式は多様であり，州司法制度の特色である。表 1–3 は，州最高裁判所裁判官の選出方法と再任方法をまとめたものである。5 種類の選任方法と 7 種類の再任方法からなる 11 類型が存在している。網掛けになっている 5 類型に属する 38 州では，初任か再任いずれかで有権者による投票が実施される。

　まず選出方法から見てみよう。ある人が州最高裁裁判官になるための手続きには 5 種類ある。党派的選挙とは，候補者が所属政党を明らかにして選挙戦を戦い，勝利したものが裁判官に任命されるという方式である。この方式は通常の政治家の選挙と同様に，政党所属を明らかにすることで，どのような政策を

表 1-3　アメリカ州最高裁判所裁判官の選出・再任方法（2018 年）

		再任方法						
		党派的選挙	非党派的選挙	議会選挙	諮問委員会	知事任命	州民審査	終身
選出方法	党派的選挙	4					3	
	非党派的選挙		15					
	議会選挙			2				
	諮問委員会				3	1	14	1
	知事任命					3	2	2

出典：Steven Harmon Wilson ed., *The U.S. Justice System: An Encyclopedia Volume 1*（ABC-CLIO, 2012），pp. 132–142 と "Methods of Judicial Selection," National Center for State Courts, http://www.judicial selection.us/judicial_selection/methods/selection_of_judges.cfm?state= より筆者作成。
注：網掛け部は有権者による投票があるもの。

内心では支持しているかが有権者に伝わる。他方で，非党派的選挙では候補者は所属政党を明らかにしない。議会選挙制は，裁判官を州議会議員による選挙で選ぶというものである。諮問委員会制では，州最高裁裁判官任命のための諮問委員会が設置され，その委員会の答申に基づいて知事が任命する。知事任命制は，連邦裁判官人事と似た仕組みであり，知事が裁判官候補を指名し，州議会（多くは上院）が承認するというものである。

　いったん州最高裁裁判官に就任した者について，3 州は終身制をとるが，その他の州は再任方式を定めている。この方式には，選出時と同様に党派的選挙制，非党派的選挙制，議会選挙制，諮問委員会制，知事任命制に加え，州民審査制がある。州民審査制では，裁判官は就任から一定期間経過後に行われる一般選挙の際に州民による投票に付され，過半数が信任しなければ罷免される。この仕組みは日本の最高裁裁判所判事の国民審査に似ているが，それもそのはずで国民審査制度はアメリカの州民審査制度をモデルに導入されたという経緯がある[26]。

　さて，そもそもなぜアメリカの州では裁判官を選挙で選ぶのだろうか。これには古い歴史がある。1829 年には名望家が大統領になる時代が終わり，アンドリュー・ジャクソンが大統領になる。彼は，大統領が連邦政府の官職を差配するという猟官制を始め，民主主義をさらに民主化したことでよく知られている。このジャクソニアン・デモクラシーの時代に，州の裁判所の民主化も同時

に進んだ。すなわち，任期ある裁判官を人々が選ぶ裁判官公選制の始まりである [27]。

19 世紀末の革新主義の時代になると，非党派的選挙を導入する州が現れた。裁判官を選挙で選ぶと裁判所に党派性を持ち込むことになり，これはよくないという考えが広まったためである。この方式では，投票用紙に候補者の所属政党を書いてはならないとされた。しかし，当時の人々は皆，候補者の所属政党を知っていたとも伝えられている [28]。

非党派的選挙制度は，裁判所から党派性を取り除くには不十分だとされ，1940 年以降，諮問委員会制と州民審査制の組み合わせが広がった。これはミズーリ州が最初に導入したためミズーリ・プランとも呼ばれる。この仕組みは選任時には政治部からの独立性を確保するとともに，再任時には有権者からの信任が問われるものであり，理想的な方式だとされた [29]。ただし，州によっては諮問委員会の委員選出権限を州知事がもっている場合もあり，必ずしも党派性を排除しきれないことは指摘しておきたい。

それでは，裁判官選挙と州民審査は，どの程度裁判官を入れ替えるのだろうか。1990 年代から 2000 年代にかけての州最高裁裁判官の再任率を調査した研究では，非党派的選挙では 90〜95%，党派的選挙では 50〜70%，審査制の場合ほぼ 100% の再任率だとされる [30]。非党派的選挙の 90〜95% という数値は，連邦議会下院と上院の再選率（90〜95%）とほぼ等しい。他方で，党派的選挙の再選率は著しく低いと言える。

審査制の再任率が高いというのは日本の国民審査制と似た傾向である。それゆえに，州民審査による裁判官罷免はそれ自体が一大事となる。たとえば，2010 年にはアイオワ州最高裁の 3 名の裁判官が州民審査によって罷免された。同州最高裁は，2015 年の連邦最高裁判決に先んじて，2009 年に同性婚を合法化する判決を下していた。アイオワ州最高裁判事 3 名の罷免は，この判決に対する共和党の反対キャンペーンが功を奏した結果であった。州民審査は，本来は裁判官個人の資質の審査のはずだが，今日では党派対立の一幕になっている [31]。

州の裁判官が選挙で選ばれるといっても，誰もが立候補できるわけではない。多くの州最高裁では，それまでの同州での法律家としての実務経験を立候補の

要件としている。州の下級裁判所でも同様であり，実務経験のためには各州の法曹資格が必要となる。つまり，法曹資格は最低限の要件である。

　州裁判官選挙にも他の公職選挙と同様に法的な規制がある。ひとつは，各州の定める選挙資金規正法である。たとえばテキサス州は 1995 年に司法選挙特別法を定め，個人，法律事務所，PAC（政治行動委員会）による政治献金の上限額を定めている。興味深いのは，法律事務所による献金について別に定めている点で，これは，法律事務所は裁判官選挙に特別の利害をもつためである。法律事務所には得意とする分野があり，顧客を抱えている。法律事務所としては，顧客に有利な判決を下す傾向のある候補者に献金するメリットは大きい。

　もうひとつ，裁判官選挙には通常の政治職の選挙とは異なる規制がある。はたして，裁判官に立候補する者は，特定の争点に対して自らの見解を示し，当選した暁にはその通りの判決を下すと，有権者に約束してもいいものだろうか。議員に立候補する場合には当然とされる立場表明は，裁判官の場合には問題を含むかもしれない。裁判官は事件ごとに判断を下すべきであって，前もって結論を決め，その特定の結論を下すことを有権者に約束してはいけないという考え方もありうる。

　アメリカの最大の法律家団体であるアメリカ法律家協会は，裁判官の職務上の行動準則を裁判官行動準則規程（Model Code of Judicial Conduct）として示してきた。これは 1972 年に私的団体であるアメリカ法律家協会が採択した勧告的文書に過ぎなかったが，その後，各州はこれに独自の改良を加えつつ州法や裁判所規則といった形式で採用した。それらの規定は，現職の裁判官だけでなく，裁判官候補者の行動準則も定めている。

　2002 年，連邦最高裁はホワイト事件判決において，ミネソタ州で採用されていた裁判官行動準則規程の一部を違憲とした [32]。裁判官行動準則規程には，裁判官候補が議論のある法的争点に対して己の見解を公表することを禁じるアナウンス条項が含まれていたが，これが合衆国憲法修正第 1 条の定める言論の自由に抵触するとして違憲とされたのである。

　ホワイト事件判決の意味は大きかった [33]。裁判官候補者は争点に対する自らの立場を明確に主張できるようになり，裁判官選挙の政治化を推し進めることにつながったのである [34]。

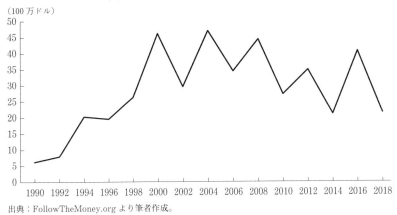

図1-2　州裁判官選挙への政治献金総額

出典：FollowTheMoney.org より筆者作成。

　2002年のホワイト事件判決は，州裁判官選挙の様相を大きく変えたが，州裁判官選挙に対する政治的注目は90年代からすでに高まっていた。図1-2は，1990年から2018年までの州裁判官選挙への政治献金の総額の変遷をまとめたものである。ここからは，90年代を通して右肩上がりに献金額が上昇していること，2000年以降は一定の金額を保ちつつ，2年ごと，すなわち，大統領選挙年に献金額が増加し，中間選挙年に減少していることがわかる。すなわち，今日の裁判官選挙は政治化していると言える。

　しかしながら，そもそも州の裁判官選挙は，法律家コミュニティが支持する卓抜した法律家が立候補し，争点に対する自らの立場を開示することなく，粛々とした（あるいは退屈な）選挙戦によって決まっていた。どのように裁判官選挙は政治化したのだろうか。

　1970年代後半には，州裁判官職をめぐって利害関係者が争うようになっていた。この時期，消費者保護運動の成果として企業に対する消費者の権利が認められるようになっており，製造物責任や懲罰的損害賠償制度といった法的な仕組みを駆使して企業から莫大な損害賠償を得ることを生業にするトライアル・ロイヤーと呼ばれる法律家たちが台頭した。トライアル・ロイヤーたちは，訴訟で勝つための手っ取り早い方法として，消費者の権利を重視する法律家を州の裁判官に就けようとした。対して，商工会議所と保険会社（巨額の賠償は

保険会社の負担にもなった）はビジネスの利益を認める傾向のある裁判官を推すようになった。こうして，70 年代から 80 年代にかけて，州裁判官職の選挙戦に最初の火が入れられた。

　80 年代の中頃から，保守系のさまざまな団体が州裁判官選挙戦に身を投じていった。保守側には各団体を結びつけ，州裁判官選挙に注力させるアクターが存在していた。コーク・インダストリーズを率いるコーク兄弟である。90 年代にはコーク兄弟は Citizens for Judicial Review というプロジェクトを立ち上げ，全米の裁判官選挙に介入していった。裁判官候補の採点票を作り，献金を募り，テレビ広告を流した。保守の活動が活発化すると，リベラル側も同様の手法によって対抗するようになった。2000 年代初頭にはリベラル派の利益団体が州裁判官選挙に積極的にかかわるようになり，現在では保守とリベラルは州裁判官選挙をめぐっても激しく争うようになっている [35]。

おわりに

　本章ではアメリカの連邦制について，合衆国憲法上の権限配分，連邦補助金制度に特徴づけられる政府間関係と州政府における制度的多様性について論じた。建国期には強い連邦政府か弱い連邦政府かをめぐる対立があり，合衆国憲法には後々に解釈の余地を残す文言が採用された。州際通商条項などを通して，20 世紀以降，連邦政府は規制権限を強めてきた。

　同時に，20 世紀初頭に連邦所得税の徴収が合衆国憲法上可能となることで，連邦政府の財政的な力が増大した。ただし，連邦政府は州政府が管轄する政策領域を直接規制する権限を得たわけではなかったので，補助金制度によって州政府の政策を誘導し，全米での政策実現を目指した。連邦補助金制度は，今日まで，アメリカの連邦政府と州政府の関係性の中心となっている。

　ただし，連邦による政策実施は州ごとの差異を塗りつぶすほどではない。各州の政治制度，すなわち州知事，州議会，州裁判所の任期や権限，選出方法には多様性がある。連邦政府による補助金を用いた政策の方向付けと，州になお残る多様性という組み合わせが，アメリカの連邦政治の複雑性を生み出している。

注

1 David Robertson, *Federalism and the Making of America*, Routledge, 2012, p. 19.

2 田中英夫『英米法のことば』有斐閣, 1986 年, 53 頁。

3 梅川葉菜『アメリカ大統領と政策革新――連邦制と三権分立制の間で』東京大学出版会, 2018 年, 30-31 頁。

4 阿川尚之『憲法で読むアメリカ史（全）』筑摩書房, 2013 年, 291 頁。

5 阿川, 同上, 365 頁。

6 阿川, 同上, 81-82 頁。

7 "Federal Grants to State and Local Governments: A Historical Perspective on Contemporary Issues," *CRS Report*, R40638, 2019, pp. 11, 29.

8 梅川『アメリカ大統領と政策革新』, 20 頁。

9 Robertson, *Federalism and the Making of America*, p. 80

10 阿川『憲法で読むアメリカ史（全）』, 332 頁。

11 Robertson, *Federalism and the Making of America*, p. 107.

12 Ibid., p. 110.

13 Ibid.

14 1911 年にウィスコンシン州が初めて導入した個人所得税は 1940 年までに 3 分の 2 の州が課すようになり, 1932 年にミシシッピー州が初めて導入した売上税は 1950 年までに半数の州が課すようになった。Robertson, *Federalism and the Making of America*, p. 113.

15 Robertson, *Federalism and the Making of America*, p. 121.

16 Joseph Zimmerman, *Contemporary American Federalism: The Growth of National Power*, 2nd ed., State University of New York Press, 2008, p. 65.

17 Ibid.

18 U.S. Advisory Commission on Intergovernmental Relations, "Federal Preemption of State and Local Authority," (U.S. Advisory Commission on Intergovernmental Relations, 1992).

19 John Kincaid, "Cooperative to Coercive Federalism," *Annals of American Academy of Social Science*, Vol. 509, 1990.

20 梅川『アメリカ大統領と政策革新』, 18-19 頁。

21 Heather Perkins, *The Book of the States 2019* (The Council of State Governments, 2019), p. 31, http://knowledgecenter.csg.org/kc/system/files/3.3.2019.pdf （2021 年 3 月 24 日閲覧）

22 Perkins, *The Book of the States 2019*, p. 105, http://knowledgecenter.csg.org/

kc/system/files/4.1.2019_0.pdf（2021 年 3 月 24 日閲覧）; "How Many States have Term Limits on their Legislatures?" U.S. Term Limits, June 8, 2018, https://www.termlimits.com/state-legislative-term-limits/（2021 年 3 月 24 日閲覧）

23　Perkins, *The Book of the States 2019*, p. 110, http://knowledgecenter.csg.org/kc/system/files/4.4.2019.pdf（2021 年 3 月 24 日閲覧）

24　National Conference of State Legislatures, "The Veto Process," *Inside the Legislative Process*, 1998, https://www.ncsl.org/documents/legismgt/ILP/98Tab6Pt3.pdf（2021 年 3 月 23 日閲覧）

25　Ibid.

26　田中英夫『英米の司法』東京大学出版会，1973 年，359 頁；田中英夫『アメリカの社会と法──印象記的スケッチ』東京大学出版会，1986 年，279 頁。

27　田中英夫『アメリカ法の歴史・上』東京大学出版会，1968 年，349-361 頁；重村博美「アメリカ諸州における裁判官選任方法と裁判官の役割」『近畿大学法学』65 巻 2 号，2017 年；原口佳誠「アメリカにおける裁判官公選制とデュー・プロセス」『比較法学』45 巻 3 号，2012 年。

28　Steven Harmon Wilson ed., *The U.S. Justice System: An Encyclopedia Volume 1*, ABC-CLIO, 2012, p. 133.

29　Chris W. Bonneau and Melinda Gann Hall, *In Defense of Judicial Elections*, Routledge, 2009, p. 9.

30　Ibid., p. 85.

31　Mallory Simon, "Iowa Voters Oust Justices Who Made Same-sex Marriage Legal," November 3, 2010, CNN, http://edition.cnn.com/2010/POLITICS/11/03/iowa.judges/index.html#（2021 年 3 月 24 日閲覧）

32　Republican Party of Minnesota v. White, 536 U.S. 765（2002）.

33　ただし，裁判官候補によるあらゆる言論が許されるようになったわけではない。アメリカ法律家協会は，1990 年に裁判官行動準則規程を改正し，アナウンス条項を削除し，誓約条項とコミット条項を追加している（この改正版をミネソタ州は採用しておらず，72 年版の規程にあったアナウンス条項が連邦最高裁で裁かれた）。誓約条項では「誠実な職務執行以上のことを誓約，約束する」ことを禁じ，コミット条項では特定の行動をするという制約を自らに課すことを禁じている。誓約条項とコミット条項を採用している州では，たとえば人工妊娠中絶に対する立場を表明してもよい（アナウンス条項は違憲のため）が，当選した場合に具体的な行動をとると有権者に約束してはいけない，ということになる。重村博美「アメリカにおける裁判官選挙の言論制約と『司法の公平性』」『近畿大学法学』55 巻 3 号，2007 年。

34　Matthew J. Streb ed., *Running for Judge: The Rising Political, Financial, and Legal Stakes of Judicial Elections*, NYU Press, 2009.

35 John D. Echeverria, "Changing the Rules by Changing the Players: The Environmental Issue in State Judicial Elections," *New York University Environmental Law Journal*, Vol. 9, No. 2, 2000.

【コラム 1】　アメリカの中央銀行／金融制度——連邦 vs 地区はこの領域でも！

　アメリカでは，金融システムの中核となる「中央銀行」も，その成り立ちから地方分権主義の名残を強くとどめている。わが国の中央銀行である「日本銀行」に相当するのが「連邦準備制度（以下，Fed）」。「銀行」ではなく「制度」であるのは，複数の組織体で構成されるためで，具体的には，ワシントン DC を本拠地とする Fed の理事会＝連邦準備制度理事会が，12 地区に点在する連邦準備銀行（以下，地区連銀）を統括している。地区連銀を「合衆」させることで中央集権を牽制する一種の分権体制がとられているのである。

　Fed は 1913 年に創設され 100 年以上の歴史をもつが，先進国の中央銀行としては最も新しい部類に入り，老舗のイングランド銀行（設立 1694 年）のみならず，日本銀行（同 1882 年）に比べても，設立時期が遅い。このやや意外な事実も，地方分権の思想が根強く，強大な権力をもつ単一組織を作ることに対し慎重なスタンスをとってきたアメリカの歴史やお国柄の一端を物語っている。

　地区連銀は，全米 50 州を 12 地区に分割する形で設置されており，各管轄区において金融機関の監督・規制，そして，決済システムの運営等を担当する。地区連銀は独立した一法人＝株式会社であり，独自の取締役会を有している。取締役会は，加盟民間銀行出身者，加盟行が選出する銀行業以外の人物，および連邦準備制度理事会の任命者で構成される。アメリカの民間銀行は，いずれかの地区連銀に直接加盟するだけでなく，その地区連銀に出資し，権利義務関係をもつと同時にその監督に服する，というわけだ。

　一般に FRB と呼ばれる連邦準備制度理事会は，12 地区連銀を束ね，金融政策を協議する連邦公開市場委員会（FOMC）を年 8 回開催する。議決権のあるメンバーは，理事会から議長を含む 7 名と地区連銀総裁 5 名の最大 12 名。地区連銀総裁から成る 5 名のポストのうち，1 名はニューヨーク連銀が常任し，残る 4 名はその他の 11 地区連銀総裁が 1 年交代の輪番で務め，議決権のない地区連銀総裁 7 名はオブザーバーとして FOMC に参加する。公定歩合の変更など，FOMC で決定された金融政策は，基本的に各地区連銀がそれぞれ実行する仕組みになっている。

　ところで，米ドル札をよく見ると，紙幣番号の下に「K11（ダラス連銀の簡略記号）」等の表示がある。地区連銀は紙幣発行も担っており，この表示によって，どの地区連銀によって印刷された紙幣であるかわかる仕組みである。アメリカの中央銀行制度が，12 の地区連銀とそれを統括する FRB という世界でも稀な独特の分権

体制にあることを，米ドル札は静かに教えてくれている。

　12地区連銀の管轄区分は，1913年のFed設立当時のアメリカ国内の主だった金融センター都市を中心に設計され今に至っているが，カバーする人口や経済規模等には大きな格差が見られている。たとえば現在，サンフランシスコ連銀の管轄地区はアメリカの全人口の21%を占める一方，ミネアポリス連銀は3%程度である。設立から約1世紀が経過したアメリカの中央銀行制度は，その他のシステムと同様に，社会の構造変化や技術革新等，変革へのさまざまな対応ニーズに直面していると言えるだろう。

　民間銀行についても，連邦当局から免許を得る「国法銀行」と州当局から免許を得る「州法銀行」があり，歴史的にはご多分に漏れず後者から始まっている。こうした経緯から長らく州当局の権限が強く残り，州をまたぐ銀行業務（州際業務）も過去原則禁止されていた。アメリカ進出をする邦銀にとって，どの州を中心拠点とするか，いわゆる「ホームステート選択」は重要な経営問題であった。三菱UFJ銀行の前身である東京銀行は邦銀の海外進出のパイオニアであったが，ホームステート選択については侃々諤々の議論があったそうだ。アメリカ進出した他邦銀も同様で，ある銀行では国際金融市場を有するニューヨーク州，日本企業に馴染みのカリフォルニア州等に加え，なかには好みからハワイ州を唱える経営陣もいたが，ハワイ案は早々に姿を消したという逸話も残っている。現在，州際業務の規制は原則自由化されている。

（12地区連銀＝第1地区：ボストン連邦準備銀行，第2地区：ニューヨーク連邦準備銀行，第3地区：フィラデルフィア連邦準備銀行，第4地区：クリーブランド連邦準備銀行，第5地区：リッチモンド連邦準備銀行，第6地区：アトランタ連邦準備銀行，第7地区：シカゴ連邦準備銀行，第8地区：セントルイス連邦準備銀行，第9地区：ミネアポリス連邦準備銀行，第10地区：カンザスシティ連邦準備銀行，第11地区：ダラス連邦準備銀行，第12地区：サンフランシスコ連邦準備銀行）

（株式会社三菱UFJ銀行顧問　吉川英一）

第2章

アメリカ地方政治を支えるもの
──政治システム，政党，政治的インフラ

前嶋 和弘

はじめに

　本章ではアメリカの州・地方自治体レベルの政治システムと州レベルの政党の動き，さらには，それぞれを支える政治的インフラストラクチャーについて論じる。

1. 州・地方自治体レベルの政治システム

(1) 州の重要性と連邦主義

　アメリカと日本の違いとして，州政府の権限が日本の都道府県とは比較にならないほど大きいということがある。第1章で見てきたように，連邦を構成する州がそれぞれ主権と憲法をもっており，州が主権の一部を連邦政府に移譲する形で連邦と州の関係が築かれている。州の権限の強さは合衆国憲法に定められた州と連邦政府の政策的な住み分けである連邦主義（フェデラリズム）である。連邦政府の権限は防衛，関税，通商など憲法の条文に列挙された事項（列挙権限）に限られ，それ以外の部分はすべて州および国民に留保されるのがアメリカの連邦制の基本となっている。

　このような連邦政府─州政府という2層構造のなか，州政府の下部にあるのが地方政府である。州政府（state government）の下に，より人々に身近な市や郡，町，村などの数多くの「地方自治体（local governments）」がある。つ

まり，「地方自治体」は「州政府」の下位の行政区分である。

　州政府は地方政府に対して優越するだけでない。そもそも地方政府は「州の創造物」であるという考え方がある。これは 1868 年にアイオワ州最高裁判所でジョン・ディロン裁判官が提示したもので「ディロンの法則（Dillon's Rule)」）と言われてきた。地方政府はカウンティ（郡。ルイジアナ州ではパリッシュと呼ばれる）とミュニシパリティ（市）が中心であり，そのほか特定の目的のための特別区や局もある。カウンティは州の行政区分であり，出先機関という色彩が強い。ミュニシパリティは憲章を採択し，自治権が認められている。

　各州政府は，連邦政府とは全く別の政治的な力学で動いている独立国のようなものである。州の政治の独自性が重視されているため，たとえば，売上税を導入している州と，していない州があり，あっても税率が州ごとに違っている。この税率ひとつとってみても他州や外国からの企業誘致の競争が始まっているといえる。他方，市もゾーニング（区画規制）に関する規制緩和などを行っている。郡，市などの地方自治体では，企業誘致のための地方税の引き下げ競争などが行われている。

　そもそもアメリカは 13 の独立した植民地の連合体からスタートしたのは，第 1 章で見たとおりである。独立革命で 13 植民地は連合規約を結び，アメリカ連邦（連合会議）を形成して対英戦争（イギリスからの独立を目指したアメリカ独立戦争）を行い，独立後も当初は基本的に各州政府の自治が許され，連邦（連合会議）の権限は非常に弱かった。1787 年に開かれた憲法制定会議では，中央（連邦）政府による圧政を恐れて州の権限の確保を望む意見とある程度強力な中央政府の樹立を主張する意見が対立し，激しい議論が続いた。連邦政府創設を訴える連邦主義派（フェデラリスト）と州の権限を主張する反連邦主義派（アンチ・フェデラリスト）はそれぞれが新聞紙上で意見を闘わせた。激しい対立の結果生まれた合衆国憲法は，連邦主義とともに中央（連邦）政府の権限が大きくなりすぎないように限定政府（リミテッド・ガバメント）を基盤とするなど，州権派（反連邦主義者）に配慮したものになっている。

　憲法を起草した人々（フレーマー，憲法制定の父祖）たちは，合衆国憲法制定の際に「新しくできる連邦政府が国民の自由を脅かすものであってはならな

い」という意識を共有していた。そのため，中央政府（連邦政府）に与えられた権限を憲法に明示し（列挙権限），それ以外は国民により密接な存在である州の権限にとどめておくこととした。憲法第1条8節に示されているこの列挙権限には，租税，陸軍と海軍の設立，戦争の宣言，複数州間の商取引の規制，通貨鋳造などがある。州の権限を保持することで，連邦政府と州政府が共存する連邦主義（フェデラリズム）を徹底させた。各州はそれぞれ独自に憲法を備え，独自の政治システムを構築している。このように憲法には，イギリス政府の圧政があった植民地時代とアメリカ革命期（独立戦争期）のさまざまな経験が生かされており，連邦政府に与えられた権限と同時に連邦政府が行ってはならない事項が明確に示されている。

　州の重要性を語る上で重要なのが，第1章でも論じられているように，州政府と連邦政府の複雑な関係であり，州政府が連邦政府をさまざまな点でコントロールしている部分もあることである。たとえば，合衆国憲法の修正条項も連邦議会の各院が3分の2以上の賛成で発議し，4分の3以上の州の批准をもって成立している。

　州政府と連邦政府の住み分けである連邦主義がさまざまな点でアメリカ政治に浸透している点も，日本人にとっては注意しないといけないだろう。たとえば，アメリカの司法システムは連邦裁判所と州裁判所の2本立ての系列であり，それぞれが独自に完結している。連邦裁判所で扱われる裁判は憲法解釈のほか，連邦法の違反事件や州を越える事件に限られている。州法によって争われる事件は州の最高裁判所の判断が最終的なものであり，連邦裁判所へ控訴することはできない。

　連邦主義に基づいて，建国から20世紀初め頃までは政策そのものの大半が州政府によって行われてきた。連邦裁判所も19世紀前半には州の権限を強調する立場（州権論）をとっていたが，19世紀末頃から連邦政府の権限を拡大解釈する傾向が目立ってきた。20世紀の2度にわたる世界大戦と大恐慌が連邦政府の権限を強化する決定的契機になったことはいうまでもない。1933年のローズベルト大統領のニューディール政策以降は福祉国家化の流れに従って，連邦政府が積極的な政策上のリーダーシップをとることが増え，連邦政府の権限が拡大し，それに伴って人的資源や予算も飛躍的に増大している。州と連邦

政府のバランスが変わっていくなか，連邦政府の肥大化を非難する意見も保守派を中心に根強い。連邦政府はさまざまな政策決定を行うが，たとえば福祉政策などでは政策を直接担当する連邦政府の機関は限られているため，実行部隊としての州政府や地方政府の協力が必要である。連邦と州，そして地方政府が協力しながら行う協力的連邦制がアメリカの行政機能の特徴となっている。

(2) 州の政治システム

　各州は独自に憲法を備え，権力分立に基づいた独自の政治システムを構築している。権力を分散させ，州議会（立法府），州知事（行政府・執政府），州裁判所（司法）が互いにチェック・アンド・バランスの関係にある。

　3 権に分け，互いに監視する制度を徹底しているのは，連邦政府と同じであり，その実際の運用もかなり似ている。たとえば，法律をめぐっては，州議会が作成した法案に対して，州知事は理由を付して議会に送り返すことができる拒否権をもっている。しかし，州知事が拒否権を発動しても，州議会がふたたび採択すればその法案は州法として発効する（オーバーライド）。ただし，それでもその法律の実際の解釈と運用は州知事に任されている。司法（州裁判所）は法律そのものや州知事の法解釈と運用について，州憲法解釈の観点から司法審査（ジュディシャル・レビュー）を行い，違憲判決を下すことができる。州議会は新しく法律を作り直すか，州憲法の修正条項を作成することができる。このように州議会，州知事，裁判所の間で権限を分割しながら権力を分散させているのが特徴である。

　ただ各州によって，そのチェック・アンド・バランスの実際は大きく異なっている。たとえば，州議会については，一方の政党が，少数政党の議員からの票がなくても知事の拒否権を覆せるだけの大きさの多数派をもっている場合，それは「拒否権防止多数派（veto-proof majority）」と呼ばれている。拒否権を覆すために必要な議会での票数は州によって異なる。

　2020 年夏現在，一方の政党が両院で拒否権防止多数派を形成している州議会は 22 ある。このうち，16 の州議会は共和党が多数派であり，残り 6 つでは民主党が多数派となっている。メリーランド州とマサチューセッツ州では，共和党知事だが，民主党が州議会で拒否権を防止できる多数派をもっている。逆

にカンザス州とケンタッキー州では民主党知事だが，共和党が議会で拒否権を防止できる多数派を占めている。

(3) 州議会，州知事，州裁判所

　州によって州議会の呼称や議員の数や任期なども大きく異なっている。名称については「Legislature」（26 州），「General Assembly」（19 州），「Legislative Assembly」（2 州），「General Court」（2 州）とそれぞれ呼んでいる。多くの州では州民と最も密接な関係にある議会は権力が集中しすぎる傾向にあるため，上下両院の 2 院に分けている。ネブラスカ州はもともと他の州と同様に 2 院制だったが，1936 年に下院が廃止された。このネブラスカ州議会と各州の上院は「Senate」と呼び，各州の下院は「House of Representatives」（40 州），「House of Delegates」（3 州），「Assembly」（2 州），「General Assembly」（1 州＝ニュージャージー州）と呼ぶ。

　選挙は小選挙区制である。州下院議員は連邦議会の下院とほぼ同じ考え方で選出され，州内の各地区の人口の増減を見ながら，一定程度の人口から 1 人の議員が選ばれる形の選挙区を形成している。

　連邦議会と異なるのは，上院のほうで，連邦上院議員が州全体から 2 人ずつ選ぶのに対し，州上院の場合には各郡から選ぶのではなく，人口がほぼ等しい選挙区から選出される。これを決めたのが 1964 年の「レイノルズ対シムズ（Reynolds v. Sims）」の最高裁判決であり，それまでは大多数の州では，各郡から 1 人選出されたため，農村部からの代表者が多かった。

　定員数や任期は州によって大きく異なっている。たとえばカリフォルニア州の場合，下院は定員 80 人で任期 2 年，上院は定員 40 人で任期 4 年と全米で最も人口が多いわりには比較的少ない数の定員数だが，全米で人口 41 位のニューハンプシャー州の場合，下院は定員 400 人（全米最大）で任期 2 年，上院は定員 24 人で同じく任期 2 年になっている。ミネソタ州（人口 21 位）の場合，下院は定員 134 人で任期 2 年，上院は定員 67 人（全米最大）で任期は 2 年と 4 年の 2 つのタイプがある。下院，上院の定員が最小なのは，アラスカ州（人口 48 位）で下院は 30 人（任期 2 年），上院は 20 人（任期 4 年）となっている。下院が小さな選挙区の代表であるのに対して上院はより広い地域（かつては

郡）の代表であり，どの州も上院の定数は下院の半分から 3 分の 1 程度となっている。

　また，4 回連続当選を禁止するなどの何らかの任期制限を上下両院のいずれかに導入している州議会は 14 ある。このあたりは連邦議会とは異なっている。

　各州議会で多少の差はあるが，かなり連邦政府と似ている部分がある。下院議員の中心が下院議長（Speaker of the House）であり，多数派党から選出される。党籍は離脱せず，自分が所属する政党の中心的な存在のまま，下院の 2 番目の地位である多数派党リーダー（マジョリティ・リーダー，多数派党院内総務）とともに自らの党の下院議員をまとめる。上院議長（President of the Senate）は副知事が兼務する州がほとんどである。ただ，連邦議会の形式上の上院議長である副大統領と同じように，多くの州では州上院で法案投票が同数になった際に副知事に決定権を与えることがあること以外はほとんど実質的な役割はない。

　立法の要となるのが委員会活動である。各州議会での立法は主に委員会を通じて行われ，複数の常任委員会に委託され，審議される。その後，本議会での法案投票となるという仕組みは連邦政府と全く変わらない。

　執政府については，選挙で選ばれた知事が長を務める。被選挙権は 30 歳としている州がほとんどであり，任期は 1 期につき 4 年間（48 州），2 年間（2 州＝バーモント州とニューハンプシャー州）となっており，再選可能回数を定めている州と定めていない州がある。副知事は多くの場合，知事のランニングメートとして選出される。また多くの州で検事総長，州書記官，監査官，会計，農業総監，教育総監，保険総監などが選挙で選ばれる。このあたりは大統領が執政府の閣僚を任命する連邦政府とは異なっている。

　法案は上下両院で承認（通過）されたのち，州知事の署名で成立する。上院と下院とで全く同一の法案が可決されることはほとんどないため，上下両院を通過したのち，両院協議会が開かれて調整した後に州知事に付託される。州議会での法案の内容は幅広く，さまざまな政策から予算までを含んでいる。法案の提出は州民の代表である議員が行う。州知事は州議会に対して法案や予算案を推薦することはできるが，自ら法案を提出できない。さらに，州知事が運用する法案の具体的な予算や政策の内容は議会が作ったものに従うほか，州議会

には具体的な政策が大統領によってどのように運用されているのかを監視する機能もあるため，立法府である州議会の権限は非常に大きい。形式上はすべて議員立法である。その分，議員には政策に対する知識の深さや法案作成能力の高さが求められており，議員スタッフが法案作成を担当している。立法活動以外の州議会の権限には州知事の弾劾があり，政治システム上大きな意味をもっている。州議会は州知事が重大な罪過を犯したと認められる場合に限り，知事を弾劾する権限を与えられている。

　数的には大部分の訴訟は州裁判所が担当している。すべての州で州最高裁の前に州地裁や控訴裁判所があり，基本的に刑事事件の大多数，交通事故，遺言，軽犯罪などの裁判を行っている。

　州裁判所の裁判官の多くは選挙で選出されており，人事面でも民主的に運営されているが，裁判官立候補者は集票組織を有する政党と関係をもつことも多く，政治的党派性が見られるのが大きな特徴である。裁判では原則として陪審制がとられており，一般市民が陪審員として無作為抽出されて事実問題の認定を担当するのも民主的な裁判を象徴している。陪審には被疑者を起訴すべきか否かを判断する大陪審と，陪審員が裁判に参加して被告の罪の有無を判定する小陪審とがある。

　多くの州が上院議員，下院議員，州知事，州裁判所判事のように，任期，選び方，選ぶための選挙の期間にも差をもたせ，一定の時期に集中させないことで「多数派の暴政」を防いでいる。

　州政府で働く公務員については，州や地方自治体でも連邦政府と同じような政治任命とメリットシステム（資格登用）の併用が続いている。

（4）財政の独立と産業政策，行政改革

　3割自治と呼ばれるように財政的に国に保護されている日本の地方自治体とは対照的に，アメリカの州は財政的に国から独立している。その分，財源確保は各州にとって，死活問題である。州にとって産業政策は不可避である。

　各州は産業育成に長年，力を入れてきたが，1990年代から目立っているのが規制緩和を通じた産業政策であり，売上税を含む税制改革も進められてきた。とくに共和党の州知事を中心に規制緩和が進められた。起業家的政府（Entrepreneur Government）という言葉が広まり，産業育成は首長の PR ポイントであった。

　ウィスコンシン州のトミー・トンプソン知事（任 1987-2001，共和党），カリフォルニア州のピート・ウィルソン知事（任 1991-1999，共和党），インディアナポリス市のスティーブン・ゴードンスミス市長（任 1992-2000，共和党）などが，規制改革と行政改革と産業育成を進めた首長として有名である。ジョージ・W. ブッシュ（テキサス州知事，任 1995-2000，共和党）もそのひとりである。民主党の知事の中にもたとえば，のちに大統領となるビル・クリントン（アーカンソー州知事，任 1979-1981，1983-1992）のように産業政策を全面的に打ち出した知事もいる。

　また，産業政策とともに，財政健全化・透明化の一環として，1990 年代からは州，地方自治体単位での行政改革がいっきに進んできた。1990 年代に目立った「大きな政府」からの「リインベンティング・ガバメント」は，多くが州政府そして州の行政組織の改革であった。当時のクリントン政権は，国家業績評価（National Performance Review）などを通じて，各州政府や企業とのコーディネーターとしての連邦政府の立場を強めていこうという動きをとった[1]。効率的な行政サービスも州レベルから始まっており，各種の行政改革が導入されている。連邦での政策革新のもととなるアイデアが，州政府や都市で行われた政策革新に起源を発するケースも多い。有力州の知事のなかから正副大統領候補が頻繁に生まれることを考えても，州の影響力は大きい。

　アメリカには，経済発展は政府が牽引するものではなく民間部門に任せるべきだという考え方がある。「小さな政府」を志向する一種のイデオロギーともいえるものであり，連邦政府には必要最低限の役割だけもたせるという理念から，産業政策は連邦政府ではなく州が担うという原則がある。そのため特定の産業を成長させようとする「産業政策」は連邦政府ではなく，州政府が積極的である。ただ，実際は連邦政府がオンライン商取引について，インターネットによる購入を長く非課税としてきたように，規制強化や緩和を通して特定の産業を育成するケースも少なくない。また，連邦政府による，軍事を軸にした産業育成も各州の産業を支えてきた。

　それでも第一義的に産業政策は州政府の役割という認識が非常に強いため，

産業政策において党派性はあまり強くなく，産業界を敵視しない親ビジネス（pro-business）の土壌がある。とくに州レベルではこの傾向が強く，産業政策に積極的である。州政府の産業政策にはいろいろなパターンがある。何を産業政策と呼ぶかには議論があるが，特定産業の育成のための助成や減税，特定の産業に対する税控除も産業政策といえる。

　州政府は貸付保証，貸付，誘致など具体的で多様な産業支援をしている。1990年代に，各州の州政府が行政改革とともに産業政策に取り組んだ際に，「シリコン○○」と名づけられた地域がアメリカ内でたくさん生まれた。しかし，2008年のいわゆるリーマンショック以降，減税と州政府主導の政策という2つを比べた場合，減税のほうが強まっている。

2. 州や地方自治体レベルの政党

（1）二大政党制と「分散型の政党」の歴史

　各州レベルでも，アメリカは，建国してまもない18世紀末から現在まで2つの巨大政党（共和党，民主党）が政治の中心にある二大政党制の国である。先進民主主義諸国において二大政党制は必ずしも多くなく，しかも長期にわたって同じ2つの巨大政党による二大政党制が続くのはめずらしい。他の政党は総称して第三政党と呼ばれるが，基本的にはきわめて弱小である。それでもいくつかの州では州議会に緑の党やリバタリアン党の議員もいる。

　アメリカの政党には他国の政党には見られない特徴がある。そのひとつが全国党組織の権限が弱く，州の政党の権限が強い「分散型の政党」であった時代が長かったことである。党の全国委員会には党首にあたる役職が存在せず，共和党と民主党の全国委員会には委員長職が置かれているが事務局長的な役割が今日まで強い（ただ，現在では後述するように，全国委員会への集権化である「全国政党化」が目立っている）。

　政党組織は分権的で，全国委員会は50州の党委員会の連合体的な要素が強い。党員資格も曖昧で有権者登録や予備選挙の登録の際に党名を記入する欄があり，そこに記入すれば党員となる。党費納入や活動への参加義務もないに等しく，党員というよりも党支持者に近い感覚である。

　アメリカの政党の最大の特徴は，ヨーロッパなどの政党に比べて全国レベルでも州のレベルでも組織的な結束力が弱く，党としての規律が緩やかなことだった。法案に対する党議拘束は基本的にはない。連邦レベルでも州政府のレベルでも長年，党派対立は少なかった。とくに州レベルでは南部諸州では民主党が圧倒的に強かったこともあって，政党対立は目立っていなかった。

　議会内の同じ党の議員でも政策に対する立場の差が大きかった。政党の規律が緩やかで党議拘束がないことから，連邦議会でも州議会でも政党の違いを超えた連携がかつては頻繁に行われた。たとえば，同じ党内や対立党の議員に対して法案成立への協力を約束するかわりに，自分が立法化したい法案に協力させるログローリング（票の貸し借り）も一般的であった。

（2）政党の全国化

　しかし，政党組織の全国化が1980年代末からいっきに進んでいく。その背景にあったのが，通常の献金（ハードマネー）以外に，連邦選挙規制に抵触しない範囲内での政治献金の総称である「ソフトマネー」の隆盛である。「ソフトマネー」は具体的には，企業や労組から政党の全国委員会に対して献金され，政党運営費や投票促進費などの名目で使われてきた。規制の枠外であるため，投票者登録や選挙運動資材などの費用名目であれば合法的に政党本部が各候補者を肩代わりできるため，不正の温床となっていた。

　ソフトマネーはもともと，草の根の政治を支援するために州の政党を支持するものだったが，連邦選挙法の「抜け道」として，80年代後半から規制の対象となる2000年代はじめまで，全国政党への献金として急増していった。たとえば，2000年の大統領選挙，連邦議員選挙では，共和・民主の二大政党は合計約4億9500ドルのソフトマネーを企業，労組，個人などから受け取っていた。この額はその前の大統領選挙が行われた1996年の計2億6200万ドルの約2倍，1992年の8610万ドルの5.7倍となっており，急速に膨らんでいるのが明らかとなっている。連邦選挙委員会（FEC）が政党の全国委員会に対するソフトマネーについての額を公示させるようになったのは，1992年からであり，それ以前のソフトマネー献金額は2000年レベルと比べるとはるかに少なかったと想像される。

　ソフトマネーは共和・民主両党の政党の全国中央組織にプールされるため，ソフトマネーが政党の全国委員会そのものを強固にしていった。政党の中央組織はソフトマネーを使って，激戦の選挙戦を戦っている選挙区を中心に，資金を投下していった。このようにソフトマネーを介して，政党全国委員会の権限が強化され，政党と各選挙区が協同して選挙を行う体制作りも進んでいった。逆に言えば，州の政党の自由度は極端に少なくなり，全国政党の出先機関といえるような存在に変貌してしまった[2]。

　ソフトマネーのために全国委員会は組織上強くなったため，候補者の発掘や立法上の戦略まで，過去に比べて，共和・民主両党は政党としてはっきりとした戦略を打ち出せるようになった。法案投票や政策に関する視点などに関し，アメリカの政党内の統一は日本などの政党に比べて非常に弱かったが，ソフトマネーの台頭は党内の統一を強める結果につながっている。州の政党はその意向を踏まえて行動するといった政党の組織的な変化がきわめて顕著になっている[3]。

　アメリカでも支持政党をもたないとする「脱政党化（dealignment）」が有権者の中で進んでいるという指摘もかつてはあったが，議会内の法案投票においては，両党内の統一（party unity）は年々高まっていった。「共和」「民主」という二大政党のラベルはかつての1970年代に比べると，色分けがはっきりしてきた。

　「ソフトマネー」に対する規制は「2002年両党派選挙改革法（Bipartisan Campaign Reform Act of 2002: BCRA）」以降，本格的になっていったが，それでも次々と連邦選挙法の抜け穴を探る動きが続いており，「政党の全国化」の傾向は変わっていない。

（3）州レベルの政治的分極化

　この「政党の全国化」が民主・共和両党の対立が進む現在の政治的分極化につながっていく。民主・共和両党間のイデオロギー差の拡大などから，政党の党議拘束も次第に強化されてきている。連邦政府と同じように，州政府においても，民主・共和両党の対立が進む政治的分極化が進んでいる。

　ここで問題なのが，州知事と州議会の多数派が別の政党が占める州政府版の

分割政府（divided government）の存在である。州知事を擁する政党と議会の上下院のどちらか（あるいは両方）の多数党が異なる状況が恒常化し，法案の立法化が全く進まずに政策形成のグリッドロック（行き詰まり）化をもたらす政治システム上の問題もしばしば起きている。ミシガン州がその典型例であり，2020年にはコロナ対策のためのロックダウンをめぐって，グレッチェン・ホイットマー知事（民主党）と共和党が多数派である州議会が激しく対立し，4月末には武装市民が同州議会の議事堂内に押し寄せ，大きな問題となった[4]。

　政治的分極化に関連して，南部の諸州の保守化・共和党化という政党再編成の流れも指摘しておきたい。南部は南北戦争から今日まで政治風土としては保守の土地である。ただ，その保守性は「南北戦争の負け組」である民主党が長年受け継いできた。1950年代から続く公民権運動や女性解放運動の中で，南部の保守の民主党（サザンデモクラット）と南部以外の州の民主党との政治的立ち位置が大きく分かれていった。1968年の共和党大統領候補のリチャード・ニクソン氏の「南部戦略」はその民主党を2つにわり，南部を共和党化するきっかけになるものであった。その後も人種平等や女性妊娠中絶の全米合法化（最高裁判決は1973年）を支持する民主党のリベラル派と南部諸州のサザンデモクラットとの隙間は大きくなっていく。中西部や南部に基盤を置く福音派が1980年代前後から政治化し，共和党側への支持を明確にしたこともあって，南部諸州は民主党の地盤から共和党の地盤に大きく変わっていく。

（4）州レベルの第三政党

　典型的な二大政党の国であるアメリカにおいては，州レベルでも第三政党（third parties）はさまざまな制度的な困難に直面してきた。小選挙区という選挙制度上の特性のほか，二大政党側が主導する選挙区割りなどの選挙制度設計は第三政党にとっての大きなハードルである。そもそも共和・民主両党への支持はアメリカの政治文化を測る指標でもあり，新しい価値観が入り込める余地は少ない。

　しかし，組織的に脆弱であるものの，第三政党は新しい政策アジェンダを焦点化させるのに影響力を示してきた。とくに州レベルでは社会問題の争点化に特化したため，歴史的には一種の政治・社会改革運動として機能してきた。た

とえば，独占企業の排除，貧民救済などの社会改革の芽を生んだのが第三政党だった。第三政党の勢いに押される形で，第三政党が訴える政策を巨大政党が次々に受け入れてきた。

　現在，連邦議会や州，郡，市などのレベルの選挙に候補者を立てている第三政党として，代表的なものを挙げれば，環境保護を求める「アメリカ緑の党（Green Party of the United States）」，経済や国民生活への政府の関与を非難し，自由放任主義を求める「リバタリアン党（Libertarian Party）」，かつては一部の州で非合法だった「アメリカ共産党（Communist Party in the United States）」，1992 年のロス・ペロー（Ross Perot）の大統領選挙運動に端を発する「改革党（Reform Party）」，さまざまな保守的政策を掲げる「憲法党（Constitution Party）」（旧「納税者党（US Tax Payer Party）」）などがある。

　これらの代表的な第三政党のほか，1869 年発足で 19 世紀末から 20 世紀初めには社会的争点に影響を与えた「禁酒党（Prohibition Party）」なども大統領選挙のほか州レベルでの候補者擁立などの活動をいまだに続けている[5]。さらに，組織的な形態としては政党とはいえないものの，ここ 10 年で起こったティーパーティ運動やウォール街占拠運動なども州や都市レベルでの活動を中心としており，州や地方自治体の政策の議題設定に影響を及ぼしてきた。

　近年の第三政党の州知事としては，1999 年から 2003 年までミネソタ州知事を務めた改革党のジェシー・ベンチュラ（Jesse Ventura）が代表的である。ベンチュラはプロレスラーとして国際的に活躍した後，政治家に転身し，市長経験後，知事に当選した。このほか，1991 年から 95 年までコネチカット州知事を務めたローレル・ワイカー（Lowell P. Weicker）はかつては共和党所属だったが，自分の選挙活動の政党として「コネチカット党（A Connecticut Party）」を率いた。また，ウオーリー・ヒッケル（Wally Hickel）は，かつては共和党所属の知事だったが，1990 年の選挙で共和党よりも保守的な立場をとる「アラスカ独立党（Alaskan Independence Party）」から立候補し，当選後，退任（1994 年）まで所属した。

3. 政治のインフラストラクチャー

(1) 利益団体とロビー活動

　アメリカの政治過程で特徴的なものに利益団体の存在があり，連邦レベルと同じように州政府にも利益団体が存在する。利益団体は有益な立法を獲得したり，好ましくないと思われる措置を打ち破ったり，他の立法措置に影響を与えたりするために，しばしば立法府にロビー活動を行う。アメリカの国是である多元主義のなかで，利益団体を通じて自分たちの利益を確保しようと訴えることは政策過程に必要となる民主主義的な政治参加の手法である。

　利益団体は労働団体（労働組合），公共利益団体，イデオロギー団体のほかに特定の争点を追うシングルイシュー団体，企業を母体とする業界団体の一部が組織しているケースなどもあり多様である。公共利益団体とは環境保護団体のような広く多くの人の利益を実現しようとする団体である。

　利益団体のなかには，共和党支持，民主党支持など党派性をもつものが多い。共和党支持者が参加する利益団体の代表的な例としては，産業界の意見を代弁するアメリカ商工会議所，ビジネス円卓会議などの企業を母体とする団体のほか，キリスト教保守派のイデオロギー団体であるキリスト教徒連合，シングルイシュー団体では銃規制に反対する全米ライフル協会や減税・政府支出の健全化と納税者の権利擁護を主張する全米納税者連盟などがある。民主党支持者が参加する利益団体には労働組合の AFL-CIO（労働総同盟産別会議）やシエラクラブに代表される環境保護団体，リベラル政策を支持する市民団体・人権団体である ACLU（アメリカ市民自由連合），人種・エスニック集団を母体とする NAACP（全米黒人地位向上協会），消費者保護の市民団体パブリック・シティズンなどが含まれている。このような団体は全国規模のものではあるが，州や主要都市には支部が存在し，首都ワシントンなどに位置する本部と密接に連携し活動を進めている。

　利益団体については，多元主義を体現し，国民の政治参加を促すという政治的理想を追求するものとする考えがある一方で，特定の利益団体の力が強くなりすぎてグループ間の自由で民主主義的な競争が成立しにくい状況になってい

るという見方もある。利益団体は議員や行政府の関係者を取り込んで三者による強固な利益連合である鉄の三角形を形成し，閉鎖的な下位政府として政策に大きな影響力を行使しているという見方がその代表的なものである。利益団体のなかには議会対策の専門家であるロビイストに活動を代行させているところもあり，金権政治の温床となっているという指摘もある。多額の献金や過度なロビー活動を続け，民主主義的な政治プロセスをゆがめる団体を特殊利益団体と否定的に呼ぶことが定着しつつある。

(2) 地方政治における利益団体，ロビー活動

　地方政治における政治権力に関しては，政治学には長年の研究蓄積がある。その代表的なものが，ロバート・ダールやフロイト・ハンターなどの研究である。ハンターは，アトランタの地域権力構造を研究し，一握りの権力エリートがコミュニティのあらゆる問題を牛耳っていると分析した[6]。一方でニューヘイブンの権力構造を研究したダールは，影響を与えるアクターは問題ごとに多元的に存在するとした[7]。立場は違うが，両者のいずれも認めているのが産業界の影響であり，地方の政治に多大な影響を与えてきたと指摘している。

　この古典といえる研究から半世紀以上時間は経ているが，基本的な構造は変わっておらず，産業界が地方政治に与える影響は大きいという研究は長年主流であるといえる[8]。州政治や地方自治体は，雇用や収入など，住民の生活を支えるために地元に企業を誘致し，産業発展を支えていく必要に直面している。そのため，企業の利益団体やロビー活動が地元の政治に与える影響はどうしても大きくなる。

　一方で，ここ20〜30年ほどの研究では，産業界以外の利益団体の地方政治への影響力の伸長が検証されてきた。たとえば，地方の地元の住民組織などの市民グループの影響力も高くなっているという分析も目立っている。公務員にロビー活動を行い市民が公聴会などの会議に出席することを可能にさせることで，地域のガバナンスに積極的に関与している[9]。

　また，利益団体の中でも，福音派の活動が活発である中西部や南部では「信仰に基づいた組織（faith-based organization）」の運動が盛んであり，州政治や地方自治体における共和党側の政策の議題設定に大きな影響を与えている[10]。

福音派の団体は共和党側の首長や議員に働きかけているのに対し，都市などでは民主党側の政策に食い込んでいる利益団体も少なくない。その代表ともいえるのが，労組や人種・性的マイノリティの利益団体の活動であり，前者は州レベルの最低賃金の引き上げなどの雇用改善を訴え，後者は人種平等や性的差別禁止に基づくさまざまな施策の要求を続けている[11]。環境保護団体も同様に民主党側に強く訴えることで，地域レベルの自然保護や水質や土壌や大気の汚染に厳しく対応する法案や規制適用を主張し続けている。

(3) 州や地方自治体レベルのシンクタンク，教育機関，メディア

　州や地方自治体レベルのシンクタンクも存在する。州レベルの政策に関心があり，厳密に経済問題に焦点を絞って活動しているケースが少なくない。場合によっては，州知事や市長などの首長のブレーン的な存在として活動しているケースも少なくない。

　また，教育機関については州立大学が州や郡・市の公務員要請を担っているほか，優秀な人を大学卒業後も州内にとどまらせるために，州立大学の中でもより研究能力が高い「フラッグシップ校（旗艦校）」を通じた産学官協力に力を入れる州も多い。また，スキルのある労働者を維持するために，コミュニティカレッジでの技能訓練教育も重要となっている。

　メディアについては，第3章で述べるが，地方紙や地方テレビの報道が州や地方自治体レベルの議題設定に大きな影響を与えている。ただ，近年はインターネットの普及で，地方紙や地方テレビの経営状態はきわめて悪く，危機的状況に陥っているといえる。

(4) 連邦のアクターとの連携・協力

　他州や連邦のアクターとの連携・協力も州レベルの政治の政治的なインフラとなっている。まず，他の州の政治アクターとの連携については同じレベルの政治的役職をもつ人々が，州や地方自治体を超えて団体を通じて連携し，アメリカが直面する問題について州を超えた情報交換や意見の調整を行い，連邦政府にも影響を与えていく団体が複数ある。その中で最も代表的なものが，全米知事協会（NGA），全米州議会議員連盟（NCSL），全米州裁判所センター

（NCSC）であり，全米50州の執政府，立法府，司法のそれぞれについて，州を越えて束ねていく組織である。

全米知事協会（National Governors Association: NGA）については，1908年に発足し，全50州に加え，準州などの知事が党派を超えて参加している。全米規模の政治的争点を議論・整理するほか，州政治におけるさまざまな問題点を洗い出し，各州のベストプラクティスを共有し続けている。また，連邦政府に対する提言を毎年提出し，注目を集めている。互選される全米知事協会の会長は，優良な知事であることもあって，過去には大統領を輩出したこともある（ビル・クリントン＝アーカンソー州知事，1986〜87年会長）。

全米州議会議員連盟（National Conference of State Legislatures: NCSL）は，50州の州議会に所属する議員をまとめていく超党派組織である。全米知事協会と同じように，全米規模の政治的争点を議論・整理し，各州の立法府にとって重要な争点を議論しながら，州議会が連邦政府に対してまとまりのある声を確保することを促進している。

全米州裁判所センター（National Center for State Courts: NCSC）は，州裁判所に関連する情報を集積し，状況を改善することを目指した独立した非営利組織である。州の裁判官や裁判所で働く人々が加盟している。1971年に発足し，公正で公平な意思決定となるように，州の裁判所比較データのクリアリングハウスの役割をもっている。

また，50州の州政府内の特定の役職間をまとめていく連携機関もある。代表的なものが，全米州財務責任者会（National Association of State Budget Officers: NASBO）であり，州の財務責任者の情報の質と可用性の向上に専念し，州間でノウハウを共有する機会を提供し，情報共有を行っている。また，全米州情報責任者会（National Association of State Chief Information Officers: NASCIO）は各州の情報公開や情報セキュリティを統括する情報CIOの横のつながりを促進する組織であり，日進月歩の技術革新が続く州政府レベルの情報技術に関する新しい変化をどのように取り上げていくのかについて，情報共有を進めている。

また，地方自治体の州内・州際連携組織も政治インフラのひとつとなっている。州内の地方自治体レベルの責任者が州を越えて連携協力する組織も存在し，

積極的な活動を行っている。全米郡協会（National Association of Counties: NAC），全米都市連盟（National League of Cities: NLC），全米市長会議（United States Conference of Mayors: USCM），全米郡区町協会（National Association of Towns and Townships: NATaT）などが代表的なものである。全米郡協会は郡政府，全米都市連盟と全米市長会議は都市，全米郡区町協会は郡区（township）や町（town）の州内，そして州を超えた連携を促進する団体である。他地域組織や首長と連携し，情報共有をすることで，それぞれのコミュニティのニーズに対応した地元密着の政治を深化させることを目指している。このうち都市については，全米市長会議のほうは人口 3 万人以上の全米 1400 都市を対象としている。

おわりに

　州政府の権限が日本の都道府県とは比較にならないほど大きいアメリカにおいては，州・地方自治体レベルの政治システム，政党，政治的インフラストラクチャーを知ることがきわめて重要になってくる。州・地方自治体によって大きな相違点もある一方で，全米規模で連携している動きも注目に値する。州・地方自治体のダイナミズムを知ることは，アメリカが変わるダイナミズムを知ることでもある。

注

1　David Osborne and Ted Gaebler, *Reinventing Government: How the Entrepreneurial Spirit is Transforming the Public Sector*, Plume, 1992.
2　前嶋和弘「米国の選挙資金改革法案投票の決定要因分析――ソフトマネー禁止が与えるインパクト」『選挙研究』18 号，2003 年。
3　Paul S. Herrnson, *Congressional Elections: Campaigning at Home and in Washington*, 3rd ed., CQ Press, 2000.
4　前嶋和弘「武装市民が押し寄せた『反ロックダウン運動』への違和感」ヤフーニュース，2020 年 5 月 2 日，https://news.yahoo.co.jp/byline/maeshimakazuhiro/

20200502-00176404/（2020 年 11 月 3 日閲覧）。

5　アルコールだけでなく，たばこの禁止，さらにはキリスト教的なモラルなどさまざ
まな社会的保守主義を政策争点に掲げている。

6　Floyd Hunter, *Community Power Structure: A Study of Decision Makers*, Uni-
versity of North Carolina Press, 1953.

7　Robert A. Dahl, *Who Governs? Democracy and Power in an American City*, Yale
University Press, 1961.

8　たとえば，Clarence N. Stone, *Regime Politics: Governing Atlanta, 1946–1988*,
University Press of Kansas, 1989 や David R. Elkins, "The Structure and Context
of the Urban Growth Coalition: The View from the Chamber of Commerce," *Poli-
cy Studies Journal*, Vol. 2, No. 3, 1995.

9　代表的な研究は次の通り。Robert Jay Dilger, *Neighborhood Politics: Residential
Community Associations in American Governance*, New York University Press,
1992; Barbara Ferman, *Challenging the Growth Machine: Neighborhood Politics
in Chicago and Pittsburgh*, University Press of Kansas, 1996; Gustavo S. Mesch
and Kent P. Schwirian, "The Effectiveness of Neighborhood Collective Action,"
Social Problems, Vol. 43, 1996.

10　Elaine B. Sharp, "Political Participation in Cities," in John P. Pelissero ed., *Cit-
ies, Politics and Policy: A Comparative Analysis*, CQ Press, 2003 など。

11　Richard Edward DeLeon, *Left Coast City: Progressive Politics in San Francisco,
1915–1991*, University Press of Kansas, 1992 や Rufus P. Browning, Dale Rogers
Marshall, and David H. Tabb eds., *Racial Politics in American Cities*, 3rd ed.,
Longman, 2003 など。

【コラム 2】　アメリカにおける連邦・州政府への渉外活動

　アメリカのワシントン DC には連邦政府への対応のため日立製作所のオフィスが
あるが，日立の事業は IT，鉄道，自動車部品，金属など多岐にわたり，それぞれ
がカリフォルニア州，フロリダ州，ジョージア州，ケンタッキー州，ウィスコンシ
ン州などの地域に深く根差して，長年製造，販売を進めている。各州政府は外国企
業であっても投資，雇用を創出する企業を「地元企業」として尊重し，とくに州政
府の商務部は，何か州政府がサポートできることはないかと気にかけ，非常に密に
各企業と連携をとる。

　私がその DC オフィスに駐在している際には，トランプ政権の対中制裁関税が発
動され，通商 232 条に基づく鉄・アルミ製品への課税があったが，この除外申請に
あたって，州政府商務部や州選出の連邦議会議員も非常に丁寧に話を聞いてくれた。
州によっては有力な州知事がホワイトハウスや商務省と密接な関係をもち，連邦政
府の動きにも影響力をもって，こうした地元企業の問題についても働きかけをする。
知事は，将来的に連邦政府の要職に就く可能性もある。私たちが渉外活動で重視し
ていたのは，日頃からこうした州政府との関係を商務部，商務長官，州議会議員，
知事，連邦議会議員のあらゆるレイヤーで維持し，自社がどのような事業，投資，
雇用，社会貢献活動を通じて地元に貢献しているかを，理解してもらうことである。
こうした活動が何かあった際のリスク対策の観点からも非常に重要となるため，ア
メリカ企業も非常に活発に同様の活動を行っている。私たちは時に議員からの要望
によって工場訪問，従業員との対話の機会を設定することもある。そうした機会は
双方にとって貴重で有意義である。州選出の連邦議会議員とのコミュニケーション
では，とくに自身の選挙区に所在する企業の投資，雇用などが最大の関心事である
ものの，議員が所属する議会委員会の活動に関連するテーマについては政策を担う
ため，その分野の最新の技術動向は彼らの関心事となる。したがってエネルギー・
天然資源小委員会のエネルギー小委員会に所属する議員には日立のエネルギー事業
や技術について，歳出委員会の運輸・住宅・都市開発関連機関小委員会に所属する
議員には，鉄道事業を取り巻く環境について情報を提供することが，事業環境整備
のための重要な渉外活動となる。

　さらに，アメリカにおいては各州の政策が企業活動に影響を与えるウェイトは連
邦政府にもまして大きい。州議会議員には身近なサポーターとして企業の活動を理
解してもらい，支援してもらうことが重要となる。他方で州議会議員に対する働き

かけについてはロビイング規制法などが各州によって異なるため，この遵守が連邦議員に対するよりも複雑となり，専門のロビイストをあてるといった対策が必要となる。日立でもこのロビイング倫理について専門の弁護士事務所からアドバイスを受けるなどコンプライアンスを徹底した上で，大きな拠点のある州に対象を絞り州議会議員に対し，投資・雇用・社会貢献面での理解を得るよう働きかけた。また，日米南東部会，全米知事会などを通じて州議会関係者とのコンタクトを得るなど，人脈開拓を実施。それらの関係をさらに発展させ，「日立DAY」を開催し，各拠点の従業員を州都に派遣し，州議会議員などへ日立の地元の事業活動の実例を紹介するなど地道で積極的な活動を実施した。

さらに，各地元への社会貢献活動は重要な地元政治家へのアピールとなる。日立は，地元の大学などど連携してとくにSTEM教育支援に力を入れており，地域の教育レベルの向上，それに伴う雇用機会の拡大に関心の高い政治家からの感謝を得ている。こうした双方にとって有意義な対話の機会をさまざまな形でもつことで関係性は深まり，ローカル企業としての信頼が醸成されていく。

各拠点の地元での雇用創出や地域貢献を通じた州議会議員，州政府との関係づくりと，首都ワシントンDCにおける連邦議会議員およびホワイトハウスや各省庁への課題ベースの議論・情報提供の両方が相まって，生産的・効果的な渉外活動が可能になるのである。

（株式会社日立製作所グローバル渉外統括本部部長代理　山﨑容子）

第3章

アメリカ地方政治のレベルにおけるメディア
——重要な役割，急激な危機的な変化

前嶋 和弘

は じ め に

　アメリカ政治では連邦レベルと同じように，州政府や地方自治体などのレベルにおいても，共生関係といえるほど政治とテレビ，新聞，ラジオなどのメディアとの関係は密接である。州政治や市・群などの地方自治体におけるマスメディアの役割は，州知事，市長，議会などの政治アクターや国民に対して政治情報を提供することであり，つまり政治の情報インフラにほかならない。新聞，ラジオ，テレビのネットワークニュースが長年，そのインフラを支えてきた。

　それもあって，知事や州議員だけでなく，シンクタンク，利益団体などの政治アクターはメディアにとって情報提供者として必要不可欠であり，各アクターも政策形成のために意図的にメディアを利用し，政敵の動きを牽制し，州内の世論を動かそうとすることは常套手段となっている。地方政治におけるメディアと政治のアクターは強い共生関係を生み出してきた。「メディアを中心に動く政治（media-centered politics）」という概念は地方のレベルにも当てはまる。

　ただ，州政府や地方自治体などのレベルにおけるメディアは，インターネットの爆発的普及のなか，「メディアの全国化」と「メディアの分極化」という2つの現象で，大きく揺れつつある。アメリカの地方政治のレベルにおけるメディアはいま，未曾有の危機に陥っている。

　本章は地方政治レベルでのメディアの役割を論じた上で，メディアと政治の

関係がどのように変貌しつつあるのかを論じる。

1. 州レベルにおけるメディア

(1)「メディア」が意味するものの変化

　アメリカの地方レベルにおけるメディアと政治の状況を論じる前提として，まず，アメリカに特有の政治的な背景をいくつか確認しておきたい。

　まず，「州政府」はアメリカの行政区分では「地方自治体」ではない。他の章でも議論されてきたように，アメリカ政治では「連邦政府」と「州政府」が住み分ける「連邦主義」が政治の根本にある。州政府（state government）のもとに，より人々に身近な市や郡，町，村などの数多くの「地方自治体（local governments）」がある。つまり，「地方自治体」は「州政府」の下位の行政区分である。

　本章で取り上げる地方政治のレベルにおけるメディアのほとんどは，「地方自治体」を拠点とする「ローカルメディア」となる。ただ，大都市圏のメディアの場合，その都市が含まれる州の政治，さらには近隣の州の政治にも大きな影響を与えることもある。

　ここでの「メディア」とは，主にマスメディアを念頭においているが，マスメディアの中でも新聞，テレビ，ラジオなどの伝統的なメディアとともに，近年ではインターネットを基盤とするオンラインメディアもある（伝統的なメディアのウェブでの発信もここに含まれる）。ここまでの「メディア」は「報道機関」と同義である。

　ただ，オンラインメディアには政治ブログ的なものも含まれるため，個人運営のものなら「報道機関」というよりも個人による政治情報の発信に過ぎない。ソーシャルメディアにおける政治情報はこの個人による発信が中心であり，個人的意見を積み重ねる中で，情報拡散が進んでいく。それでも，ソーシャルメディアにおける政治情報そもそもの情報源は伝統的なメディアやオンラインメディアであることは，日本もアメリカも同じだ。

　本章で論じる「メディア」とは，伝統的なメディアだけでなく，上述したそれぞれを包摂する。さまざまなメディアを包摂しないといけない状況は，連邦

レベルでも州レベルでも同じである。しかし，州レベルにおけるメディアと政治の現状を論じる際，伝統的なメディアとは異なり，オンラインメディアやソーシャルメディアは，州という枠組みにきわめて収まりにくい。

　収まりにくいことだけが問題ではない。「メディア」が州（あるいは地方都市）という単位を超えてしまうことで，それまで秩序立っていたはずのメディアと政治の関係がいっきに流動化してしまうような傾向が目立っている。たとえば，地方紙やテレビの地方局がインターネットに進出した場合，特定の地域の人に向けてはいるものの，世界中の人から簡単にアクセスできるウェブページのひとつになってしまう。取材エリアは変わらないのだが，提供するエリアが極端に広くなる。さらには，広くなった情報提供のエリアの中では，全米を対象にする大手紙やテレビのネットワークニュースのウェブサイトのほうが，情報そのものが多岐にわたり，ユーザーにとっては「見た目がいい」。また，ソーシャルメディアの口コミ的な情報の中で，地方紙やテレビの地方局の情報がゆがんで伝えられることもある。裏をとって配信してきた情報ではなく，真偽が怪しい情報の中で地方紙やテレビの地方局の情報は飲み込まれてしまう。

　このようにして，インターネットの普及のなか，地方紙とテレビの地方局のいずれも広告収入が奪われていく（新聞の場合には販売部数の激減が続く）。地方紙やテレビの地方局の経営は悪化の一途をたどることになる。

　このように，議論の前提となる「メディア」に当てはまるものが質的にも量的にも大きく変わりつつある。その変化が，政治とメディアとの関係に大きな変化を生んでいるだけでなく，州や地方都市レベルでの政治そのものを蝕みつつある。

(2)「州のメディア」ではなく「地方のメディア」

　注意しないといけないことは，新聞，テレビ，ラジオの伝統的なメディアにおいても「州のメディア」というものは基本的には存在しないということである。「州紙」「州ごとのテレビ局」「州ごとのラジオ局」は存在せず，市や郡，町，村などの「地方自治体」を拠点とする「ローカルメディア」が存在する。これは都道府県単位でメディアを見ている日本からすると状況は大きく異なる。「県紙」や「県ごとのテレビ・ラジオ局」は例外的に小さな州以外を除けば，

基本的には存在しない。

　これは，そもそもアメリカという国の物理的な大きさを考えるとわかりやすいかもしれない。アメリカの人口は約3億2700万人であり，日本（約1億2500万人）の約2.6倍だが，面積でみればアメリカは日本の25倍である。一般的な日本の「県」とアメリカの「州」との面積は同等ではない。情報をやり取りし，取材できる限界を考えると，日本の県単位と同じ規模がアメリカでは都市単位であろう。

　アメリカの場合，新聞なら，複数の中規模から大規模の主要都市を基盤とし，その都市とその近郊を取材エリアとする「都市紙（都市の新聞）」が中心である。アメリカはこの日本の25倍という物理的な大きさが印刷・販売網の障害となってきたため，全国紙の誕生は全米を拠点とするオフセット印刷が可能となった1980年代まで待たなければならなかった。初の全国紙「USAトゥディ」の1982年の誕生は，カラー刷りもあって，大きな話題となった。それでも「USAトゥディ」の2019年段階の部数は162万部[1]であり，全国に販売店網がある日本の大手新聞社の朝刊に比べると部数は限られている。同年の日本の大手紙の発行部数は，読売新聞（805万部），朝日新聞（557万部），毎日新聞（245万部）だった[2]。経済専門紙としてスタートした「ウォール・ストリート・ジャーナル」は「全国紙」ではあったが，長年，基本的には都市を中心とした販売網だった（2019年段階の部数は101万部＝デジタル購読者を除く[3]）。

　新聞の場合，憲法修正第1条の「表現の自由」に直結するため，販売地域の規制は基本的にはなく，それぞれの「都市紙」が自由競争のなか，競い合って存在する。そのため，同じ都市（とその周辺）を対象とする「都市紙」が複数競合しているケースも少なくない。大都市を基盤とする新聞の場合，部分的であっても複数の州を超えて取材・販売エリアとしている「都市紙」もある。州を超えてその大都市に通勤・通学するなど，共有する情報が多いためでもある。

　州のサイズや人口にもよるが，ほとんどの州では，主要都市が複数あるのが一般的だ。そのため，多くの州で，「都市紙」も複数存在する。また，複数の「都市紙」の取材・配達エリアとなるケースも多々ある。自由競争であるため，「都市紙」の取材・配達エリアの中にありながら，特定の郡などを取材・配達

エリアとする「郡紙」や，さらに都市の中のコミュニティペーパーなども存在する。また，中規模の都市が近くになく，「都市紙」の取材・配達エリアになっていないエリアの場合，紙面の数も部数もかなり限られているコミュニティペーパーに近い新聞が情報を提供してきた。

　テレビとラジオも「地方のメディア」であり，新聞と同じように都市とその近郊を取材エリアとする「都市のテレビ・ラジオ」である。ただ，新聞と異なるのは，電波という共有資源を使った放送であるため，連邦通信委員会などの規制の対象となり，視聴・聴取できない地域がないように工夫されている。その際，中規模から大規模の都市を基盤としている新聞の取材・配達エリアに似た概念として，テレビの場合には，都市を基盤とした「メディア・マーケット（media market）」という視聴者・聴取者の対象エリアを想定し，放送局の免許を与えている。地域によって大きく異なるものの，平均すると 50 万人から 70 万人で 1 つの「メディア・マーケット」を設定し，その「マーケット」に，民間放送の 3 大ネットワーク（NBC, CBS, ABC）の系列局をそれぞれひとつずつ配置し，さらには民間放送としては歴史が浅い CW や，公共放送 PBS 系列などの放送局も免許を与えられている。「マーケット」がカバーする人口は大都市圏の場合には例外的に大きくなるほか，過疎地域や地理的条件などから例外的に小さくなるケースもある。一方，ラジオの場合にはさらに小さな都市ごとに免許を与えているケースも多い。

　日本の「県紙」から発想される「州紙」というものは基本的にはないほか，地上波放送局の体制も州ごとに分けるような免許規制ではないものの，小さな州の場合，例外もある。

　この例外は 50 州で物理的に最も小さなロードアイランド州の場合であろう（同州は約 4000 平方キロメートルで日本で言えば長崎県や徳島県とほぼ同じ大きさ。人口は約 104 万人）。新聞なら，州最大の都市で州都でもあるプロビデンスを拠点とする「プロビデンス・ジャーナル（Providence Journal）」（2015 年の段階で部数約 7 万部[4]。ガネット傘下）が，同州全土を取材・販売網としている。また，地上波の地方のテレビ局も NBC 系列局（WJAR）や CBS 系列局（WPRI）は州全土をカバーする放送を行っている。ただ，ABC 系列局は隣接のマサチューセッツ州のニューベッドフォードを拠点とする WLNE がロ

ードアイランド州を放映網としている。これは，放送局の開始年が異なり，「メディア・マーケット」が変更されているためである。

　ロードアイランド州に続き，50 州で 49 番目の規模であるデラウエア州（約 6500 平方キロメートルで栃木県とほぼ同じ大きさ。人口は約 78 万人）の最大の新聞は「ニュース・ジャーナル（News Journal）」であり，州の政治の情報は豊富だが，部数は 4 万 5000 弱であり，拠点とする州最大の都市であるウィルミントン周辺の販売にとどまっており，同州全体への販売網はない[5]。また，地上波の地方のテレビ局もデラウエア州全州での放送というものはなく，隣接のメリーランド州やペンシルベニア州の一部と「メディア・マーケット」を組んでいる。

　ところで，「地方のメディア」であっても，全米の情報も提供している点を念のために付け加えたい。日本のブロック紙や県紙，さらには日本の県単位の地方テレビ局と同じように，政治や国際情勢の全国的な情報がアメリカの地方のメディアでも提供されている。「地方のメディア」であっても，その地方の情報だけではなく，全米の情報もともに提供されている。新聞なら 1 紙しか購読していない層に向けて，政治や国際情勢の情報なら AP などの通信社からの配信や提携紙からの情報を掲載し，その中に地方の情報を含めている。また，「ニューヨーク・タイムズ」や「ワシントン・ポスト」などに掲載される著名コラムニストの連絡コラムなどのシンジケーションを受けており，全米で似たような紙面構成となることも少なくない。テレビやラジオも同じように，系列ネットワークの政治情報は，夕方のネットワークニュースと朝の情報バラエティ，日曜の政治討論番組などが全米の系列局で提供される。

（3）地元の政治情報による議題設定と政治参加促進

　いうまでもないかもしれないが，地方メディアの強みは地元密着だ。天気や交通状況，事故などの情報提供は地方メディアの読者，視聴者，聴取者にとって最大の関心であることは事実だが，それ以上に，地方メディアは時間をかけて地元の話題の詳細を掘り起こすだけでなく，継続的に州知事や州や市の議会を追い続けており，経年的な傾向がわかるだけでなく，突発的な変化や政治家の不正や州政府の機能不全も目ざとく見つけ，伝える。全国メディアなら表面

的にしか伝えないことを何度も折に触れて深く報じることもある。

　そうすることで，地方メディアは，州や地方自治体の不可欠な情報インフラを形成し，地元の政治情報の議題設定を作り上げていく。さらに人々は地方メディアから選挙や地元のレファレンダムの情報を得ており，政治参加が促進されている。

　一方で，州政治とメディアは強い共生関係を生み出してきた。政治家にしろ，企業関係者にしろ，広報戦略を地元のメディアに依存する度合いが大きく，メディア対応はきわめて重要なスキルと見なされている。知事や州議員だけでなく，シンクタンク，利益団体などの政治アクターは，メディア側にとっても情報提供者として必要不可欠であり，各アクターも政策形成のために意図的にメディアを使い，政敵の動きを牽制し，州内の世論を動かそうとすることは常套手段となっている。メディアを介して自分の主張の正当性を勝ち取り，政策を動かすことが官僚や議員だけでなく，政治コンサルタントやシンクタンク研究員などの政策関係者の仕事の中心とさえなっている。「メディアを中心に動く政治（media-centered politics）」という概念は地方のレベルにも当てはまる。

　地方メディアの雄が新聞とテレビだが，近年，テレビの地方ニュースの議題設定機能が明らかに目立ちつつある。というのも，そもそも日本以上に地方のニュースの放映時間が長くなる傾向にあるためだ。報じる時間が長ければ，それだけ地元の情報が掘り起こされることを意味している。

　比較的大きな都市圏で3大ネットワーク（ABC，NBC，CBS）系列の場合，1990年代半ばから地方ニュースの放映時間が長くなる傾向があり，たとえば朝の場合，5時から系列の朝の情報バラエティが始まる8時までの3時間，11時から13時の2時間，16時から19時（夕方のネットワークニュース枠の30分を含む）の3時間，23時から23時30分の計4回，1日に8時間ほど地方のニュースを提供している局もある。1時間ごとに同じ情報を新しい進展とともに繰り返して報じることが多いが，アメリカの場合，地方局のニュースは視聴者も多く，CM販売に直結するためであるといわれている。犯罪や天候，交通情報が多いが，地元の政治についての情報も取り上げられるため，地方の政治の情報提供にも大きな影響を与えている。

　また，あくまでも大都市に限られるが，ニューヨークのNY1や首都ワシン

トン DC の ABC 系列の WJLA（後述）の WJLA 24/7 News のようにケーブル局の中で地元のニュースを専門に 24 時間放送するチャンネルもある。このように地方メディアは地元の政治の貴重な情報インフラとなっている。

（4）バージニア州の例

　バージニア州の状況を例として説明したい。バージニア州の面積は約 11 万平方キロメートルで，50 州のうち，35 番目の大きさとなっており，日本の総面積（37 万 7974 平方キロメートル）の約 3 割程度となっている。人口は約 853 万人（全米 12 位）で，日本でいえば大阪府（880 万人，第 3 位）よりやや小さい[6]。

　バージニア州の場合，北部はメリーランド州南部とともに，首都・ワシントン大都市圏（Greater Washington）の一部であるため，新聞なら「ワシントン・ポスト」（紙の購読者は約 25 万部[7]＝それ以外に 300 万のデジタル購読者[8]，ナッシュ・ホールディングス[9]傘下）の取材・販売エリアになっている。上述のように，アメリカでは「ウォール・ストリート・ジャーナル」とともに例外的な全国紙である「USA トゥディ」の拠点が同州北部のマクリーンに位置する。「USA トゥディ」は数々のメディアを所有するガネット（Gannett）傘下であり，発行部数は約 162 万部である[10]。ただ，「USA トゥディ」がバージニア州の情報を取り扱うのは，差し替えの地元周辺の州の情報のページくらいである。

　放送局の「メディア・マーケット」も首都ワシントン大都市圏（人口約 235 万人）と同一のものになっている。4 大ネットワーク系列局は NBC 系が WRC（NBC ユニバーサル傘下），ABC 系が WJLA（シンクレア・ブロードキャスティング傘下），CBS 系が WUSA（テグナ[11]傘下），FOX 系が WTTG（FOX コーポレーション傘下）となっている。このように州北部では州を超えたワシントン大都市圏向けのメディアがワシントン大都市圏の政治関連情報を提供している。

　ワシントン大都市圏には「ワシントン・ポスト」や 3 大ネットワーク系列テレビ局などが州を超えた情報共有を行っているが，バージニア州の北部以外は，州都・リッチモンドの情報など，地元の情報が主に提供されている。新聞は

「ワシントン・ポスト」以外には，2015 年の段階で 3 万部を超えるのは下記の
5 紙がある。「バージニアン・パイロット」（ノーフォーク周辺，約 12 万部，
トリビューン傘下），「リッチモンド・タイムズ・ディスパッチ」（リッチモン
ド周辺，約 10 万部，リー・エンタープライズ[12]傘下），「ロアノーク・タイム
ズ」（ロアノーク周辺，約 6 万部，バークシャー・ハサウェイ[13]傘下），「デイ
リー・プレス」（ニューポート周辺，約 5 万部，トリビューン傘下），「フリ
ー・ランス・スター」（フレデリックバーグ周辺，約 3 万部，リー・エンター
プライズ傘下）[14]。

　ワシントン大都市圏以外のテレビの「メディア・マーケット」は，「リッチ
モンドおよびピータースバーグ周辺」（人口約 55 万），「ノーフォーク，ポーツ
マス，ニューポート・ニュース周辺」（約 70 万），「シャーロッツビル周辺」
（約 7 万），「ロアノーク，リンチバーグ周辺」（約 44 万），「ハリソンバーグ周
辺」（約 9 万）の 5 つある[15]。「マーケット」の人口が大きく異なっているのは，
ブルーリッジ山脈などで州内がいくつかに分断されているためである。

　筆者は，長年，バージニア州を含む全米の地方メディアを観察してきたが，
新聞にしろ，州都（バージニア州はリッチモンド）に近ければ近いほど，州政
府の動向を報じる傾向が強い。一方，それぞれのメディアが州都から遠くなれ
ば，その地元の情報が中心となり，政治に関しては市や郡の情報が中心となる。
ただ，州都にも取材記者を送っているケースが多く，州政府の情報も頻繁に取
り上げる。また，産業界の情報については，州政府の政策や規制の動向がどの
ように地元に影響するかは地方メディアにとっては必要不可欠な情報であり，
手厚い傾向にある。

2.　地方ニュースの衰退現象とその背景

(1)　未曾有の危機に直面する地方のメディア

　これまで論じてきたように，かつて全米は「地方紙のオアシス」といえるほ
ど，地域ごとに複数の新聞社が情報提供を行っており，地域に根差した量的に
も質的にも十分な情報が提供されていた。地域の事情に立脚した情報が，その
地域の政治的インフラとなり，政治参加から政策運営までを支えてきた。全米

レベルでも，1980 年代頃までは，ベトナム戦争，ウォーターゲート事件などの報道を通じて，アメリカにおける政治報道は，「政府のウォッチドッグ」「社会を映す客観的な鏡」などの形容詞とともに，広く世界から賞賛されてきた。

　しかし，時代は一変した。アメリカにおける地方のニュースをめぐる環境は 1980 年代からの衛星・CATV の普及をきっかけとしたテレビの多チャンネル化に続き，ここ 20 年にはインターネットの爆発的な普及があり，メディアが全米化していく [16]。その中で地方紙は「インターネットのウェブページ」のひとつに埋没してしまった。

　インターネットが地方のメディアを押しつぶしていく。インターネットの時代がもたらした苛烈な競争状態のなか，新聞の販売部数は減少し，新聞，テレビ，ラジオの広告収入は大きく減った。さらに問題なのは，地方メディアにしろ，全米規模のメディアにしろ，テレビ，新聞などの伝統的なメディアのコンテンツの価値や単価が落ちてしまっている点である。インターネットでは「情報は無料」という感覚が一般的であり，ソーシャルメディアの普及でプロの記者の取材の結果と一般の裏をとっていない情報が同列に扱われてしまう。地方紙の広告収入の多くを支えていた「売ります」「買います」「募集」などのクラシファイド広告（classified ads）は「クレイグスリスト（Craigslist）」などの無料サイトに奪われてしまう。

　デジタル時代に対抗するために，地方メディアが独自のウェブサイトを立ち上げているものの人々は検索サイトで情報を収集するため，ウェブに転載される伝統的なメディアのコンテンツの中でもニーズが高いものと低いものが明らかに分かれていく。また，アクセスが多いものが「評価」されるため，派手でエンターテーメント性の高い情報が重視されるようになる。

　その結果，地方メディアは廃業を迫られたり，生き残りをかけた吸収合併が進んでいる。有力なメディア企業が多数の地方の新聞やテレビ，ラジオ局を買収する傾向がいっきに進んでいる。とくに 1996 年の連邦通信法改正以降，連邦通信委員会（FCC）によるメディアの規制緩和が進んでおり，メディア同士の合併・吸収が急速に展開している。メディアを所有する企業の数は 1980 年以降，急激に少なくなり，寡占が進んでいる。ベン・バクディキアンの 2004 年の著書によると，1997 年の段階で全米には 2 万 5000 の数のメディア企業が

あったのに，吸収合併が進み，経営されているのはわずか 20 社という[17]。さらに 2010 年頃には，メディアの融合と FCC の集中排除原則の緩和で，さらに吸収合併が進み，現在はわずか 9 社が全米のメディアをほぼ独占している形となっている。この 9 社とは，タイムワーナー，ディズニー，ニューズ・コーポレーション，ソニー，TCI，ガネット，ゼネラル・エレクトリック，バイアコム，ビベンディであり，いずれも国際的な大企業である。上述のバージニア州のケースでも「傘下」の企業を示したように，近年もガネット，トリビューン，シンクレア・ブロードキャスティングなどの全米規模の巨大メディア企業が地方のテレビ局，ラジオ局の買収を進めてきた。

　それぞれの企業の傘下のメディアが同じ論調を張るとは思えないが，メディア所有者の寡占は政治についての情報のフレームが限られることも意味している。保守派の FOX ニュースなどを所有するルパート・マードックのニューズ社（News Corporation）が 2007 年末，ウォール・ストリート・ジャーナル紙を買収したことで，同紙の保守化がさらに鮮明になってきている[18]。さらには，シンクレア・ブロードキャスティングが全米の系列テレビ局に同じ保守的な内容の論説の原稿を 2018 年頃に一斉に提供させ，問題となったこともある[19]。「シンクレア・ブロードキャスティング」は NBC，ABC，CBS，FOX などの 4 大ネットワークの垣根を越えて全米の地方テレビ，ラジオ局を運営しており，この現象は系列を越えた「政治情報の全国化」にほかならない（「政治情報の全国化」については後述）。

　また，アメリカの新聞の総数は，2004 年の 8891 紙から 2018 年には 7112 紙に減少している[20]。さらに，ニュース報道を大幅に縮小したためにタイトルは同じでも内容はほぼすべてが AP などの配信という「ゾンビ新聞」も地方には少なくない。地方紙がなくなってしまった地域を「ニュース砂漠（news desert）」と表現することもアメリカでは一般的になってきた。

（2）揺らぐ民主主義の根幹

　地方ニュースの衰退はかつて強かったはずのアメリカの地方の政治や地域コミュニティという民主主義の根幹を大きく揺るがしている。「ニュース砂漠」の問題については後述するが，ノースカロライナ大学の 2018 年の調査による

と，アメリカの 1300 を超えるコミュニティが「ニュース砂漠」であるという。アメリカの 3143 郡のうち，2000 以上が日刊紙をもたなくなり，合計 320 万人の住民を含む 171 郡には地元の新聞がないという。さらに，「ニュース砂漠」の住民は，平均的なアメリカ人よりも貧しく，高齢であり，教育を受けていない傾向があるほか，地理的には南部に「ニュース砂漠」が偏在している[21]。

　新聞の中では明らかな二極化現象がある。「ニューヨーク・タイムズ」や「ワシントン・ポスト」などの有力紙がインターネットでオンライン購読者を次々に拡大し，「世界新聞」化していくなか，デジタル化で遅れる地方紙は次々と消えていく。

　いずれにしろ，地方メディアが弱体化することは，上述の地方メディアの議題設定機能が失われ，選挙などの情報が枯渇するため，地元の人々の政治参加が阻害されることにほかならない。さらに，調査によれば，政府の浪費や汚職の増加，犯罪率の悪化などの結果につながっているという分析もある[22]。

(3)「政治情報の全国化」の問題点

　大手メディア企業の買収にしろ，「ニュース砂漠」の問題にしろ，行き着くところは，「政治情報の全国化」にほかならない。地元のニュースが衰退すれば，人々は地元の地方政治についての情報が足りなくなり，全米のネットワークニュースやケーブルテレビの 24 時間ニュース局から，国政を通じて地方の政治を解釈していくことになるためだ。そもそもアメリカの場合，国土は日本の 25 倍であり，物理的に大きい。距離的にはワシントン DC からかなり離れている州があり，地方メディアがなくなれば，世界の情報の中で地元の情報が埋没してしまう可能性もある。

　くわえて「政治情報の全国化」は，現在のアメリカの大きな問題である「政治的分極化（political polarization）」を悪化させてしまう。アメリカの政治と社会が「保守」と「リベラル」の両極に分かれつつある「政治的分極化」がマスメディアにも影響し，「メディアの分極化（media polarization）」を引き起こしている[23]。「メディアの分極化」については，トークラジオ（聴取者参加型政治番組），CATV・衛星局であるフォックス・ニュース・チャンネル（1996年開局）などの保守の立場を鮮明にした政治報道が急激に目立つようになった

だけでなく，CATV・衛星局の MSNBC（1996 年開局）や，リベラル派に加担したトークラジオの登場のように，革新寄りの報道を全面的に押し出した政治報道もとくにここ 15 年の間にいっきに増加している。

「メディアの分極化」は既存メディアが生き残り戦略を急いでいることが影響しており，政治報道も「市場」の開拓を目指し，政治情報の内容を「消費者」向けにマーケティングし提供するようになったことと無関係ではない。市場化の中で，地方の特徴よりも全米に共通する党派性が前面に出ていったといえる。爆発的に拡大するインターネット上の情報とともに，民主・共和両党の選挙や政治を PR する「エコー室」の役割をメディアが担うようになる。メディアの分極化」は政治を情報面から支えるメディアが特定のアドボカシー活動を行うことにほかならない。これは民主主義の機能不全であり，市民社会の危機でもある。

この全米的なアドボカシー活動のひとつに地方メディアが飲み込まれてしまう。全米的に共通する党派性を前面に出したメディアの登場の中で，地域性がより薄くなっていく。全米でほぼ同じ党派性の強いメッセージが広がっていく中で，民主党，共和党という全国政党があっても担保されていた地域の多様性と地域性に支えられた政治情報が画一化されていく。このように「政治情報の全国化」と「メディアの分極化」は密接に関連し，民主的な政治システムの機能不全を生み出している。

おわりに——地方政治のレベルにおけるメディアの今後

地方政治のレベルにおけるメディアの今後は決して明るいものではない。デジタルメディアの時代に入っても，地方のメディアは新聞を中心に技術的な投資もコンテンツの維持も含め，デジタル化がどうしても遅れてしまっている。

若い世代は伝統的なニュースソースに興味を示さないほか，デジタルジャーナリズムの時代のビジネスモデルを明確にもっているのは，いまのところ「ニューヨーク・タイムズ」などのほんの一握りの勝ち組のメディアだけであろう。インターネットの隆盛で地方紙はますます壊滅状態に陥っていくのは必然といえる。

　その結果，政治参加に必要な地元の情報は限られ，地元の政治をチェックする機能が滞るため，汚職や犯罪も増えてしまうかもしれない。また，上述のように，地方のニュースが弱くなる「政治情報の全国化」の社会的コストもすでに目立っている。「地域に基づく政治」からますます離れていく傾向がみえる。

　それでも地方のメディアに救いがないわけではない。地方の情報は，やはり人々にとって不可欠である。それもあって，たとえば，連邦議会でも非営利化を条件に新聞社の減税などを進める「新聞再生法（Newspaper Revitalization Act）」が法案として提出・議論されたことがある[24]。また，「プロパブリカ（ProPublica）」を代表とする調査報道を支援するための非営利財団も登場しつつあり，地方紙が共同で調査報道を進める動きが進みつつある[25]。さらに，「ハイパーローカル・メディア」と呼ばれるこれまで以上に地元密着の情報提供サイトが地方メディアを中心として立ち上げられつつある。「ハイパーローカル・メディア」として代表的な「パッチ（Patch）」などのサイト[26]を模して，地方ニュース事業者が地元密着のサイトを立ち上げつつある。

　ただ，いずれもまだ，地方メディアの今後を大きく変える段階ではない。全米的な政治的分極化，地方の政治監視の弱体化，「地域に基づく政治」から離れていく政治参加などの状況を改善するには，デジタル時代に対抗するための地方メディアのビジネスモデルの根本的な改革が必要となっている。

注

1　https://www.cision.com/2019/01/top-ten-us-daily-newspapers/（2020 年 10 月 1 日閲覧）

2　日本 ABC 協会（https://www.jabc.or.jp/circulation/report/newspaper）による（2020 年 10 月 20 日閲覧）。

3　同上。

4　"Statement of Ownership, Management and Circulation," *The Providence Journal*, CT. 6, 2015.

5　https://delawarebusinessnow.com/2018/07/news-journal-daily-circulation-slips-below-45000/（2020 年 10 月 20 日閲覧）

6　アメリカの州面積や人口データなどは，国勢調査局（https://www.census.gov/）

から。日本の都道府県の面積や人口データなどは，総務省統計局（https://www.stat.go.jp/）から（いずれも 2020 年 10 月 1 日閲覧）。

7　部数は 2019 年のもの。https://www.cision.com/2019/01/top-ten-us-daily-news papers/（2020 年 10 月 1 日閲覧）

8　数字は 2020 年のもの。https://www.axios.com/washington-post-new-york-times-subscriptions-8e888fd7-5484-44c7-ad43-39564e06c84f.html（2020 年 10 月 1 日閲覧）

9　アマゾンの創業者，ジェフ・ベゾス氏の会社。

10　部数は 2019 年のもの。https://www.cision.com/2019/01/top-ten-us-daily-news papers/（2020 年 10 月 1 日閲覧）

11　メディア企業のガネットの一部（2015 年分社）。

12　投資家として知られるウォーレン・バフェット氏が大株主となっている。

13　バークシャー・ハサウェイはウォーレン・バフェット氏の企業であり，メディアも多数所有している。

14　部数などは 2015 年のもの。https://www.cision.com/2015/03/top-10-daily-news papers-in-virginia/（2020 年 10 月 1 日閲覧）

15　数字は 2015 年。http://bl.ocks.org/simzou/6459889/（2020 年 10 月 1 日閲覧）

16　前嶋和弘『アメリカ政治とメディア——政治のインフラから政治の主役になるマスメディア』北樹出版，2011 年；前嶋和弘・山脇岳志・津山恵子編『現代アメリカ政治とメディア』東洋経済新報社，2019 年など。

17　Ben Bagdikian, *The New Media Monopoly*, Beacon Press, 2004.

18　Kathleen Hall Jamieson and Joseph Capella, *Echo Chamber: Rush Limbaugh and the Conservative Media Establishment*, Oxford University Press, 2008.

19　https://www.nytimes.com/2018/04/02/business/media/sinclair-news-anchors-script.html; https://www.thenation.com/article/archive/the-real-problem-with-sinclair/（いずれも 2020 年 10 月 12 日閲覧）

20　https://www.usnewsdeserts.com/reports/expanding-news-desert/loss-of-local-news/loss-newspapers-readers/（2020 年 11 月 25 日閲覧）

21　https://www.usnewsdeserts.com/（2020 年 11 月 25 日閲覧）

22　https://www.bloomberg.com/news/articles/2018-05-30/when-local-newspapers-close-city-financing-costs-rise（2020 年 11 月 30 日閲覧）

23　「政治的分極化」「メディアの分極化」については下記を参照。前嶋『アメリカ政治とメディア』；前嶋・山脇・津山編『現代アメリカ政治とメディア』；前嶋和弘「2016 年アメリカ大統領選挙とメディア」『選挙研究』33 巻 1 号，2017 年；前嶋和弘「アメリカ社会における社会的分断と連帯——メディアと政治的分極化」『学術の動向』22 巻 10 号，2017 年；前嶋和弘「アメリカの政治的分極化」『国際行動学研究』13 巻，

2018 年。

24　法案番号は S.111–673。

25　「プロパブリカ」が進める地方紙が共同で調査報道を進めるプロジェクトは次を参照。https://www.propublica.org/local-reporting-network（2020 年 11 月 30 日閲覧）

26　https://www.patch.com/（2020 年 10 月 20 日閲覧）

第4章
50州にみる大きな政府と小さな政府

松井 孝太

はじめに

　一般的に，経済全体に占める政府支出や政府職員の割合が高く，また再分配政策や規制政策を通して市民の経済社会活動に影響を与える度合いが高い場合に，その国ないし自治体は「大きな政府」であるとされる。第1章で見たように，アメリカでは，連邦制度のもとで州ごとの自律性が維持されてきたため，州政府の規模や射程に関しても多様性が存在する。もっとも，どの州が「大きな政府」あるいは「小さな政府」であるのかを一義的に特定することは必ずしも容易ではない。そこで本章では，税制や福祉・社会保障等の具体的な政策領域における50州の多様性を論じた後に，それぞれの州政府支出や税制，労働市場規制，州・自治体政府職員割合をもとに50州の順位付けしたいくつかの事例を検討する。

1. 税制の多様性

(1) 州レベルにおける主な税制
　現在のアメリカでは，個人所得税，給与税，法人税等が連邦政府によって課されている。それに加えて，州政府にも独自の徴税権があり，50州の税制にはさまざまな違いがある[1]。
　2020年現在，41州とワシントンDCに，所得全般に対する個人所得税（per-

sonal income tax）が存在する。2017 年における 50 州全体の個人所得税収は約 3520 億ドルであり，これは州独自財源の 27% を占める。ニューハンプシャー州とテネシー州は，利子所得および配当所得に関してのみ個人所得税を課している（テネシー州の利子所得・配当所得税は 2021 年に廃止予定）。アラスカ州，フロリダ州，ネバダ州，サウスダコタ州，テキサス州，ワシントン州，ワイオミング州の 7 州では，個人所得税は課されていない。また，州の所得税とは別に，地方自治体が独自の所得税を課している州も 13 州ある。インディアナ州，アイオワ州，メリーランド州，ニューヨーク州では，地方自治体が州税に上乗せする形で個人所得税を課している。アラバマ州，デラウェア州，カンザス州，ケンタッキー州，ミズーリ州，オハイオ州，オレゴン州，ペンシルベニア州では，地方自治体が州の所得税とは別に給与税を課している。

　所得税率は州により異なる。多くの州では比較的フラットな所得税率が用いられており，単一の税率が設定されている州は 9 つある。その一方で，12 段階の課税所得区分を有するハワイ州のような例もある。課税所得区分は多くの州で 1980 年代に簡素化されたが，カリフォルニア州やニューヨーク州のように，区分を近年増加させた州もある。カリフォルニア州では，2004 年に高所得者を対象とした新たな課税所得区分が導入され，2012 年には州民投票によりさらに累進性が強化された。2020 年現在，最高限界税率が最も低いのはノースダコタ州の 2.9% であり，最も高いのはカリフォルニア州の 13.3%（100 万ドル超の所得に対する 1% の加算税を含む）となっている。最高限界税率が高い州は，カリフォルニア州，ハワイ州，ニュージャージー州，ミネソタ州，オレゴン州など，民主党が優勢な州が多い。

　固定資産税（property tax）は，とくに地方自治体にとって重要な財源となっている。2017 年度の地方自治体の固定資産税収は 5090 億ドルであり，総税収の約半分を占める。公立学校の財源として固定資産税が果たす役割は大きく，地域の経済格差に起因する税収の多寡が教育格差のひとつの要因となっている。州政府による固定資産税は 36 州で課されているが，2017 年度で合計 160 億ドルの税収であり，所得税に比べると規模は小さい。ただし，税収に占める固定資産税の割合が高い州も存在する。給与所得税や販売税がないニューハンプシャー州では，固定資産税収が 2017 年の州・自治体の合計歳入の半分近くを占

めている。州政府に限定して見ると，バーモント州では独自財源の 26% が固定資産税収であり，50 州の中で最も高い。そのほかに固定資産税収への依存度が高い州としては，アーカンソー州，ニューハンプシャー州，ワイオミング州等がある。

　商品やサービスの小売段階で課される一般売上税（sales tax）は，アラスカ州，デラウェア州，モンタナ州，オレゴン州，ニューハンプシャー州の 5 州を除く 45 州で課されており，特定商品（ガソリン，たばこ，アルコール等）にのみ課される売上税（excise tax）はすべての州に存在する。さらに地方自治体レベルでの売上税の課税も認めている州は 37 ある。2017 年の売上税収は 50 州全体で約 4570 億ドルであり，州独自財源の 35% を占める。そのうち約 3000 億ドルは一般売上税によるものであり，残りの約 1570 億ドルは特定商品の売上税によるものである。売上税が存在する州について税率の違いを見ると，最も低い税率はコロラド州の 2.9% であり，カリフォルニア州の 7.25% が最も高い。その他，インディアナ州，ミシシッピー州，ロードアイランド州，テネシー州が 7% を超える税率を設定している。

　法人税（corporate income tax）は，テキサス州，ネバダ州，ワイオミング州，サウスダコタ州，オハイオ州，ワシントン州の 6 州を除く 44 州で課されている。2020 年現在，最高税率が最も低いのはノースカロライナ州の 2.5%，最も高いのはアイオワ州の 12% となっている。そのほかに税率が高い州としては，アラスカ州，イリノイ州，ミネソタ州，ニュージャージー州，ペンシルベニア州等がある。州全体で見ると，法人税が州独自財源に占める割合は約 3% と小さい。ただし，固定資産税の場合と同様に，包括的な個人所得税がないニューハンプシャー州は，州独自財源に占める法人税の割合が 13% と比較的高い。

　表 4-1 は，保守派シンクタンクの税制研究財団が公表している 2020 年州税制ビジネス環境インデックス（2020 State Business Tax Climate Index）の上位 10 州と下位 10 州である。法人税，個人所得税，売上税，失業保険税，固定資産税の 5 分野に関して，州の税制がビジネスにとって望ましい環境であるほど高い順位が付けられている。高い順位が付けられているのは，ワイオミング州，サウスダコタ州，アラスカ州，フロリダ州，モンタナ州等である。逆に，ビジネスにとって望ましくない税制環境と評価されているのは，ニュージャージー

表4-1　州税制ビジネス環境インデックス（2020年・税制研究財団）

総合順位	州	法人税順位	個人所得税順位	売上税順位	失業保険税順位	固定資産税順位
1	ワイオミング	1	1	6	27	39
2	サウスダコタ	1	1	35	44	22
3	アラスカ	26	1	5	46	25
4	フロリダ	9	1	23	2	13
5	モンタナ	21	25	3	20	12
6	ニューハンプシャー	43	9	1	45	44
7	ネバダ	25	5	44	47	10
8	オレゴン	33	38	4	36	18
9	ユタ	12	10	22	15	5
10	インディアナ	11	15	20	25	2
…	…	…	…	…	…	…
41	ルイジアナ	37	32	48	4	33
42	アイオワ	48	42	15	35	35
43	メリーランド	32	45	19	33	42
44	バーモント	45	39	16	16	49
45	ミネソタ	44	46	28	34	26
46	アーカンソー	34	40	46	23	29
47	コネチカット	27	43	26	21	50
48	カリフォルニア	28	49	45	22	16
49	ニューヨーク	13	48	43	38	46
50	ニュージャージー	49	50	42	30	47

注：いずれも，順位が高いほどビジネスにとって望ましい税制環境であることを示している。その州に該当する税制が存在しない場合は同順位で1位とされている。

出典：Janelle Cammenga, *Facts and Figures 2020: How Does Your State Compare?*, The Tax Foundation, February 13, 2020.

州，ニューヨーク州，カリフォルニア州，コネチカット州，アーカンソー州等である。

　なお，州政府が課税をする際にしばしば問題となるのが，州境を越えて活動する企業等の扱いである。合衆国最高裁判所は，1977年のコンプリート・オート・トランジット対ブレイディ事件判決において，州による課税が認められ

る 4 要件を示した[2]。具体的には，①州と納税者の間に十分に明確な事業関連性があること（substantial nexus），②州間と州内で一方を有利にするような差別をしないこと（nondiscrimination），③課税が行われる管轄内の活動部分にのみ課税すること（fair apportionment），④企業が州内で活動する際に警察の警護等のサービスを享受できること（fair relationship to services provided by the state）が求められる。同判決では，州外で製造された自動車を州内のディーラーに運んだ企業に対するミシシッピー州の売上税課税と，合衆国憲法の通商条項との整合性が問題となった。最高裁は，州と企業活動との間に十分な関連性がある（nexus が存在する）として，ミシシッピー州による課税が認められた。

　また州レベルでの税制をめぐる政治運動が，州を越えた影響力をもつこともある。カリフォルニア州では，1978 年，固定資産税率を制限する州憲法修正が住民投票（People's Initiative to Limit Property Taxation）によって可決された。この住民投票ではさらに，州税（所得税等を含む）の税率引き上げについては，州議会の 3 分の 2 以上の賛成を必要とすること等も要求された。一般的にプロポジション 13 として知られるこの住民投票の成功は，1970 年代から 80 年代にかけて各州で生じた「納税者の反乱（taxpayer revolt）」に大きな影響を与えたと考えられている[3]。

（2）勤労所得税額控除（EITC）

　低所得ないし中間所得の労働者層（とくに子のある家庭）を対象として，税制を通して所得補助を行う政策手段として，連邦政府と一部の州で導入されている制度が，勤労所得税額控除（Earned Income Tax Credit: EITC）である。税額控除の仕組みをベースに，勤労所得に関して一定の所得税額を軽減するというのが EITC の基本的な仕組みである。さらに，給付付き税額控除（refundable tax credit）が導入されている場合は，所得が一定の基準以下であると，負の課税として給付金が還付される。EITC は，原則的に勤労所得を対象とすることから，就労インセンティブを高める所得再分配制度として，アメリカの福祉政策における重要な柱となっている。連邦レベルでは 1975 年に導入され，2019 年には約 2500 万人に対して総額約 630 億ドル規模の税額控除が行われた。

表 4-2　州レベルの勤労所得税額控除（EITC）

州	制定年	連邦 EITC に対する比率	給付（還付）の有無
カリフォルニア	2015	連邦 EITC とは異なる所得基準を使用	○
コロラド	2015	10%（2022 年から 15%）	○
コネチカット	2011	23%	○
デラウェア	2005	20%	×
ハワイ	2018	20%	×
イリノイ	2000	18%	○
インディアナ	1999	9%	○
アイオワ	1989	15%	○
カンザス	1998	17%	○
ルイジアナ	2007	3.50%	○
メイン	2000	25%（扶養児童がいない労働者），12%（その他）	○
メリーランド	1987	28%（還付あり），50%（還付なし）	○ ×
マサチューセッツ	1997	30%	○
ミシガン	2006	6%	○
ミネソタ	1991	所得に応じて 25% から 45%	○
モンタナ	2020	3%	○
ネブラスカ	2006	10%	○
ニュージャージー	2000	30%	○
ニューメキシコ	2007	5%	○
ニューヨーク	1994	9%	○
オハイオ	2013	30%	×
オクラホマ	2002	5%	×
オレゴン	1997	9%，12%（3 歳未満の子がいる家庭）	○
ロードアイランド	1986	15%	○
サウスカロライナ	2018	62.5%（2023 年までに 125%）	×
ユタ	1988	10%	○
バーモント	1988	36%	○
バージニア	2004	20%	×
ワシントン	2008	10%（未施行）	○
ウィスコンシン	1989	4%（子 1 人），11%（子 2 人），34%（子 3 人）	○

出典：National Conference of State, "Legislatures. Earned Income Tax Credit Overview, " July 15, 2020 およ
　　　び The Tax Policy Center, "Briefing Book: The State of State (and Local) Tax Policy" をもとに筆者作成。

　連邦 EITC の成功を受けて，州レベルでも，独自の EITC を導入する動きが生まれた。2020 年現在では，表 4-2 に示されている 30 州で州税を対象とした EITC が存在する。これらの州の制度の多くは，受給要件等に関して連邦 EITC をモデルとしているが，適用要件や控除額，還付の有無等に関して独自のルールを設定している州も多い。たとえばウィスコンシン州では，子のいない労働者に対しては州 EITC が適用されない。また連邦 EITC では，子がいない労働者は 25 歳から 64 歳の間の年齢にのみ適用されるが，メイン州やメリーランド州，ミネソタ州等では，25 歳の下限年齢を 18 歳に引き下げることで，低賃金の若年労働者層に対する所得補助を行っている [4]。EITC が立法化されているが，個人所得税が課されていない結果としていまだ実施されたことがないワシントン州のような事例もある。

　州レベルの EITC は，近年拡大傾向にある。2019 年には，カリフォルニア州，メイン州，ミネソタ州，ニューメキシコ州，オハイオ州，オレゴン州で税額控除の規模が拡大された。その他，マサチューセッツ州，ニュージャージー州，バーモント州，カリフォルニア州，メリーランド州等では，2018 年に税額控除の規模や適用対象者の拡大が行われている。州レベルで EITC の導入や拡大が進んでいる背景としては，低所得者を対象とした福祉政策的な性質をもちつつ，減税によって就労を促進するという EITC の特徴が，共和党も含めて超党派的な支持を得られやすいという点が挙げられる。

2. 福祉政策の多様性

　アメリカにおける福祉政策は，連邦政府と州政府の両方によって担われている。前節で紹介した EITC もそのひとつであるが，政府が直接市民に現金やサービスを給付する各種の福祉プログラムに関しても，制度の有無や受給要件の厳しさ，給付額の規模など，州ごとにさまざまな違いが存在する。

　州政府は，連邦レベルで高齢者・障害者・失業者等に関する社会保険制度が導入された 1930 年代のニューディール期以前から，福祉の提供において重要な役割を果たしてきた。一部の州では，19 世期末から 20 世期初頭に，労災補償，老齢年金，寡婦年金等の制度の整備が進められた [5]。1929 年に世界恐慌が

始まると，失業者の急増と財政難によってこれら州レベルの制度は打撃を受け，連邦政府による社会保障制度の拡充が進められた。しかし連邦政府の関与増大に対しては，とくに南部の州の反発が強く，連邦議会の主要委員会における南部保守派議員の強い影響力を通して州の自律性維持が追求された。当時の南部州の福祉政策の中には人種差別的運用が行われているものが少なくなく，連邦政府によって一律に実施される福祉給付が，そのような人種分離政策を脅かすものと考えられたからである [6]。1960 年代の公民権運動とその成果によって明らかな人種差別的政策は姿を消したが，現在の福祉政策に見られる地域分権的な性格は，アメリカにおける人種問題の歴史を色濃く反映している [7]。

　その結果，公的老齢年金や高齢者向け公的医療保険（メディケイド）等の社会保険プログラムは連邦政府によって運営され，適用要件や給付内容が全国的に共通の基準で行われているのに対して，主に低所得者向けで所得制限がある福祉プログラムには，連邦と州が共同で運用する制度が多い。また，州が独自に実施している福祉プログラムも存在する。そのため，受給要件や給付水準には州によって大きなばらつきが存在し，所得階層や資産状況が同じであっても，州政府から受けられるサービスが居住州によって異なるという状況もめずらしくない [8]。

（1）低所得者向け医療扶助（メディケイド）

　国民皆保険制度が存在しないアメリカでは，公的医療保険がカバーする範囲は限定的で，現役世代の多くは雇用主を通して提供される民間医療保険に加入している。雇用主保険が利用できず，公的医療保険の適用要件も満たさない場合は，個人で民間医療保険に加入する必要がある。しかし，民間医療保険の高額保険料を忌避して無保険者となる場合や，民間医療保険に加入してはいるものの，保障範囲が限定的で自己負担が重い，いわゆる低保険者となる場合も少なくない。無保険者に対する調査によれば，無保険になった理由として，45%が「費用が高すぎる」，21% が「失業した／転職した」を挙げている [9]。

　公的医療保険の対象とされているのは，高齢者や低所得者等であり，1965年にそれぞれメディケアとメディケイドとして立法化された。高齢者を対象とするメディケアは，全国的に共通の受給要件と給付水準で運用される連邦レベ

ルの社会保険制度である。それに対し，低所得者を対象とするメディケイドは，連邦政府と州政府が共同で運用する制度となった。連邦政府は費用の一部を負担し，最低限の受給要件や給付水準を定めるが，州政府も財源を一部負担する必要がある。ただし，メディケアとメディケイドの両方の適用要件を満たす場合（dual eligible）もある。低所得の高齢者や障害者など，約1000万人が両制度に同時に加入している。

　州には，メディケイドの連邦補助金を受ける条件として，連邦政府が定める特定の範囲の対象者に対してメディケイドを提供する義務が課されている。具体的には，連邦貧困基準（2020年は3人世帯で年2万9974ドル）の138％を下回る所得の世帯に属する18歳までの児童，連邦貧困基準の138％を下回る所得の妊婦，補足的所得保障（SSI）を受給している高齢者や障害者等である。しかし州には，連邦政府が定める最低基準を超える範囲については，受給要件や給付内容，医療提供者に対する払い戻し額等に関して決定する裁量を有している。そのため，メディケイド受給資格を判断する所得・資産基準や，メディケイドによる払い戻しの対象となる医療行為の範囲は，州の財政状況や政策的選択によって左右される。2020年1月現在，過半数の州では，連邦貧困基準の138％を下回る所得の成人に対してメディケイドの適用を認めている。しかし図4-1が示すように，南部を中心とした諸州では，より厳格な所得基準を設けており，子をもたない成人に対してはメディケイド適用を認めない州も少なくない。

　オバマ政権下で2010年3月に成立した医療保険制度改革（Affordable Care Act，以下オバマケア）は，民間医療保険を中心とした従来の枠組みを前提としつつ，各種施策の組み合わせにより無保険者減少を目指すものであった。その最大の柱が，メディケイドの適用範囲拡大である。具体的には，従来から連邦政府が定める義務的対象とされてきた児童や高齢者に限らず，所得が連邦貧困基準の138％を下回る者を，全国的にメディケイドの対象とすることが企図された。

　しかし，2012年のNFIB対セベリウス事件判決において，合衆国最高裁判所は，個人保険加入義務は連邦議会の課税権限の範囲内であり合憲だが，州に対するメディケイド拡大の強制は連邦議会の権限を越えており違憲であるとし

図 4-1　メディケイド受給資格所得基準（2020 年 1 月現在）

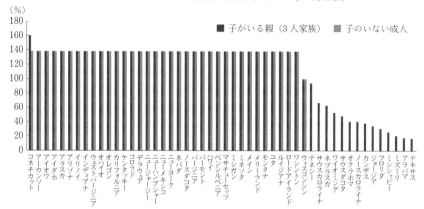

出典：Tricia Brooks, Lauren Roygardner, Samantha Artiga, Olivia Pham, and Rachel Dolan, Medicaid and CHIP Eligibility, Enrollment, and Cost Sharing Policies as of January 2020: Findings from a 50 State Survey, The Kaiser Family Foundation, March 2020.

た [10]。この判決の結果，共和党が強い南部の州を中心として，メディケイド拡大を実施しない州が続出する状況となった。2020 年 9 月現在，12 州（アラバマ州，ウィスコンシン州，カンザス州，サウスカロライナ州，サウスダコタ州，ジョージア州，テキサス州，テネシー州，フロリダ州，ミシシッピー州，ルイジアナ州，ワイオミング州）がメディケイド拡大を決定していない。また 3 州（オクラホマ州，ネブラスカ州，モンタナ州）はメディケイド拡大を決定しているが，2020 年 9 月現在，実施には至っていない。図 4-2 は，2018 年現在の各州の無保険者の割合を示している。テキサス州，ジョージア州，フロリダ州など，メディケイド拡大を実施していない州ほど，無保険者の割合が高い傾向にある。

　2020 年初頭から続くコロナ禍による景気後退と大量失業は過去最大規模の無保険者増加を引き起こしているが，メディケイド拡大の有無も各州における無保険者増加の規模に影響している。ヘルスケアに関する消費者利益の増進を目的とした非営利団体ファミリーズ USA の推計によれば，2020 年 2 月から 5 月の間に 2190 万人の労働者が失業し，そのうち 540 万人が無保険者となった。メディケイド拡大州全体では失業労働者の 23％ が無保険状態となったのに対

図 4-2　無保険者の割合（2018 年）

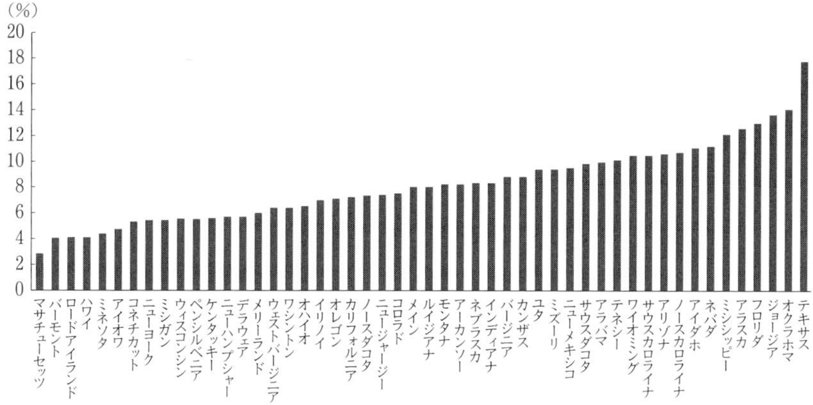

(%)
20
18
16
14
12
10
8
6
4
2
0

マサチューセッツ
バーモント
ロードアイランド
ハワイ
ミネソタ
アイオワ
コネチカット
ニューヨーク
ミシガン
ウィスコンシン
ペンシルベニア
ケンタッキー
ニューハンプシャー
デラウェア
メリーランド
ワシントン
ウェストバージニア
オハイオ
オレゴン
カリフォルニア
ノースダコタ
ニュージャージー
コロラド
メイン
モンタナ
アーカンソー
ネブラスカ
インディアナ
バージニア
カンザス
ミズーリ
ニューメキシコ
サウスダコタ
アラバマ
テネシー
ワイオミング
サウスカロライナ
アリゾナ
ノースカロライナ
アイダホ
ネバダ
ミシシッピー
フロリダ
アラスカ
ジョージア
オクラホマ
テキサス

出典：Edward R. Berchick, Jessica C. Barnett, and Rachel D. Upton, *Health Insurance Coverage in the United States: 2018*, U.S. Census Bureau, November 2019.

し，非拡大州全体では同 43％ が無保険状態になったと推定されている [11]。

　またトランプ政権になってからも，オバマケアの合憲性をめぐる州レベルの争いは続いている。2018 年 2 月，共和党が優勢な 20 州（アーカンソー州，アラバマ州，アリゾナ州，インディアナ州，ウィスコンシン州，ウェストバージニア州，カンザス州，サウスカロライナ州，サウスダコタ州，ジョージア州，テキサス州，テネシー州，ネブラスカ州，ノースダコタ州，フロリダ州，ミシシッピー州，メイン州，モンタナ州，ルイジアナ州，ユタ州）が，2017 年税制改革によって個人保険加入義務が違憲状態となった以上，オバマケア全体が無効であるという訴えを連邦裁判所に提起した。連邦地方裁判所はこの訴えを認め，くわえて 2019 年 12 月には第 5 巡回区控訴裁判所も個人保険加入義務が違憲状態であるという判断を下したため，再び合衆国最高裁に対立が持ち込まれることとなった。またトランプ政権も，原告 18 州（2018 年選挙を経てウィスコンシン州とメイン州の 2 州が民主党優勢に変わったため離脱）とともに，オバマケアの無効化を主張する立場を示していた。トランプ政権のもとで新たに保守派裁判官が 3 名加わり，保守派優勢を確立した合衆国最高裁がどのような判断を下すのかが注目される。

　また 2020 年大統領選挙の民主党候補者指名争いでは，再び医療保険制度改

革が重要争点となった。バーニー・サンダースやエリザベス・ウォーレンなどの左派候補者は，現在の民間医療保険中心の仕組みを根本的に変革し，公的医療保険の役割を大幅に拡大する「メディケア・フォー・オール」を掲げた。それに対して，最終的に民主党候補者となり大統領選挙でも勝利したジョー・バイデンは，財源や移行の困難性などの観点から「メディケア・フォー・オール」には批判的であり，政府運営保険プラン（public option）の導入など，オバマケアを基本とした漸進的な改革を支持している。

(2) 貧困家庭一時扶助（TANF）

　州政府が中心的な役割を担う福祉政策のひとつが，貧困家庭に対する公的扶助制度である。1929 年大恐慌に対するニューディール政策として制定された1935 年社会保障法では，低所得母子家庭に対する現金給付制度として，要扶養児童扶助（Aid to Dependent Children: ADC）が創設された。連邦プログラムである ADC は，州の財政負担を要求しつつ，受給要件や給付額の決定に関して州の裁量を認めるものであった。1961 年の法改正により，一部の州では父親が失業中の家庭に対しても給付が行われるようになり，1962 年には要扶養児童家庭扶助（Aid to Families with Dependent Children: AFDC）と名称が変更された。AFDC では，州が独自に実験的な政策を実施することを許容するウェイバー制度があり，福祉から就労への移行を促すプログラムが多くの州で導入された [12]。

　しかし AFDC に対しては，受給者の就労意欲を阻害し，貧困状態を固定化する制度であるという根強い批判があった。そこでクリントン政権のもとで成立した 1996 年個人責任・就労機会調整法（Personal Responsibility and Work Opportunity Reconciliation Act）により，AFDC の後継制度として創設されたのが，貧困家庭一時扶助（Temporary Assistance for Needy Families: TANF）である。TANF は，受給期間の制限に加えて受給者に就労義務が課されるなど，AFDC よりも福祉から就労への移行を強調している点に特徴がある。

　TANF では，AFDC と比較して，州が有する政策的裁量がより大きくなっている。AFDC では，連邦政府がプログラム全体のガイドラインを設定し，州がその実施を担うとともに受給要件や給付内容を決定するという仕組みであ

図 4-3　3 人世帯（ひとり親と児童 2 人）に対する TANF 最大給付月額（2018 年）

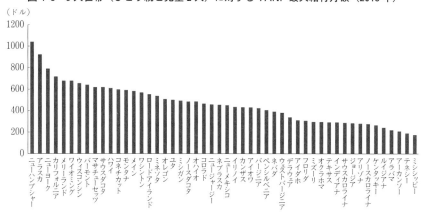

出典：Urban Institute, *Welfare Rules Databook: State TANF Policies as of July 2018*, pp. 120-121.

った。それに対して TANF では，連邦政府の役割は州に対する一括補助金
（block grant）の支給にとどまり，具体的な制度設計から州政府が担うことと
なった。そのため，同じ所得状況や家族構成であっても，居住する州によって
TANF から受け取ることができる最大給付月額には大きな差がある。2018 年
現在，ニューハンプシャー州では 3 人家族（ひとり親と児童 2 人）に対して最
大で月 1039 ドル給付しているのに対し，ミシシッピー州では月 170 ドルに過
ぎない（図 4-3 を参照）。

　また TANF の創設によって州の政策選択の自由度が拡大した一方で，
TANF 向け補助金が本来の政策目的に使用されない状況も多くの州で生じて
いる。2018 年統計を対象とした予算・政策優先研究センター（CBPP）の調査
によると，50 州全体で要扶養児童家庭への現金給付に使用された TANF 財源
の割合は約 2 割に過ぎず，11 州では TANF 財源の 9 割以上を要扶養児童家庭
支援以外の用途に使用していた[13]。さらに連邦政府から州への TANF 補助金
は，過去 20 年間インフレ調整が実施されていない結果として，制度創設時と
比較して実質価値で約 40% 減少している[14]。

　図 4-4 が示すように，州の TANF を受給している貧困家庭の割合も，制度
創設時と比較して近年は大幅に低下している。50 州全体では，1996 年に貧困

図4-4　連邦貧困基準を下回る家庭のうち TANF を受給している家庭の割合

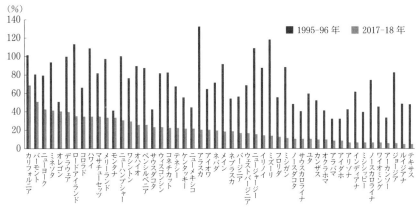

出典：Ife Floyd, "Policy Brief: Cash Assistance Should Reach Millions More Families," Center on Budget and Policy Priorities, March 5, 2020 のデータをもとに筆者作成。

家庭の 68% が TANF の現金給付を受給していたのに対し，2018 年は 22% に過ぎない [15]。とりわけ，テキサス州（4%），ルイジアナ州（4%），ジョージア州（5%），アーカンソー州（5%）等の南部州において，貧困家庭の TANF 受給割合の低さが目立つ。受給割合低下の要因として，近年多くの州で，支給期間の短縮や受給要件の厳格化など，制度へのアクセスを困難にする法改正が行われている点が指摘されている [16]。

（3）補足的保障所得（SSI）

　低所得の 65 歳以上高齢者，視覚障害者（blind），障害者（disabled）に対する現金給付制度として，補足的保障所得（Supplemental Security Income: SSI）がある。2019 年 6 月現在，SSI は全国で約 810 万人に対して給付を行っている。連邦レベルの制度である SSI は，州ごとにばらつきが大きかった低所得者向け現金給付制度に代替するものとして，1972 年社会保障法改正によって導入された。

　SSI は連邦政府が実施するプログラムであるため，支給額（2020 年 1 月現在の最大支給額は，個人で月 783 ドル，夫婦で月 1175 ドル）や受給要件は，連邦政府によって規定されている。しかし，アリゾナ州，ミシシッピー州，ノ

ースダコタ州，ウェストバージニア州の4州を除く46州では，州政府がSSI
に対して上乗せ給付を行っており，その額や支給基準は州によって大きく異な
る。連邦社会保障局が州による上乗せ支給を実施している場合（カリフォルニ
ア州など）だけでなく，州独自のプログラムによって上乗せ支給している場合
（ニューヨーク州など）もあり，State Supplementary Payments（SSP），
Adult Public Assistance，Optional State Supplements（OSS），Supplemen-
tal Assistance など，州ごとにさまざまな名称が用いられている[17]。

　なお，SSIと同じく社会保障法で規定されている連邦レベルの現金給付制度
として，一般的に「ソーシャル・セキュリティ」と呼ばれる公的年金制度
（Old-Age, Survivors, Disability Insurance: OASDI）がある。SSIの受給者が同
時にOASDIの受給資格を有することもありうるが，両者にはいくつかの違い
がある。第一に，OASDIは社会保険であるため，受給資格を得るためには就
労して社会保障税（Social Security tax）を一定期間支払っている必要がある。
それに対して，SSIは個人所得税や給与税などの一般財源をもとに給付が行わ
れる。第二に，SSIの受給資格を得るためには，所得や資産が基準を下回って
いる必要がある。なおSSIの受給資格者が自動的にメディケイド受給要件を
満たす州も多い。

（4）州の福祉政策と連邦補助金

　州は独自の税制による財源を有しているが，メディケイドに代表されるよう
に，さまざまな政策分野において州は連邦政府からの補助金（federal grant）
を受けて政策を実施している。第1章で詳しく論じられているように，連邦補
助金は1960年代頃から急激に数を増やしてきた。2019年会計年度で見ると，
連邦政府は7500億ドルの連邦補助金を州・地方自治体政府に分配している。
連邦補助金は州財源のおよそ3分の1を占めており，保健医療と公的扶助に関
しては，州財源の半分以上を占めている[18]。

　第1章でも説明したが，州と地方自治体に対する連邦補助金は，主に，使途
限定補助金，一括補助金，一般歳入分与の3つの類型に分けられる。使途限定
補助金は，特定の政策プログラムに目的が限定された補助金である。一般的に，
狭く定義された活動にのみ使用することができる。同様に，一括補助金も特定

図 4-5　州の一般歳入に占める連邦補助金の割合（2017 年）

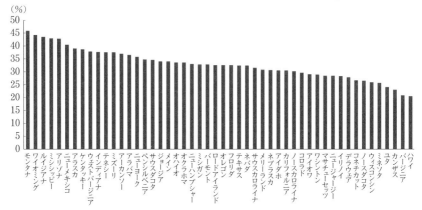

出典：Janelle Cammenga, "Which States Rely the Most on Federal Aid?" Tax Foundation, February 12, 2020, https://taxfoundation.org/state-federal-aid-reliance-2020/.

の政策プログラムを対象とした補助金である。しかし，州が一括補助金を使用することが可能な活動は，使途限定補助金ほどは狭く限定されていない。一般歳入分与は，特定の政策プログラムと紐づけられていない補助金である。州政府は，連邦法や州法によって禁じられていない限り，あらゆる目的に使用することができる。レーガン政権期には，州政府の裁量拡大を意図して多数の使途限定補助金が一括補助金に再編されたが，現在でも使途限定補助金が数としては最も多い。

　そして，連邦補助金が州の財源に占める割合に関しても，州間には顕著な差異が存在する。図 4-5 は，2017 年の州の一般歳入に占める連邦補助金の割合を州ごとに示したものである。上位には，モンタナ州，ワイオミング州，ルイジアナ州，ミシシッピー州など，共和党が優勢な保守的な州が多数並んでいる。ルイジアナ州で保守系住民のフィールド調査を行ったホックシールドが指摘するように，選挙での投票行動や政治文化的側面において「小さな政府」志向が強いと認識されている州が，実際には，連邦政府からの補助金に財政的に依存していることもめずらしくない[19]。

3. 50州政府の規模

　表4-3（ⅰ）と（ⅱ）は，経済情報提供を行っている24/7 Wall Street社が作成した州政府規模のランキングである。（ⅰ）は，州GDPに占める人口一人当たり政府支出（2017年）を指標としたランキングである。同指標で見ると，アラスカ州，ワイオミング州，ニューヨーク州，ワシントン州，カリフォルニア州等が「大きな政府」であり，フロリダ州，インディアナ州，テネシー州，アイダホ州等が「小さな政府」とされる。それに対して（ⅱ）は，州・地方自治体政府職員が州労働力人口に占める割合である。この指標では，ワイオミング州，アラスカ州，ミシシッピー州等が上位にあり，ネバダ州，ペンシルベニア州，ロードアイランド州等が最下位に位置している。

　表4-3（ⅲ）は，保守系シンクタンクの税制研究財団（Tax Foundation）が公表している，州民所得に占める州・自治体税負担割合（2012年）に基づくランキングである。ここでは，ニューヨーク州，コネチカット州，ニュージャージー州，ウィスコンシン州，イリノイ州等が上位に並んでいる。それに対して，経済全体に占める税負担の割合が小さい州とされるのは，アラスカ州，サウスダコタ州，ワイオミング州，テネシー州，ルイジアナ州等である。ただし本指標のもととなっているのは2012年の統計であり，表4-1の他の指標（2017年）とは時期が異なる点には注意が必要である。

　州政府の規模に関して，より包括的な情報を提供しているのが，保守系シンクタンクのフレイザー研究所が毎年発表している「北米の経済的自由（Economic Freedom of North America)」レポートである。同レポートの目的は，(a）州政府支出，(b）税制，(c）労働市場規制の3領域に関して複合的に勘案した上で，各州における経済活動の自由を評価することである。表4-3の（ⅳ）に，フレイザー研究所が提示する「経済的自由」総合スコアが示されている。スコアが低いほど，経済活動に対する政府のコントロールが大きい，すなわち「大きな政府」と考えられる。この指標において最も「大きな政府」なのは，ニューヨーク州，ウェストバージニア州，アラスカ州，バーモント州，オレゴン等の州であり，ニューハンプシャー州，フロリダ州，テネシー州，バ

表4-3　50州政府規模の各種ランキング

順位	(ⅰ) 州GDP（人口一人当たり）に占める州・地方自治体政府支出（2017年；単位ドル）		(ⅱ) 州労働力人口に占める州・地方自治体政府職員割合（2017年；単位%）		(ⅲ) 州民所得に占める州・地方自治体税負担（2012年；単位%）		(ⅳ) 経済的自由総合スコア（2017年；0から10, 値が低いほど大きな政府）	
1	アラスカ	7443	ワイオミング	21.1	ニューヨーク	12.7	ニューヨーク	4.49
2	ワイオミング	7415	アラスカ	19.8	コネチカット	12.6	ウェストバージニア	4.77
3	ニューヨーク	6072	ミシシッピー	18.6	ニュージャージー	12.2	アラスカ	5.05
4	ワシントン	5653	ニューメキシコ	18.3	ウィスコンシン	11	バーモント	5.06
5	カリフォルニア	5638	オクラホマ	17.5	イリノイ	11	オレゴン	5.13
…	…	…	…	…	…	…	…	
45	ジョージア	3758	ニューハンプシャー	11.8	テキサス	7.6	ジョージア	7.2
46	アーカンソー	3710	マサチューセッツ	11.2	ルイジアナ	7.6	テキサス	7.53
47	アイダホ	3686	フロリダ	10.9	テネシー	7.3	バージニア	7.62
48	テネシー	3658	ロードアイランド	10.1	ワイオミング	7.1	テネシー	7.63
49	インディアナ	3494	ペンシルベニア	10	サウスダコタ	7.1	フロリダ	7.9
50	フロリダ	3392	ネバダ	10	アラスカ	6.5	ニューハンプシャー	7.93

出典：(ⅰ)・(ⅱ) は Samuel Stebbins, "States with the Biggest and Smallest Governments," June 18, 2009 (Last Updated: February 17, 2020), https://247wallst.com/special-report/2019/06/18/states-with-the-biggest-and-smallest-governments-2/. (ⅲ) は Janelle Cammenga, Facts and Figures 2020: How Does Your State Compare?, The Tax Foundation, February 13, 2020, https://taxfoundation.org/publications/facts-and-figures/. (ⅳ) は Dean Stansel, José Torra, and Fred McMahon, Economic Freedom of North America 2019, Fraser Institute, 2019, https://www.fraserinstitute.org/studies/economic-freedom-of-north-america-2014.

ージニア州，テキサス州等が「小さな政府」の代表とされる。

　「経済的自由」総合スコアの算出の基礎となる（a）州政府支出スコアの算出にあたっては，所得に対する州政府一般消費支出の比率，所得に対する所得移転・補助金（福祉給付，助成金，農業補助金，食料費補助，住宅補助等，個人および企業に対する所得移転等）の比率，所得に対する公的保険支出（失業保険・労災補償等）・退職支出の比率が用いられている。このスコアに限定すると，アラスカ州，ニューメキシコ州，ケンタッキー州が「大きな政府」であり，ニューハンプシャー州，フロリダ州，ネブラスカ州等が「小さな政府」である。（b）税制スコアの算出に用いられている変数は，所得に対する個人所得税・法人税・給与税の比率，最高限界所得税率および同税率が適用される所得境界額，所得に対する財産税（天然資源に対する税を除く所得税・給与税・

販売税以外のすべての形態の税）の比率である。税制に関しては，ニューヨーク州，ハワイ州，バーモント等が，州民および州内企業の税負担が大きい州であるとされ，逆に，アラスカ州，テネシー州，ノースダコタ州等が，税負担の軽い州として評価されている。政府支出の規模が大きいアラスカ州が税制では「小さな政府」と評価されているのは，財源として天然資源収入があるためである。(c) 労働市場規制スコア算出に用いられているのは，最低賃金立法（一人当たり年間所得に対するフルタイム最低賃金労働者の年間所得の比率），州内の雇用数に占める政府雇用（軍人を除く政府職員および公社職員）の割合，労働組合組織率である。労働市場規制に関しては，ウェストバージニア州，ワシントン州，アラスカ州等が政府の規制が強い州とされ，バージニア州，テキサス州，ニューハンプシャー州等が規制の弱い州と評価されている。

　指標ごとの順位の違いも多いが，これらの指標を通して上位に並ぶ傾向があるのは，アラスカ州，ニューヨーク州，ウェストバージニア州，ハワイ州，オレゴン州，ニューメキシコ州等である。それに対して，フロリダ州，テキサス州，ニューハンプシャー州，テネシー州，バージニア州等が下位に並ぶ傾向がある。

おわりに

　本章では，政府の規模や射程に関して，アメリカの 50 州には無視できない多様性が存在することを論じてきた。とくに福祉政策の分野において州政府が果たす役割は大きく，州によって給付水準や受給要件に顕著な差異がある。ただし，州の福祉政策が連邦補助金に相当程度頼っていることも確かである。とくに財政基盤の弱い南部の州では，「小さな政府」を支持する政治文化が強い一方で，連邦補助金への依存度が高いという興味深い逆転現象も見られる。全国的に二大政党の分極化が進む中で，共和党優勢の州と民主党優勢の州では，今後ますます異なる政策選択が行われていくことも予想される。「大きな政府」と「小さな政府」の選択をめぐる政治的対立が，連邦レベルと州レベルでいかに連動して，あるいは相互に独立して展開していくのかが注目される。

注

1　本節のデータについては，主に Tax Policy Center, *Tax Policy Center Briefing Book: The State of State (and Local) Tax Policy*, http://www.taxpolicycenter. org/ を参照（2020 年 9 月 30 日閲覧）。

2　Complete Auto Transit, Inc. v. Brady, 430 U.S. 274（1977）.

3　Clyde Haberman, "The California Ballot Measure That Inspired a Tax Revolt," *The New York Times*, October 16, 2016.

4　Erica Williams, Samantha Waxman, and Juliette Legendre, "States Can Adopt or Expand Earned Income Tax Credits to Build a Stronger Future Economy," Center on Budged and Policy Priorities, March 9, 2020.

5　Theda Skocpol, *Protecting Soldiers and Mothers: The Political Origins of Social Policy in the United States*, Cambridge University Press, 1992.

6　Robert C. Lieberman, *Shifting the Color Line: Race and the American Welfare State*, Cambridge University Press, 1998.

7　Andrea Louise Campbell, *Trapped in America's Safety Net: One Family's Struggle*, The University of Chicago Press, 2014.

8　Christopher Howard, "The American Welfare State, or States?" *Political Research Quarterly*, Vol. 52, No. 2, 1992.

9　Jennifer Tolbert, Kendal Orgera, Natalie Singer, and Anthony Damico, "Key Facts about the Uninsured Population," December 2019, Kaiser Family Foundation.

10　National Federation of Independent Business v. Sebelius, 567 U.S. 519（2012）.

11　Storn Dorn, "The COVID–19 Pandemic and Resulting Economic Crash Have Caused the Greatest Health Insurance Losses in American History," The National Center for Coverage Innovation at Families USA, July 13, 2020.

12　州政府によるウェイバー制の活用を扱った研究として，梅川葉菜『アメリカ大統領と政策革新──連邦制と三権分立制の間で』東京大学出版会，2018 年を参照。

13　Urban Institute, *Welfare Rules Databook: State TANF Policies as of July* 2018, pp. 120–121.

14　Ashley Burnside and Liz Schott, "States Should Invest More of Their TANF Dollars in Basic Assistance for Families," Center on Budget and Policy Priorities, February 25, 2020.

15　Ife Floyd, "Policy Brief: Cash Assistance Should Reach Millions More Families," Center on Budget and Policy Priorities, March 4, 2020.

16　Ibid.

17　Social Security Administration, "Understanding Supplemental Security Income SSI Home Page - 2020 Edition," https://www.ssa.gov/ssi/text-understanding-ssi.htm を参照（2020 年 9 月 30 日閲覧）。

18　Congressional Research Service, *Federal Grants to State and Local Governments: A Historical Perspective on Contemporary Issues*, CRS Report 40638, May 22, 2019.

19　A.R. ホックシールド（布施由紀子訳）『壁の向こうの住人たち――アメリカの右派を覆う怒りと嘆き』岩波書店，2018 年。

第5章

労働組合と労働者の権利の多様性

松井　孝太

は じ め に

　1930 年代のニューディールを経て勢力を拡大した労働組合は，20 世紀後半以降，選挙献金や有権者動員などの面で民主党候補者の重要な支持基盤となってきた。通商政策や医療保険政策など民主党の政策的立場に対して労働組合が与えてきた影響も小さくない。しかし，アメリカの労働組合組織率は，伝統的に西欧諸国と比較して低く，近年さらに低下傾向にある。全国的に見ると，2019 年の労働組合組織率は 10.3% であり，およそ 10 人に 1 人の労働者が組合に所属しているに過ぎない。とりわけ民間部門における 1970 年代以降の労働組合組織率の下落は著しく，1974 年に 24.2% であった民間部門組織率は，2019 年には 6.2% まで低下している。労働組合の弱体化は，賃金上昇圧力の低下や経営者報酬に対するチェック機能不全を生み，近年の著しい経済的格差拡大の是正を困難にする一因ともなっている[1]。

　ただし表 5–1 が示すように，労働組合組織率には州ごとに大きな差がある。2019 年に労働組合組織率が最も高かったハワイ州（23.4%）と最も低かったサウスカロライナ州（2.2%）の間には，10 倍以上の開きがある。そのほかに労働組合組織率の高い州としては，ニューヨーク州（21%），ワシントン州（18.8%），ロードアイランド州（17.4%），アラスカ州（17.1%）などがある。それに対して，ノースカロライナ州（2.3%），バージニア州（4%），テキサス州（4%），ジョージア州（4.1%）など，南部地域では労働組合組織率がきわ

表 5-1　州の労働組合組織率（2019 年）

順位	州	労働組合組織率（％）
1	ハワイ	23.4
2	ニューヨーク	21
3	ワシントン	18.8
4	ロードアイランド	17.4
5	アラスカ	17.1
…	…	…
46	ジョージア	4.1
47	テキサス	4
48	バージニア	4
49	ノースカロライナ	2.3
50	サウスカロライナ	2.2

出典：Union Membership and Coverage Database from the CPS（Unionstats.com）.

めて低い州が多い。

　当然，各州には産業構造をはじめとするさまざまな相違があり，労働組合組織率の差異を単一の要因に帰すことはできない。しかし，州によって労働組合が有する権利が異なるという事実が，各州の労働組合の強さに影響を与えている可能性は高いと考えらえる。そこで本章では，まず民間部門と公共部門のそれぞれについて，労働組合の法的権利が連邦レベルと州レベルでいかに規定されているのかを論じる。その後，有給病気休暇制度や解雇規制など，個別的な労働者の権利に見られる各州のバリエーションについて概観する。

1．連邦制と労働組合の権利

（1）全国労働関係法と州レベルの「労働権法」

　アメリカにおける組織的な労働運動は，遅くとも 18 世紀末にまでさかのぼることができる。しかし，労働組合の組織化と団体行動に対する法的保護は弱く，使用者のみならず裁判所がしばしば労働組合に対して敵対的であったため，労働組合の維持拡大を持続的に行うことはきわめて困難であった。そのような

状況を経て，現在に至るまで民間部門労働者の労働組合を規律する連邦法が，
1935 年に民主党ローズベルト政権のもとで成立した全国労働関係法（National
Labor Relations Act: NLRA）である。

　NLRA は，労使間の交渉力を平準化して労使関係を安定させ，また労働条
件を向上させることを目的として，労働者による組織化の保護を図った。その
手段として，NLRA では，労働者が団結する権利，労働団体に加入・組織・
支援する権利，自ら選んだ代表者を通じて団体交渉をする権利，団体交渉また
はその他の相互扶助・保護のために団体行動をする権利等を保障している。
NLRA による法的な保護を足がかりとして，1930 年代以降，民間部門労働者
による労働組合の組織化が急速に進められた。

　NLRA の重要な特徴は，多数決原理に基づく排他的交渉代表制度が採用さ
れている点である。これは，労働者の過半数が労働組合を支持した場合に，そ
の組合が，非組合員も含めて団体交渉単位内のすべての労働者を代表する地位
を得ることができるというものである。排他的交渉代表権をもつ組合が存在す
る場合，交渉単位内の労働者は，他の組合によって代表されることや，個別に
使用者と交渉することが許されなくなる。そのかわり，多数派組合は，組合員
と非組合員を分け隔てなく代表する公正代表義務を負う[2]。

　しかし，排他的交渉代表制度は，非組合員によるフリー・ライダー問題を生
じさせる。労働組合が使用者との団体交渉を行い，その成果が交渉単位内のす
べての労働者に及ぶにもかかわらず，その対価としての組合費の支払いが任意
とされると，従業員は労働組合による使用者との交渉コストを負わずに成果だ
けを享受することが可能となるからである。そこで NLRA では，労働組合と
使用者の間で，組合員たることを雇用条件とする「ユニオン・ショップ協定」
を締結することが認められている（なお，組合加入を望まない労働者は，実際
には形式的な組合加入を要求されず単に組合費相当額のみを負担すればよいた
め，エージェンシー・ショップと呼ばれることも多い。本章では混乱を避ける
ためユニオン・ショップで統一する）。

　ニューディール期の労働組合の拡大を可能とした NLRA であったが，1946
年の中間選挙において共和党が上下両院で勝利を収めると，連邦議会は 1947
年，ハリー・トルーマン大統領の拒否権行使を乗り越えて，労使関係法（La-

bor Management Relations Act），通称タフト・ハートレー法（Taft-Hartley Act）を成立させた。タフト・ハートレー法では，1935 年の NLRA が労働組合の権利保護に偏重し，組合による濫用的な権利行使に対する規制が不十分であったという批判から，NLRA を修正する形で労働組合の行為に対する規制が加えられた。具体的には，NLRA 第 7 条で定められた被用者の諸権利の中に，労働組合活動に参加しない権利が新たに盛り込まれた。またユニオン・ショップよりもさらに徹底した組合保障の形態として，被用者が雇用される段階ですでに労働組合員であることを要求するクローズド・ショップがあるが，これもタフト・ハートレー法によって明確に禁じられた。

　そして，新たに導入された NLRA 第 14 条（b）により，ユニオン・ショップ協定に関しても修正が加えられた。連邦法である NLRA には州法に対する先占的効果（preemption）が認められており，同法の枠組みに抵触する州法は排除されるのが原則である。しかし NLRA 第 14 条（b）は，そのような先占原則の例外として，州がユニオン・ショップ協定を禁止する労働権法（right-to-work laws）を制定することを認めた。「労働権」という言葉は，アメリカの労働組合との関連では一般的に「労働組合による支配を受けることなく働く権利」という意味で用いられており，事実上の反労働組合立法である点が特徴である。

　なお，労働権法の実際の効果については不明な点も多く，現在でも研究が進められている。賃金や雇用者数，組合組織率など労働市場に対する効果のほか，労働組合の政治活動の弱体化を通した選挙結果への影響等も分析されている。労働権法制定州と非制定州の境界自治体を用いた分析を行った最近の研究では，大統領選挙での民主党得票率を 3.5 ポイント低下させる労働権法効果が検出された[3]。さらに州知事，連邦上院・下院のいずれの選挙においても同様に民主党への打撃が見出されることに加えて，投票率にも 2〜3 ポイントの低下効果が見られるという。同研究はその因果メカニズムとして，労働組合の資源が組織力維持に割かれることによる民主党への選挙献金の減少や，組合による有権者接触の減少を指摘している。

（2）州レベルでの労働権法の拡大

　2020 年現在，表 5-2 に示されている 27 州で労働権法が導入されている。

　労働権法が州レベルで拡大した第一の波は 1940 年代後半から 50 年代前半にかけての時期である。1944 年にアーカンソー州とフロリダ州で労働権法が採用されたのを皮切りに，1946 年にアリゾナ州，ネブラスカ州，サウスダコタ州で労働権保護の憲法修正が成立し，1947 年にはジョージア州，アイオワ州，ノースカロライナ州，テネシー州，テキサス州，バージニア州で労働権法が制定された。州に労働権法の制定を認めたタフト・ハートレー法の制定は 1947 年であり，いくつかの州ではそれ以前から労働権法が導入されていたことになる。しかしそれらの労働権法の有効性に関しては不確実な状態であったため，連邦法である NLRA によって排除されないということが明示的に確認された点に実質的な意義があったと言える[4]。

　労働権法の制定が相次いだ 1940 年代から 50 年代に比べ，1960 年代後半から近年に至るまで州レベルでの労働権法制定は停滞していた。1958 年には，カリフォルニア，オハイオ，ワシントン，コロラド，アイオワ，カンザスの 6 州で州民投票が行われたものの，労働組合による対抗動員などが功を奏し，労働権法の制定に至ったのはカンザスのみであった。その要因としては，分裂していた労働運動が 1955 年にアメリカ労働総同盟・産業別組合会議（AFL-CIO）として統一し，労働権法に対する反対活動をより有効に進めるようになったことや，複数の州で州民投票が失敗したことによって，選挙争点としての有用性に関して共和党内で消極的な認識が広まったことが指摘されている。1960 年代以降に労働権法が採用されたのは，ワイオミング州（1963 年），ルイジアナ州（1976 年），アイダホ州（1985 年），オクラホマ州（2001 年）のみであった。

　なお，労働権法が一度採用された後に廃止される場合や，廃止された後に再度採用されるケースもある。ルイジアナ州では，州議会が 1946 年に労働権法を通過させた際には，州知事の拒否権行使により不成立に終わった。その後立法化の機運が再び高まり，1954 年に労働権法が成立した。しかしながら，成立間もない 1956 年には労働権法の適用を大幅に制限する新法が制定された。そのため，ルイジアナ州が再び現在に至る労働権州となったのは，カイザーやダウ・ケミカル，エクソン・モービルといった産業の影響力が高まり，さらに

表 5-2　労働権法の導入州

州	発効年	導入方法
アーカンソー	1944	憲法修正
フロリダ	1944	憲法修正
アリゾナ	1946	憲法修正
ネブラスカ	1946	憲法修正
バージニア	1947	立法
テネシー	1947	立法
ノースカロライナ	1947	立法
ジョージア	1947	立法
アイオワ	1947	立法
サウスダコタ	1947	憲法修正
テキサス	1947	立法
ノースダコタ	1948	立法
ネバダ	1952	立法
アラバマ	1953	立法
ミシシッピー	1954	立法（1960 年に憲法修正）
サウスカロライナ	1954	立法
ユタ	1955	立法
カンザス	1958	憲法修正
ワイオミング	1963	立法
ルイジアナ	1976	立法
アイダホ	1985	立法
オクラホマ	2001	憲法修正
インディアナ	2012	立法
ミシガン	2013	立法
ウィスコンシン	2015	立法
ウェストバージニア	2016	立法
ケンタッキー	2017	立法

出典：National Right To Work Committee の情報をもとに筆者作成。

不祥事への関与等により労働組合のイメージが低下した1976年になってから
のことであった。インディアナ州でも，1957年に制定された労働権法が1964
年に廃止され，再び導入されたのは2012年になってからであった。

　このように州レベルでの労働権法の導入は1960年代から今世紀初頭にかけ
て長らく低迷してきたが，近年再び立法化の試みが州レベルで広がっている。
2012年には，19の州議会で労働権法案が提出され，最終的にインディアナ州
とミシガン州で成立した。これら近年の動向で注目されるのは，労働運動が長
年勢力を確立できなかった南部のみならず，中西部のラストベルト地域など労
働組合が伝統的に地盤としてきた地域にまで労働権法が拡大している点である。
2010年以降に労働権法が制定された州としては，ミシガン州（2012年），イン
ディアナ州（2012年），ウィスコンシン州（2015年），ウェストバージニア州
（2016年），ケンタッキー州（2017年）がある。なおミズーリ州でも2017年に
共和党多数の州議会が労働権法を制定したが，2018年に州民投票によって廃
止された。

　今世紀に入ってからの労働権立法の再活性化の背景としては，非労働権州で
あるワシントン州から労働権州であるサウスカロライナ州に大規模移転を行う
というボーイング社の計画に対して，2011年に全国労働関係局（NLRB）が救
済請求を発した事件の影響等も指摘された。しかし，より決定的に労働権法制
定の波を引き起こしたのは，2010年選挙による州レベルでの党派変動である。
ティー・パーティー運動の台頭により連邦議会選挙で共和党が大勝した2010
年選挙では，州レベルにおいても，とくに中西部を中心として共和党が勢力を
急拡大させた。選挙が行われた88の議院のうち52で共和党が多数議席を獲得
し，20議院で多数派が民主党から共和党に移行した。さらに，州知事選挙で
も共和党が勢力を拡大し，ミシガン州，オハイオ州，ペンシルベニア州，ウィ
スコンシン州など12の州で知事職を民主党から奪った。

　これらの州では，2010年選挙以降，労働組合への攻勢が顕著に強まった。
2011年には，ウィスコンシン州でスコット・ウォーカー共和党知事の主導に
より公共部門労働者の団体交渉権が大きく制約されたほか，同様の試みがオハ
イオ州等でも推進された。ミシガン州でも，2010年にリック・スナイダー共
和党知事が誕生し，上下両院でも共和党が勝利を収めた。税制改革や規制改革

を最優先課題として進めるスナイダー知事は，過度に分断的な争点であるとして当初は必ずしも労働権法の制定に積極的ではなかった。また，労働組合を中心に激しい労働権法反対運動が展開され，バラク・オバマ大統領もデトロイト市での演説でミシガン州の労働権法制定に反対を表明した。しかし，同年2月に隣接インディアナ州で労働権法が通過したことや，労働権を阻止する憲法修正のための住民投票を労組が推進したことを受けて労働権法制定への動きが強まり，2012年12月に最終的に成立した。

　ミシガン州は，労働運動の全盛期に中心的役割を果たした自動車労組（United Auto Workers: UAW）の本部が置かれるなど，労働組合が地盤としてきた州のひとつであっただけに，労働権法制定が与えた衝撃は大きかった。コーク・インダストリー創業家のチャールズ・コークとデービッド・コーク兄弟が設立した保守派の有力団体「繁栄のためのアメリカ人会」（Americans for Prosperity）は，ミシガン州での労働権法制定の意義に関して，「ミシガンのような労働組合の本拠地で組合を敗北させたことは，（公共部門労働組合の団体交渉権を制限した）ウィスコンシンと並ぶ空前の勝利であり，全米の州で労働権への道を切り開くものである」という声明を発表している [5]。

（3）労働権法をめぐる連邦レベルでの攻防

　労働組合にとって，連邦法であるNLRA第14条（b）の廃止は，1947年の制定以降つねに重要な政治課題であった。その機運が最も高まったのが，民主党が大勝した1964年選挙である。実際に下院では，1965年に労働権法条項の削除法案が通過した。しかし上院ではフィリバスターに阻まれ，成立には至らなかった。翌年にも上院で削除法案が提出されたが，再び南部民主党議員と共和党議員によるフィリバスターによって阻止された。これ以降も労働組合は全面的な連邦労働法改正を目指してきたが，上院でのフィリバスターに阻まれて挫折を繰り返してきた。

　現在も，連邦法であるNLRAを改正することで州による労働権法制定を阻止しようとする動きは続いている。2019年5月には，労働権法の禁止を含む「団結権保護法（Protecting the Right to Organize Act: PRO法）」案がボビー・スコット下院議員（民主党）やパティ・マレー上院議員（民主党）らによって

提案されており，2020 年大統領選挙に勝利したジョー・バイデンも，大統領選挙の公約で同法案の支持を表明している。

　他方で，労働権法推進派も，州レベルでの労働権法制定を推進しつつ，連邦レベルでも労働権を実現することを目指してきた。全米労働権委員会のマーク・ミックス会長によれば，労働者が自らの労働条件を交渉する権利を侵害しているという点において，NLRA に始まる連邦労働法全体が不正なものであり，1947 年のタフト・ハートレー法による修正も根本的な問題解決からは程遠いものであった。連邦労働法の改正ないし削除によって全国的に労働者の権利を回復することが望ましいが，連邦法改正が政治的に容易でないため，同時並行的に州レベルでの労働権法制定を推進しているとしている。

　連邦レベルでの労働権法制定はこれまで繰り返し試みられてきたが，いずれも失敗に終わっている。1994 年に共和党が上下両院で多数派を占めると，ボブ・グッドラテ下院議員らによって全国労働権法案（National Right-to-Work Act）が連邦議会に提出されたが，ギングリッチ下院議長らの政策的優先事項とならず廃案に終わった。近年も，ランド・ポール上院議員やスティーブ・キング下院議員らによって連邦労働権法案が繰り返し提出されている。

（4）労働権法拡大の運動と団体

　1930 年代以降，労働組合が急成長を遂げると，それに危機感を覚えた企業経営者や保守派政治家，保守派イデオロギー的活動家らを中心に，ユニオン・ショップ等の組合保障の禁止（オープン・ショップ）を目指した政治運動が展開されるようになった[6]。とくに，第二次世界大戦直後の反労働組合の機運の盛り上がりの中で，労働権法制定運動が南部や西部を中心に活発に展開された。1940 年代から 50 年代にかけて各州で展開された労働権立法運動においては，アメリカ商工会議所（U.S. Chamber of Commerce），全米製造業者協会（National Association of Manufactures: NAM），全米中小企業連合（National Federation of Independent Business: NFIB），アメリカ農業連合会（American Farm Bureau Federation）などが中心的な役割を果たした。

　それらの経営者・経済団体はその後も引き続きオープン・ショップ運動を展開していくが，20 世紀後半には労働権法の拡大に特化した単一争点団体も生

まれた。その代表的な存在が，1955年に創設された全米労働権委員会（National Right To Work Committee）である。公益団体として税法上の免除措置が与えられる 501（c）（4）団体として活動し，労働組合による権利侵害に反対する世論の喚起や，各州での労働権法制定運動に関与してきた。「すべてのアメリカ人は，自ら選択する場合には労働組合に加入する権利をもたなくてはならない。しかし職の獲得や保持のために組合に加入を強制されることがあってはならない」という原則の実現が，全国労働権委員会の目的とされている。カンザス州の労働権法制定運動を主導したリード・ラーソンが，1959年から2003年まで長らく会長を務めた。

　全国労働権委員会の活動の興味深い特徴は，労働組合に不満をもつ労働組合員を積極的に支援することで，経営者や保守派運動による反労働組合運動として位置づけられることを意図的に回避してきた点である。全国労働権委員会の活動の実体が，経営者団体による反労働組合運動であるという主張に対しては，あくまで労働組合による労働者の権利侵害を目的としており，理念に共感する個人からの献金によって支えられていると主張している。また，全国労働権委員会設立の経緯に関しても，経営者による反労働組合運動ではなく，鉄道組合のユニオン・ショップ導入に対する組合員自身の反対運動が起源であったとする。

　全国労働権委員会は，全国に 280 万人の会員・支援者を抱えているとしている。1973年には，関係使用者が提供する資金によって労働組合に対する訴訟を援助しており，連邦労働法に違反しているとして，AFL-CIO を含む複数の組合が全米労働権委員会を相手に訴訟を提起したが，裁判所は資金提供者の開示を認めなかった。それ以降も，団体に対する資金提供者の詳細を明かすことを全米労働権委員会は拒否してきた。

　労働権の拡大を目的とする単一争点団体として，全米労働権委員会と並んで代表的な存在が，全米労働権法的擁護財団（National Right To Work Legal Defense Foundation）である。全米労働権法的擁護財団は，労働権の拡大を司法の場でより積極的に推進するために，1968年に全米労働権委員会から派生する形で設立された。全米労働権法的擁護財団の発足にあたっては，公民権運動での司法闘争を担った全米黒人地位向上委員会（NAACP）の法的擁護基金

（Legal Defense Fund）がモデルとされた。労働組合への協力を望まない労働者に対する法的支援や，政治的目的に対する組合費使用の制限拡大が，全国労働権法的擁護財団が取り組む中心的な法的課題とされている。全国労働権法的擁護財団は設立直後から急成長を遂げ，1971年までに 300近い企業が支持を表明するとともに，経営者らによる諮問委員会が設置された。1975年までに 65個の訴訟に関与し，1980年代半ばには 300以上の訴訟を扱うまでになった。

　全国労働権委員会と全国労働権法的擁護財団は，形式的には別個の団体となっているものの組織的な関係は強く，相補的に活動を展開している。すなわち，全国労働権委員会が立法による労働権の拡大を目指すのに対して，全国労働権法的擁護財団は，司法の場で戦略的に訴訟を行うことを通して，労働組合を制約する法的先例を形成することを目指してきたのである。保守的法律家集団の組織化と台頭により，とくに 1980年代以降，イデオロギー的対立の舞台としての司法の重要性が高まっているという指摘が近年なされている[7]。全国労働権法的擁護財団は，司法における保守派運動の先駆けとして注目されよう。

　労働権保護運動に関しては，単一争点団体に限らず，より広範な保守派イデオロギー運動が関わっていたり，また，全国労働権委員会設立間もない時期に行われた調査では，州やローカルのレベルで，経営者団体と全国労働権委員会が緊密に協力して活動していたことが指摘されている。全国労働権委員会の創設に主要な役割を果たしたエドワード・ディラードや長年全国労働権委員会の会長を務めたラーソンをはじめ，全国労働権委員会の活動家の相当数は，保守反共団体として 1958年に設立されたジョン・バーチ協会（John Birch Society）の関係者でもあった。その中には，コーク兄弟の父であり，コーク・インダストリーズ創業者のフレッド・コークらも含まれている。

　さらに近年の労働権法制定の再活性化において注目されるのが，各州の政治家を中心に構成されているアメリカ立法交流協会（American Legislative Exchange Council: ALEC）である。州レベルの政府や政治家による組織としては，州政府会議（Council of State Governments），全米州議会会議（National Conference of State Legislatures），全米知事協会（National Governors Association）などが代表的であるが，ALEC の特徴はその顕著なイデオロギー的性格にある。全米知事協会などが一般的に非党派的性格を有してきたのに対し，ALEC

は明確に保守的政治アジェンダの推進を目的として組織されている。

　ALEC は，自由市場，小さな政府，連邦制の重視，個人の自由の推進を目的として，1973 年にポール・ウェイリックら保守派の活動家と州政治家によって創設された。ALEC は州レベルの保守派政治家に対して政策的情報を提供する場となっており，州議会議員に加えて，企業，財団，シンクタンクなどがメンバーとなっている。ALEC の活動としてとりわけ注目されるのが，州議会での制定を念頭に置いたモデル法案の作成である。労働権法に関しても，ALEC によってモデル法案が作成されており，各州で労働権法の制定を支持する政治家に対して提供されている。実際に，2012 年に制定されたミシガン州の労働権法をはじめ，各州の労働権法案と ALEC によるモデル法案はきわめて類似している[8]。

2.　州の公共部門における労働組合

　1950 年代まで，公共部門における労働組合の組織化に対しては否定的な法理論が強く，各州の裁判所も繰り返し労働組合の団体交渉権を否定する判決を下してきた。しかし，1959 年にウィスコンシン州で公共部門労働者に団体交渉権が付与されたのを皮切りに，1960 年代から 1970 年代にかけて，多数の州で公共部門労働者に団体交渉権を付与する法改正が行われた。これを足がかりとして，1970 年代以降，州公共部門において急速に労働組合の組織化が進行した[9]。2019 年現在の公共部門における労働組合組織率は約 33.6% と比較的高く，労働組合員数も約 781 万人で民間部門の約 751 万人を上回っている。表 5-3 が示すように，公共部門においては，州による労働組合組織率の違いがより顕著に現れている。ニューヨーク州（65.5%），コネチカット州（62.7%），ロードアイランド州（62.3%），ニュージャージー州（58.1%）などはとくに高い労働組合組織率を維持している。それに対して，サウスカロライナ州（7.4%），ノースカロライナ州（8.5%），ジョージア州（9.1%），アーカンソー州（9.2%），バージニア州（9.9%）などでは，公共部門においても労働組合加入者が 1 割以下にとどまっている。

　一部の州において公共部門での労働組合組織化がとくに成功した背景として

表 5-3　公共部門における州の労働組合組織率（2019 年）

順位	州	労働組合組織率（公共部門のみ，%）
1	ニューヨーク	65.5
2	コネチカット	62.7
3	ロードアイランド	62.3
4	ニュージャージー	58.1
5	ミネソタ	53.7
…	…	…
46	バージニア	9.9
47	アーカンソー	9.2
48	ジョージア	9.1
49	ノースカロライナ	8.5
50	サウスカロライナ	7.4

出典：表 5-1 と同じ。

は，州法によって労使関係が規律されていることに加えて，公共部門が国際的な競争にさらされないことや，組合活動による他州への事業移転リスクがないこと等が考えられる。また，団体交渉だけでなく，選挙での影響力を通じて使用者である州政府に影響を与えうる点が，民間部門労働組合にはない公共部門労働組合の強みといえる[10]。2020 年現在，最大の組合員数を維持している労働組合としては，約 300 万人を擁する全米教育協会（National Education Association: NEA），約 170 万人のアメリカ教員連盟（American Federation of Teachers: AFT），約 130 万人のアメリカ州・郡・自治体被用者連盟（American Federation of State, County and Municipal Employees: AFSCME）など，主として公共部門労働者を組織する組合が名を連ねている。

　民間部門と比較して相対的に組織力の維持に成功してきた公共部門の労働組合であったが，近年は，それらの組合が団体交渉を通して獲得してきた健康保険や年金給付が，州財政への重い負担となっているという不満が保守派を中心に強まっている[11]。また，公共部門労働組合の政治活動の多くは圧倒的に民主党支持に偏っていることから，民主党の支持基盤への切り込みという観点からも，公共部門労働組合の弱体化は共和党の重要な課題となってきた。とくに

2010年選挙において州レベルで共和党が勢力を急激に拡大して以降，多数の州で，公共部門における労働組合の権利を制約する法案が提出されるようになった[12]。

　公共部門労働組合に対する共和党の攻勢が成功した代表的な例がウィスコンシン州である。ウィスコンシン州では，2010年に共和党が議会両院で多数党の地位を民主党から奪うとともに，共和党新人候補のスコット・ウォーカーが知事選挙に勝利した。ウォーカーの財政再建法案では，医療保険と年金に対する公共部門労働者の負担増や給与からの労働組合費控除の廃止，労働組合脱退の容易化，組合認証選挙の毎年実施義務などが盛り込まれた。さらに，一部の法執行・消防系労働者を除く公共部門労働者は，賃金以外の事項に関する団体交渉権を失い，賃金に関してもインフレ調整を越える上昇は州民投票で支持されない限り認められないとした。このような改革案に対しては，労働組合を中心として激しい抗議活動が展開され，ウォーカー辞任を求めるリコール投票も実施されたが，いずれも失敗に終わった。ウィスコンシン州における労働組合の弱体化は，2016年大統領選挙における同州でのトランプ勝利にも少なからず影響を与えた可能性がある。

　また近年では，公共部門においても，労働組合への逆風が生じている。2011年以降，6州（ウィスコンシン州，ミシガン州，インディアナ州，ウェストバージニア州，ケンタッキー州，ミズーリ州）で労働権立法により公共部門におけるユニオン・ショップが禁止された。それでも2018年時点では，22州（ワシントン州，オレゴン州，カリフォルニア州，モンタナ州，コロラド州，ニューメキシコ州，ミネソタ州，イリノイ州，オハイオ州，ペンシルベニア州，メリーランド州，デラウェア州，ニュージャージー州，ニューヨーク州，コネチカット州，ロードアイランド州，マサチューセッツ州，バーモント州，ニューハンプシャー州，メイン州，アラスカ州，ハワイ州）で公共部門労働組合のユニオン・ショップを認める制度が存在していた。

　その法的根拠とされたのが，1977年のアブッド対デトロイト教育委員会事件判決[13]が確立したルールである。同判決において合衆国最高裁は，公共部門においても，ユニオン・ショップが安定的な労使関係の形成やフリー・ライダー問題の回避のために有効な制度であると評価した。その上で，組合の団体

交渉関連の活動と，政治的イデオロギー的活動を区別し，後者に充てられた費用については非組合員から徴収不能とすることによって，非組合員の政治活動の自由とのバランスが図られた。

　しかし，41 年間維持されてきたアブッド事件判決は，2018 年のジャナス対 AFSCME 事件判決 [14] によって覆された。同事件では，州政府におけるユニオン・ショップを認めるイリノイ州法の合憲性が争われた。原告はイリノイ州の保健家族サービス省の職員で，主に州や自治体の職員を組織化する有力組合である AFSCME によって代表されていた。しかし AFSCME の方針や政治活動に対して反対していた原告は，自分が支持しない組合への資金援助の強制が連邦憲法修正第 1 条によって保護される非組合員の言論の自由を侵害していると訴えたのであった。この訴えを，全国労働権法的擁護基金，個人の権利センター（CIR），ケイトー研究所，全米中小企業連合会（NFIB）といった保守系団体が支援した。

　ジャナス事件判決の最高裁は原告の主張を認め，公共部門でのユニオン・ショップを認めるイリノイ州法が，非組合員の言論の自由を侵害する違憲な立法であると判断した。民間部門と異なり，公共部門における団体交渉は本質的に政治的な性格を帯びており，安定的な労使関係の構築やフリー・ライダー問題の回避は，公共部門労働者の言論の自由侵害を正当化する理由にはなり得ないというのがその理由である。

　同判決はイリノイ州法に関するものであったが，連邦憲法上の判断が下されたことにより，公共部門でのユニオン・ショップを認める他の 21 州でも公共部門労働組合の権利に重大な修正が加えられることとなった。判決の効果はいまだ明確ではないが，長期的には公共部門においても労働組合の組織維持を困難にする可能性が予想される。

　また，トランプ政権期には，アントニン・スカリア（2016 年 2 月死去），アンソニー・ケネディ（2018 年 7 月引退），ルース・ベイダー・ギンズバーグ（2020 年 9 月死去）の後任として，ニール・ゴーサッチ，ブレット・カバノー，エイミー・コニー・バレットの 3 人の保守派裁判官が合衆国最高裁裁判官に任命された。合衆国最高裁判所の保守派優位がさらに強化されたことにより，労働組合の権利保護が合衆国最高裁で認められる可能性はいっそう低下したと考

えられる。

3.　州による労働条件規制

　労働組合を規律する集団的労使関係法だけでなく，最低賃金や病気休暇制度などの労働基準規制に関しても州によって異なる政策が存在する。本節ではその事例として，州レベルにおける有給病気休暇制度，解雇制限，ギグ・ワーカー保護を取り上げたい。

（1）有給病気休暇制度

　アメリカには，労働者の病気休暇中の所得保障制度（paid sick leave）が全国レベルでは存在しない。OECD37 カ国の中で，所得保障を伴う病気休暇制度が存在しないのはアメリカと韓国の 2 カ国のみであり，きわめて例外的といえる。有給病気休暇制度は，病気にかかった労働者の休暇取得を容易にすることで感染症拡大を防ぐ効果があると考えられており，その不備が 2020 年にアメリカにおいて新型コロナウイルス被害拡大に寄与した可能性が指摘されている。たとえばインフルエンザ感染のデータを用いた研究では，アメリカ国内で有給病気休暇制度へのアクセスが改善した地域では，感染率や欠勤の減少が報告されている [15]。

　病気休暇制度を定めた連邦法としては，1993 年の「家族・医療休暇法」（Family and Medical Leave Act: FMLA）が存在する。これは，年に 12 週の枠内で病気休暇等の付与を義務づけるものであり，50 人以上の被用者を有する使用者（ただし州際通商に影響を与えるもの）が適用対象となっている。しかし，FMLA により使用者に付与が義務づけられているのは，あくまで無給の休暇に過ぎない。解雇自由原則が存在するアメリカにおいては，たとえ無給休暇であっても休暇終了後に元の職（ないし同等な条件の職）に復帰する権利を有することは解雇に対する制約という点で重要な機能であるが，休暇中の所得保障の不在は労働者にとってしばしばきわめて深刻な打撃となる。

　もっとも，大企業を中心として独自に有給病気休暇制度を設けている場合もあり，2019 年時点で，民間労働者の約 73％ が何らかの有給病気休暇制度への

表 5-4　州レベルの有給病気休暇制度

州	開始年	対象となる使用者	制度の概要
アリゾナ	2017	民間部門使用者，自治体政府	30 労働時間ごとに 1 時間，年間最大 40 時間
カリフォルニア	2015	公共部門・民間部門	30 労働時間ごとに 1 時間，使用者は年間上限 6 日に設定可
コネチカット	2012	50 人以上の被用者を有する使用者	40 労働時間ごとに 1 時間，年間最大 40 時間
メリーランド	2018	公共部門・民間部門	30 労働時間ごとに 1 時間，年間最大 40 時間
マサチューセッツ	2014	公共部門・11 人以上の被用者を有する民間部門使用者	30 労働時間ごとに 1 時間，年間最大 40 時間
ミシガン	2019	公共部門・50 人以上の被用者を有する民間部門使用者	35 労働時間ごとに 1 時間，年間最大 40 時間
ネバダ	2020	50 人以上の被用者を有する民間部門使用者	1 労働時間ごとに 0.01923 時間（およそ 52 労働時間ごとに 1 時間），使用者は年間上限 40 時間に設定可
ニュージャージー	2018	公共部門・民間部門	30 労働時間ごとに 1 時間，年間最大 40 時間
オレゴン	2016	公共部門・民間部門	① 10 人以上の被用者：30 労働時間ごとに 1 時間 ② 9 人以下の被用者：30 労働時間ごとに 1 時間の無給休暇
ロードアイランド	2018	公共部門・前年の四半期の中で雇用数が 2 番目に多かった期において 18 人以上の被用者を有した民間部門使用者	35 労働時間ごとに 1 時間，年間最大 40 時間
バーモント	2017	公共部門・民間部門（新規使用者は最初の被用者を雇ってから 1 年間は免除）	52 労働時間ごとに 1 時間，使用者は年間上限 40 時間に設定可
ワシントン	2018	公共部門・民間部門	40 労働時間ごとに 1 時間，被用者は最大 40 時間の未使用休暇を翌年に繰り越し可

出典：National Conference of State Legislatures および Zoldan Law Group PLLC のデータをもとに筆者作成。

アクセスを有していた[16]。しかし，雇用主が有給病気休暇制度を導入している場合も，期間や保障範囲は企業ごとにさまざまである。そこで近年，州レベルで有給病気休暇制度の導入が急速に進んでいる。2020 年 8 月現在，表 5-4 に示されている 12 州で，恒久的な有給病気休暇制度が立法化されている。

　連邦レベルでも，有給病気休暇制度の導入は繰り返し提案されてきた。2020 年大統領選挙に勝利したジョー・バイデンをはじめとして，主要民主党候補者はいずれも選挙公約の中で有給病気休暇制度の導入を掲げている。さらに 2020 年のコロナ禍によって，有給病気休暇制度の必要性は全国的に高まっている。2020 年 3 月に制定された「家族第一コロナウイルス対策法（Families First Coronavirus Response Act）」では，連邦レベルの制度としてははじめて有給病気休暇制度に関する措置も盛り込まれたが，対象が新型コロナウイルス感染症に限られるなど，限定的な内容となっている。州レベルでの導入が進む有給病気休暇制度は，今後連邦レベルでの制度導入に向けたモデル・ケースとなることが期待されている。

（2）解雇制限

　アメリカでは 19 世紀末に，期間の定めのない雇用契約においては，使用者はいつでも自由に被用者を解雇できるという随意的雇用（employment at will）の原則が確立された。解雇の理由が正当なものか否かが問われることもない。労働組合に加入している労働者の解雇が労働協約によって制限されたり，公民権法等の差別禁止立法によって特定の理由による解雇が禁じられている場合などはあるが，随意的雇用自体は，現在においてもコモン・ロー上の原則的ルールとして全国的に維持されている。

　それに対して，一部の州では 1970 年代以降，州裁判所の判例法や制定法によって，このような随意的雇用に制限が加えられるようになった。制定法による解雇制限を行っている唯一の州が，正当事由のない解雇等を制限する不当解雇法（Wrongful Discharge from Employment Law）を 1987 年に制定したモンタナ州である。

　その他の州では立法による制限は行われていないが，州裁判所の判例による制限が行われている[17]。そのひとつが，被用者の公共利益にかなう行為や，使

用者が命じる違法行為の拒否を理由とした解雇を制限するパブリック・ポリシー法理であり，アラバマ州，ルイジアナ州，メイン州，ネブラスカ州，ジョージア州，ニューヨーク州，ロードアイランド州を除く 43 州で認められている。2 つ目が，契約（implied contract）法理による解雇制限であり，使用者作成のマニュアルや当事者間の契約の中で，正当事由がなければ解雇しない旨の記載があった場合に，使用者の解雇権を制限するものである。契約法理は，デラウェア州，フロリダ州，ジョージア州，インディアナ州，ルイジアナ州，マサチューセッツ州，ミズーリ州，モンタナ州，ノースカロライナ州，ペンシルベニア州，ロードアイランド州，テキサス州，バージニア州を除く 37 州で認められている。最後が，誠実義務（good faith）法理による解雇制限である。これは，仮に契約書や使用者作成ハンドブックに記載がなくても，とくに動機が不誠実で被用者の期待を破壊するような解雇については制限を行うものであり，アラバマ州，アラスカ州，アリゾナ州，カリフォルニア州，デラウェア州，アイダホ州，マサチューセッツ州，モンタナ州，ネブラスカ州，ユタ州，ワイオミング州で認められている。

（3）ギグ・ワーカー保護

　ある労働者が被用者（employee）として分類されると，NLRA や公正労働基準法（Fair Labor Standard Act: FLSA），労働安全衛生法（Occupational Safety and Health Act: OSHA）といった連邦労働法上の権利が保障される。しかし近年，Uber や Lyft などのライドシェア企業の運転手に代表されるような多様な働き方が広がっており，どの範囲の労働者が被用者としての保護を受けるのかという問題があらためて注目されている。とくに，インターネットを通して単発の仕事を受注する（ギグ・ワーカーと呼ばれる）労働者が実際には被用者と同様の働き方をしているのに，個人事業主（独立請負業者）として分類することによって，使用者としての義務を免れようとする企業が存在することも指摘されている。個人事業主と見なされた場合，被用者としての権利が欠如していることに加えて，組合化や団体交渉の試みが反トラスト法違反となる可能性もある。

　2019 年 9 月，カリフォルニア州は，企業が労働者を個人事業主として分類

するための要件を厳しくすることによって，ギグ・ワーカーの権利保護を強化
する州法 AB5 を成立させた。具体的には，労働者を個人事業主として扱うた
めには，ABC テストと呼ばれる 3 要件①当該労働者が当該企業の支配管理下
にない，②当該労働者の業務は当該企業の中核的業務ではない，③当該労働者
は同一業界内において当該企業とは独立した取引関係を有している，というこ
とを企業が証明する義務が課された。多くの新興企業を擁するカリフォルニア
州での AB5 制定への注目は高く，2020 年大統領選挙に出馬した民主党候補者
がいずれも AB5 への支持を表明するなど，州法が全国的な影響をもちうる事
例となっている [18]。

おわりに

　本章では，州レベルにおいて労働組合の法的権利を制限する保守的政治運動
の存在と，その成果としての労働権法の拡大について論じてきた。とくに，公
共部門の労働組合が享受してきた医療保険や年金制度は，近年激しいイデオロ
ギー的・党派的対立を引き起こす争点となっている。その一方で，有給病気休
暇制度や解雇規制，ギグ・ワーカーの保護など，個別的な労働者の権利につい
ては，とくにリベラル派の強い州で保護を強化する動きも見られる。二大政党
の拮抗による連邦レベルでの政策的停滞は，労働組合や労働者の権利に関して
も，州レベルでの政策的選択や政策革新がもつ重要性を高めているといえよう。

注

1　Henry S. Farber, Daniel Herbst, Ilyana Kuziemko, and Suresh Naidu Farber, "Unions and Inequality over the Twentieth Century: New Evidence from Survey Data," National Bureau of Economic Research, 2018.

2　中窪裕也『アメリカ労働法 第 2 版』弘文堂，2010 年。

3　James Feigenbaum, Alexander Hertel-Fernandez, and Vanessa Williamson, "From the Bargaining Table to the Ballot Box: Political Effects of Right to Work Laws," Working Paper 24259, National Bureau of Economic Research, 2018.

4 Charles W. Baird, "Right to Work Before and After 14 (b)," *Journal of Labor Research*, Vol. 19, No. 3, 1998.

5 Greg Gardner, "Koch Brothers' Americans for Prosperity are Leading the Charge for Snyder's 'Right-to-Work' Bill," *Detroit Free Press*, December 6, 2012.

6 Gilbert J. Gall, *The Politics of Right to Work: The Labor Federations as Special Interests, 1943–1979*, Greenwood Press, 1988.

7 Steven M. Teles, *The Rise of the Conservative Legal Movement: The Battle for Control of the Law*, Princeton University Press, 2012.

8 Alexander Hertel-Fernandez, *State Capture: How Conservative Activists, Big Businesses, and Wealthy Donors Reshaped the American States--and the Nation*, Oxford University Press, 2019.

9 J.E. Slater, *Public Workers: Government Employee Unions, the Law, and the State, 1900–1962*, Cornell University Press, 2004.

10 Terry M. Moe, *Special Interest: Teachers Unions and America's Public Schools*, Brookings Institution Press, 2011.

11 Daniel DiSalvo, *Government against Itself: Public Union Power and Its Consequences*, Oxford University Press, 2015.

12 松井孝太「アメリカ公共部門労働者の組織化をめぐる政党間対立――団体交渉権付与・剝奪の計量分析を中心に」『杏林社会科学研究』33 巻 4 号。

13 Abood v. Detroit Board of Education, 431 U.S. 209 (1977).

14 Janus v. American Federation of State, County, and Municipal Employees, 585 U.S.__ (2018). 松井孝太「判例紹介：州の被用者を組織する労働組合に対して，非組合員からのエージェンシー・フィー徴収を認めるイリノイ州法は，非組合員の言論の自由を侵害するとされた事例」『アメリカ法』2019-1 号。

15 Jenna Stearns and Corey White, "Can Paid Sick Leave Mandates Reduce Leave-Taking?" *Labour Economics*, Vol. 51, 2018; Stefan Pichler and Nicolas R. Ziebarth, "Labor Market Effects of US Sick Pay Mandates," *Journal of Human Resources*, Vol. 55, No. 2, 2020.

16 Drew Desilver, "As Coronavirus Spreads, Which U.S. Workers Have Paid Sick Leave — and Which Don't?" Pew Research Center, March 12, 2020.

17 "What States Are At-Will? List of At-Will Employment States," https://www.rocketlawyer.com/article/what-states-are-at-will-employment-states-ps.rl (2020 年 9 月 30 日閲覧)

18 Alexia Fernández Campbell, "How a Controversial Gig Economy Bill Became a Test for 2020 candidates," Vox, August 27, 2019, https://www.vox.com/2019/8/27/20833233/ab-5-california-bill-candidates-vote（2020 年 9 月 30 日閲覧）

第6章
文化と宗教からみる「州と連邦」

藤本　龍児

は じ め に

　アメリカを構成する50の州，そのすべての州憲法には，例外なく「神」が
うたわれている。

　46の州では「God」，4つの州では「Supreme Being」「Supreme Ruler of
the Universe」「The Divine」といった言葉で「神」が表現されている。ほか
にも「Creator」「Lord」「a Supreme or Sovereign Being」「almighty」など
「神」を表す表現が州憲法には随所に盛り込まれている。ところがそれに対し
て，50州を統合する合衆国憲法には，「神」への言及はない。

　そこには，アメリカ独自の連邦と州の関係，ひいてはアメリカという国の特
質が表れていると思われる。日本の中央政府と都道府県のような関係とは違う，
また法や行政などの制度的な次元とも違う，アメリカのもつ特質がそこにはあ
ると考えられるのである。

　もちろん，すべての州憲法に「神」の表記があるからといって，いずれの州
でも「宗教性が高い」というわけではない。現代ではむしろ州によって，宗教
の重要性には幅があり，大きな格差があるとも言える。

　2016年，ピュー・リサーチ・センターは，「宗教性」による州のランキング
を行った。何をもって「宗教的」とするかは，それだけで議論になるが，この
レポートでは4つの指標で宗教性がはかられている。「少なくとも毎日一度は
祈る」「少なくとも毎週一回は礼拝に出席する」「確信的に神を信じる」「自分

表 6-1　「非常に宗教的な成人」の割合

順位	州	割合（%）
1	アラバマ	77
2	ミシシッピー	77
3	テネシー	73
4	ルイジアナ	71
5	アーカンソー	70
6	サウスカロライナ	70
7	ウェストバージニア	69
8	ジョージア	66
9	オクラホマ	66
10	ノースカロライナ	65
11	テキサス	64
12	ユタ	64
13	ケンタッキー	63
14	バージニア	61
15	ミズーリ	60

出典：Pew Research Center, 2016年

にとって宗教は非常に重要である，と言う」。この 4 つのうち 2 つに該当する人を「非常に宗教的」とし，「非常に宗教的な成人」の割合によって州をランキングしたのである。表 6-1 からは，その上位をほとんど南部の州が占めていることが分かるだろう。

　政治においては 1980 年代から，教会の礼拝によく出席する人は共和党に，あまり出席しない人は民主党に投票する，という「ゴッド・ギャップ」の傾向が生じている。どの教会や教派に所属するかということとは関係なく，宗教への関与の度合いが政党支持を左右するのである。こうした傾向と「宗教的な州」が合わさることで，民主党を支持する傾向のある「ブルーステイト」と，共和党を支持する傾向のある「レッドステイト」の形成に大きな影響を与えてもいる。

　では宗教は，州と連邦の政治に，具体的にはどう影響しているのだろうか。

　この問題を考えるための事例は，現代に限ってみても少なくない。公立学校

における祈り，人工妊娠中絶，同性愛，公教育，あるいは銃規制や移民などの問題である。これらの争点をめぐっては 1960 年代に対立が生じ，1970 年代には大きく 2 つの陣営に分かれて争いが展開していく。その争いは，とくに 1980 年代末頃から激しくなり，宗教社会学者であるジェームズ・ハンターは 1991 年，それを「文化戦争」と名づけた。

この言葉は 1992 年，共和党全国大会の基調演説でパット・ブキャナンが使ったことにより広く一般にも用いられるようになる。ブキャナンはキリスト教的価値観を掲げて「私たちの文化を，そして私たちの国を取り戻さなければならない」と強く訴えた。それから四半世紀ほど経った 2016 年，ドナルド・トランプが登場することで文化戦争はあらためて激化し，2020 年の大統領選以降も分断の要因となっている。

大統領選挙のさいには激戦州が注目されるが，長期的な展望をもつためには，1970 年代からの文化戦争，ひいてはここ半世紀間にわたる「宗教」とのかかわりで，州と連邦の関係をとらえなければならない。

宗教によって動く州と連邦の関係は，文化的な次元に深く根ざしている。ゆえにそれは，法律や制度あるいは宗教団体の動きを追ったとしても理解がおぼつかない。むしろ誤解を生むこともある。したがって，ここでは，数ある事例のなかでも主要な 3 つの問題を取り上げ，歴史的な文脈のなかに位置づけたうえで複数の観点から論じることにする。

第 1 節では「人工妊娠中絶」を，第 2 節では「同性愛・同性婚」を論じ，第 3 節では，法律，政策，社会思想いずれにも大きな影響力をもつ「宗教保守」の動向を見て，2 つの問題とのかかわりを跡づけたい。そして第 4 節では，中絶や同性婚と同様に大きな論点でありながら，少し異なる文脈にある「進化論」を取り上げることにする。

1.　人工妊娠中絶

(1) プロチョイスとプロライフ

州と連邦のかかわりで最も激しく争われているのは，人口妊娠中絶の問題だと言っていいだろう。中絶の是非については，すでに 1950 年代には医学界や

法曹界において検討が始まっていた。自力堕胎や闇堕胎の問題があったからである。しかし，それを社会問題として広く認知させたのは 1960 年代のリベラリズムの急進化であった。すなわち，ヒッピー・ムーブメントやドラッグなど，既存の秩序に激しく挑戦する「対抗文化（counter culture）」であり，そのなかでも性の解放や女性解放運動であった。

　州の観点からすれば，1962 年，アリゾナ州フェニックスで起きたフィンクバイン事件が契機のひとつと言えるだろう。4 人の子どもをもつ中流家庭の主婦フィンクバインは，5 度目の妊娠中，服用した精神安定剤サリドマイドによって障害児が生まれる可能性を知った。フィンクバインが医師に相談したところ中絶を勧められ，合法的中絶手術を申請した。ところが，これを新聞が取り上げて大きな注目が集まり，郡の医師会は手術を認可しなかった。カトリック教会などからの抗議を恐れたからである[1]。フィンクバインは，国内での施術を断然せざるをえず，日本かスウェーデンでの施術を検討し，結局ストックホルムで中絶することになった。この過程で，非難や激励の手紙が全米から何千通も届くまでになり，中絶問題が広く知れわたることになったのである。

　1960 年代には各州で中絶法改正を求める運動が起きるようになっていく。1967 年には，「全米女性機構（National Organization for Women: NOW）」が設立された。NOW は，広く女性の権利を訴え，その一環として中絶の自由化を推進していく。この 1967 年には，カリフォルニア州，コロラド州，ノースカロライナ州で中絶法改正法案が成立した。1969 年には，「全米中絶生殖権行動連盟（National Abortion and Reproductive Rights Action League: NARAL）」が設立される。これらは，女性の選択権を第一とするプロチョイス（pro-choice）派を形成し，各州で中絶合法化を求める動きを活発化させていった。

　1960 年代後半には，そうした動きに後押しされ民主党が中絶を認める方針を取り始め，1972 年の民主党綱領では，女性の権利や中絶の自由化がうたわれるようになる。

　そして 1973 年，連邦最高裁判所で，その後長くこの問題の焦点となるロウ判決が出た。これは，中絶を禁止したテキサス州の州法を違憲としたものである。この州法は，母体の生命を救済するばあいにのみ中絶を認めていた。しかし，ロウ判決では「妊娠を継続するか否かにかんする女性の決定はプライバシ

一権に含まれる」という考え方によって中絶が評価された。中絶は憲法によって保障された権利である，とされたのである[2]。

この判決では，妊娠期間を 3 つに分ける「トライメスター（trimester）」という枠組みが提示された。妊娠第一期（〜3 カ月）には，危険性が低いゆえに，女性と主治医が相談のうえで自由に中絶について決定できる。第二期（4 カ月〜24 週）には，母体の健康を保護するために州による規制を認める。第三期（24 週〜）には，胎児が「バイアビリティ（viability）」を得るゆえに，胎児の生命を保護するべく（母体に危険があるばあいをのぞいて）州による規制や禁止を認める，とした。バイアビリティとは，胎児が母体外でも生きていける「生存可能性」のことである。

このロウ判決では，9 人の連邦最高裁判所判事のなかで「7 対 2」と大きな差がつき中絶の権利が認められた。しかし，これで中絶問題が決着したわけではなかった。ロウ判決に反発し，生命を至上のものと考えるプロライフ（pro-life）派が形成されていくのである。

たとえば 1973 年，ロウ判決が出た半年後には「全米いのちの権利委員会（National Right to Life Committee: NRLC）が設立された。NRLC などのプロライフ団体は，ロウ判決の破棄や，中絶禁止のための憲法修正を最終目標として掲げ，まずは中絶費用の公的資金からの支出禁止などを訴えるようになる。この運動が全米各地に広がるにつれ，人工妊娠中絶の問題は，州議会議員選挙，連邦議員選挙，そして大統領選挙，とより大きな争点となっていき，議員のなかにもプロライフ派が増えていった。

1976 年には，連邦議会で「ハイド修正条項」が成立した。これは，低所得者向けの公的医療保険制度「メディケイド」のなかで，緊急性のない中絶に公金を支出することを禁じるものである[3]。また，同年に行われた大統領選挙でも，人工妊娠中絶は政治問題として取り上げられ，民主党は中絶を支持し，共和党は綱領で中絶反対をうたった。後で見るように，この選挙では，中絶などのモラル・イシューが影響してジミー・カーターが勝利したが，プロライフ派の満足のいく結果は得られなかった。この頃からプロライフの組織は，政治への関与を強めていく。

共和党は 1980 年，党の綱領に，公金支出の禁止や中絶規制のみならず，初

めて中絶禁止のための憲法修正を掲げた。そしてその後のレーガン―ブッシュ政権では，大統領府によって中絶規制がなされていく。連邦資金を（治療薬開発のための）胎児組織研究に支出することの禁止，妊娠や避妊にかんするカウンセリングの禁止，中絶や避妊を支援する外国団体への資金援助の禁止（メキシコシティ・ポリシー），中絶薬 RU-468 の輸入禁止などである。このようにロウ判決以降，プロライフ派が攻勢をつよめ，文化戦争は深刻化していったのである。

（2）ロウ判決をめぐる攻防

　この頃には司法の場でも，ロウ判決をめぐる攻防は激しくなっていた。保守的な州では，中絶を規制しようとする州法が次々と制定され，それらの合憲性をめぐる訴訟が連邦最高裁まで持ち込まれるようになったのである。1983 年のアクロン判決では，中絶を規制するオハイオ州法を違憲とした。この州法は，15 歳未満の少女が中絶を望むばあい，医師は親や裁判所から同意を得なければならない，ということを定めたものである[4]。続いて 1986 年のソーンバーグ判決では，中絶前に医者が詳しくそのリスクを説明するように定めたペンシルベニア州法が違憲とされた[5]。

　これらの結果を見る限り，中絶規制を目指すプロライフ派は敗北してきたようにみえる。しかし，アクロン判決は「6 対 3」，ソーンバーグ判決は「5 対 4」というように連邦最高裁における賛否が推移している。ロウ判決が「7 対 3」だったことからすれば，次第にプロライフ派が盛り返していることがわかるだろう。

　そして 1989 年のウェブスター判決では，いよいよ一定の中絶規制が合憲とされた。判事の賛否が「5 対 4」と逆転したのである。ここでは，生命は受胎の時から始まるとされ，中絶のために公的資金や公的施設の使用を禁止するミズーリ州法が合憲とされた。また，この州法ではバイアビリティの検査を，ロウ判決で示されたトライメスターの基準より早い妊娠 20 週以降に義務づけていた。これにより，ロウ判決が破棄されるまでではなかったものの，ある種の中絶規制が合憲となり，州の権限が強くなったのである。

　こうした司法判断の変化は，政治的観点から見て「大統領の判事指名による

連邦最高裁の保守化」という説明がなされることが多い。ロナルド・レーガン大統領は，1981年にサンドラ・オコーナー，1986年にアントニン・スカリアを，1988年にアンソニー・ケネディの3人を任命することができた。その後も，ロウ判決を支持していた判事が引退し，ジョージ・H. W. ブッシュ大統領は，1990年にデイビッド・スーターを，1991年にクラレンス・トマスを任命することができた。これにより，保守派とされる判事が5名，中道とされる判事が2名，リベラル派とされる判事が2名となり，場合によっては「7対2」で，ロウ判決が覆される，という予想もされたのである。

　ところが1992年のケイシー判決では，「5対4」でロウ判決が維持された。「ロウ判決を覆すことは，法廷の正当性を著しく損なう」と考えられたからである[6]。ただ，中絶の危険性や代替方法についてのカウンセリングを行うこと，中絶の予約から手術までに24時間を設けること，ティーンエイジャーのばあいは父母のいずれか，あるいは裁判官に同意を得ること，という条件は合憲とされた。これはすなわち，政治的な予測を覆し，連邦最高裁が「中道化」したということを示している。中道派を形成したのは，レーガンやブッシュに任命されたオコーナー，ケネディ，スーターの3人であった。

　プロライフ派は，ロウ判決が覆されるだろうと期待していただけに，このケイシー判決には大いに不満をもった。しかも，この判決が出された1992年の大統領選では，民主党のビル・クリントンが勝利したことで，プロライフ派の不満はさらに高まり，過激な行動をとる者が出てくる。1993年3月，フロリダ州で中絶医が射殺される事件が起きたのである。それまでも「オペレーション・レスキュー」という団体が，人垣で中絶クリニックを取り囲んで座り込み，訪れる妊婦に中絶を思いとどまらせようとする直接的な行動に出ていた。また，中絶を行うクリニックやプロチョイス団体に，脅迫や侵入，放火などをする事件も起きていた。それがエスカレートし，ついに殺人までもが起こったのである。

　むろん，ほとんどのプロライフ派は暴力行為を嫌悪し，殺人事件に対しては激しい批判を行った。しかし，その後も「プロライフ派による殺人」という逆説的な事件が起き，中絶反対運動の評判を落としていったのである。

　そのように一部のプロライフ派が過激化している間にも，クリントン大統領

によって，プロチョイスの政策が進められている。1993 年，ロウ判決から 20 年目の記念日に，レーガン–ブッシュ政権によって設けられた大統領府の中絶規制が解除された[7]。また，1994 年には「クリニックへの自由なアクセス法（Freedom of Access to Clinic Entrances Act: FACE）」が定められた。この FACE によって，中絶クリニックを包囲するなどの直接行動は取り締まられることになる。またクリントン大統領は，1993 年にはルース・ギンズバーグを，1994 年にはスティーブン・ブライヤーを最高裁判事として任命することができた。ギンズバーグ判事は中絶反対のホワイト判事と交代し，ブライヤー判事はロウ判決の多数意見を書いたブラックマン判事の後任となった。これでひとりリベラル派が増え，「6 対 3」でプロチョイス派の優位が大きくなったことになる。

（3）各州の権限の拡大

　しかしながら，実のところウェブスター判決とケイシー判決が出てからは，この問題にかんして州の権限が拡大し，中絶は制限されるようになっていた，ということに留意しておかなければならない。各州の中絶規制はそれぞれであるが，大まかには，公的資金や公的施設の使用禁止，予約から手術までの待機時間の設定，中絶を回避させるためのカウンセリングの義務などである。

　さらに 1994 年の中間選挙では，上下両院で共和党が圧勝し，中絶に反対する政策を次々と打ち出すようになった。なかでも NRLC などのプロライフ派は，「部分出産中絶禁止法（Partial-Birth Abortion Ban Act: PBAB）」の成立を目指すようになる。「部分出産中絶」という言葉は，医学用語ではなく，プロライフ派による造語である。該当する手術方法は想定されていたが，それとは別に，独自の絵図を用いてその手術方法が説明された。胎児の一部を母体の外に出し，子宮のなかに残された頭部をつぶして除去する，というものである。残酷な中絶方法だという認識が広まり，規制を支持する人びとが増えていった。

　それに対して NARAL などのプロチョイス派は，次のように反対した。PBAB は，胎児に障害がみつかったばあいに仕方なくとられる方法で，しかも妊娠第三期に行われる非常に稀な術例である，と。この法案は，1997 年までに 2 回ほど提出され，議会では可決されたが，2 回ともクリントン大統領が

拒否権を発動し，廃案になった。PBABの法案については，プロチョイス派が勝利したと言ってよいだろう。

　ただし，この間，1997年に形勢を変化させる出来事が起きた。全米中絶医師連合の事務局長が，以前テレビ番組のインタビューでPBABのような手術は滅多に行われないと言ったが，「それは嘘だった」と告白したのである[8]。実際には，第二期に行われている手術が何千件もあると判明した[9]。この告白によって，プロチョイス派のなかにも，PBABに反対するものが出てくる。何より，プロチョイス派に対する一般国民の信頼が損なわれる結果になってしまった。

　2003年には，あらためてPBAB法案が提出され，議会での可決後，今度はジョージ・W. ブッシュ大統領が署名して成立するに至った。ここで注目せざるをえないのは，上院での賛成63票のなかに，民主党議員による17票も含まれていた，ということである。そして2007年のゴンザレス判決では，ロウ判決が破棄されることはなかったものの，PBAB法が「5対4」で合憲とされた[10]。プロチョイス派が劣勢になってきたのである。

　オバマ政権が始まった頃には，中絶問題をはじめ文化戦争の調停が試みられていたが，2009年にはプロチョイス派による殺人事件が発生してしまう。ミシガン州の高校前で中絶反対の活動をしていた男性が，走行中の車から数回射たれて死亡したのである。また2012年には，ワシントンDCにあるプロライフの組織「家族調査評議会」（後述）に銃弾が撃ち込まれ，警備員や団体職員が傷を負ったのであった[11]。

　トランプ政権が成立して以降は，州レベルでも文化戦争が再燃してくる。2018年からは，オハイオ，ミシシッピー，ケンタッキー，アイオワ，ノースダコタ，ジョージアの各州で，いわゆる「ハートビート（心音）法」が次々と成立した。これは，胎児の心拍が確認できるようになった時点で中絶を禁止する，という法律である。一般的に，胎児の心拍が確認できるのは妊娠6週目頃とされる。

　2019年5月には，アラバマ州で，母体保護の目的以外では中絶を認めない州法が成立した。トライメスターなどの時期によらず，レイプや近親相姦による妊娠であっても中絶が禁止されたのである。州議会では，まず下院が賛成

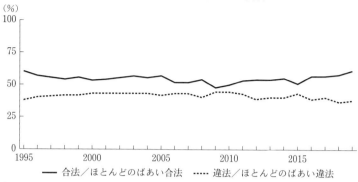

図6-1　人口妊娠中絶の禁止への賛否

出典：Pew Research Center, 2019.

74反対3で可決し，上院が賛成25反対6で可決した。全米で最も厳しい州法が，大差で成立したのであった。

　冒頭で挙げた宗教性による州のランキングでアラバマ州が第一位であったことが思い起される。また，レイプによる妊娠で生まれた人びとが，中絶をまぬがれたからこそ自分たちは生きている，と訴え，養子制度の充実を提唱する，といった動きもある。ハートビート法は，ほかにミシシッピー，オハイオ，ケンタッキー，ジョージア，ルイジアナなど他の南部や中西部の州でも成立した。

　2019年のピュー・リサーチ・センターの調査によると，成人のプロチョイス派は61％で，プロライフ派は38％であった。プロライフ派は男女とも38％で差がなく，年齢が高いほうが多い傾向にある（図6-1参照）。

2．同性愛・同性婚

(1)「ソドミー法」から「結婚防衛法」へ

　人口妊娠中絶に次いで大きな問題になっているのは，同性愛・同性婚の問題であると言っていいだろう。同性愛者の権利擁護運動そのものは，1950年代から「マタシン協会」（1950年結成）や「ビリティスの娘たち」（1955年結成）によって始められていた。しかし，中絶と同じように，これを広く社会問題として認知させたのは，1960年代のカウンター・カルチャーや性の解放など，

リベラリズムの急進化である。それに伴い主に大都市には，同性愛者が集う場所が次第に形成されていった。

　1969年には，ニューヨークでストーンウォール事件が起こる。ニューヨークのゲイバー「ストーンウォール・イン」に警察が「踏込み捜査」をし，それに対して暴動が起こったのである。当時のアメリカには，「同性愛」を禁止する「ソドミー法」があった。「ソドミー」とは，聖書の「創世記」に出てくる古代の町「ソドム」に由来する言葉にほかならない。ソドムの住民は，同性愛などの罪悪のため，神によって滅ぼされたという。そのような名称の法律で禁じられていたことからも，当時の「同性愛」とキリスト教的価値観のかかわりがわかるだろう。

　ストーンウォール事件以後，同性愛者の「解放」を求める運動が活発になり，1970年代中頃からは，人権運動の潮流にのって同性愛者の「権利」を求める運動が展開されていく。1980年には，同性愛者のための政治団体として「ヒューマン・ライツ・キャンペーン（Human Rights Campaign: HRC）」が結成された。その後HRCは，アメリカ有数の権利擁護団体に成長していく。

　とはいえ，当時はまだ，同性愛者にとって厳しい時代が続いた。1980年代前半には，同性愛者のあいだでHIV感染者が急増し「エイズは同性愛者の病気」という偏見が広がったのである。また1986年のバウワーズ判決では，「5対4」という僅差でソドミー法が合憲であるとされた[12]。それに対して1987年には，ニューヨークで「アクトアップ（AIDS Coalition to Unleash Power: ACT UP）」が結成されている。アクトアップは，HIV感染者の権利拡大を目指す組織であるが，同性愛者を支援する団体ともなった。また，この頃には，軍隊における同性愛者の権利も主張されるようになる。当時の軍においては，同性愛者は入隊できず，入隊後に発覚すれば除隊を余儀なくされていたからである。

　あとで見るように，こうした同性愛をめぐる一連の運動に対しては反対勢力も形成され，政党を動かすまでになっていった。たとえば，1992年の共和党綱領では，軍への同性愛者の入隊に対して反対が表明されている。ただ，それらの反対は過激な調子を帯びており，広い支持を得られたわけではなかった。

　1992年の大統領選挙で勝利した民主党のビル・クリントンは，選挙中，軍

における同性愛者の服務禁止を撤廃するという公約を掲げ，同性愛者からの支持を集めることに成功している。しかしこの公約は，大統領就任後，軍の幹部や保守勢力から反対されて実現できなかった。代案として出されたのが 1994 年の「Don't Ask, Don't Tell: DADT」規定である。この DADT は，同性愛者であるかどうかについては「訊くな，言うな」ということであり，公にならなければ，軍においても同性愛者を容認する，という妥協策であった。

　このように「同性愛」への支持は少しずつ拡大していった，と言えるだろう。しかし，それでも「同性婚」への支持はあまり拡大していなかった，と言わざるを得ない。たとえば 1996 年，ハワイ州で同性婚が認められそうな情勢になり，それを危惧した連邦議会は「結婚防衛法（Defense of Marriage Act: DOMA）」を可決した。DOMA とは，結婚を「ひとりの男性とひとりの女性の法的な結合」と定めた連邦法のことであり，反同性婚の法案にほかならない。1994 年の中間選挙では共和党が大勝しており，連邦議会が DOMA を可決するのは当然であったと言えよう。しかし，同性愛を支持していたはずのクリントン大統領も，拒否権を発動せず，署名してこれを成立させたのである。この法案の成立を受け，同性婚の禁止を法制化した州は 37 州にものぼった。

(2)「シビル・ユニオン」から「オーバグフェル判決」へ

　しかし DOMA の成立は，かえって同性婚を求める運動に火をつける。2000 年にはバーモント州議会が，全米で初めて「シビル・ユニオン（Civil Union）」を認める法案を通過させた。シビル・ユニオンとは，同性愛者カップルに，遺産相続など，異性婚の夫婦と同等の権利を認める法律である。厳密には結婚ではないとされ，DOMA には抵触しないとされた。

　2003 年には，ようやく連邦最高裁判所が，ソドミー法を「6 対 3」で違憲とするローレンス判決を出した [13]。そして同年には，マサチューセッツ州で，同性婚を認める判決が出た [14]。これにより 2004 年に，いよいよアメリカで初めて「同性婚」が合法化されることになる。DOMA があるので連邦法上では認められないが，マサチューセッツの州法上では「結婚」と認められる形となった。

　それに対してブッシュ大統領は，同性婚を禁止する憲法修正を目指すように

図6-2　同性婚への賛否

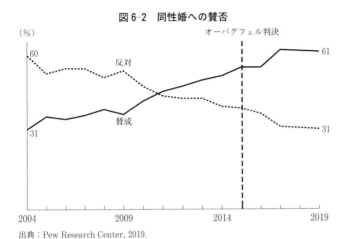

出典：Pew Research Center, 2019.

なる。しかし，大統領選があった2004年と，ブッシュ再選後の2006年に提出された憲法修正案は，いずれも両院で否決された。この頃には，「同性愛」のみならず「同性婚」への理解も進んできたと言えよう。

　こうした潮流のなか2008年の大統領選挙では，バラク・オバマ候補が，中絶や同性婚の問題に中立的な立場をとって文化戦争の融和をはかり，後に見るように福音派や宗教保守の一部から支持を得ることに成功した。Yes, We Can！ に象徴されるようにWeを強調し，さまざまな分裂の回避を課題としたオバマにとって，これはひとつの成果であったと言えよう。

　またDADTについては，その撤廃を公約として掲げていた。DADTは当初，同性愛者に配慮して作られたものであったが，セクシュアリティを監視して自らを偽らせる圧力を生じさせ，差別の温床となっていたからである。実際，制定以来，除隊させられた兵士もおよそ1万4000人にのぼった。

　オバマは，大統領就任後しばらく手間取ったものの，2010年12月には「DADT」廃止の法案に署名し，2011年9月には完全撤廃が実施された。さらにこの年，それまで支持していたDOMAまで違憲だと言い始める。

　そして2012年5月，オバマ大統領は，明確に「同性婚」に賛成することを表明した。リベラル派の支持を固めるために，宗教保守を切り捨てたのである。これは，オバマが文化戦争の回避という課題に挫折した，ということにほかな

らない。

　2013 年には，連邦最高裁が DOMA を違憲とするウィンザー判決を出した [15]。そして 2015 年 6 月には，連邦最高裁が「同性婚を禁止する州法は違憲」というオーバグフェル判決を下したのである [16]。この判決により，すべての州で「同性婚」が許可されることになった。

　このように同性婚が許容されるようになってきた背景としては，いまやアメリカ最大の LGBT（Lesbian, Gay, Bisexual, Transgender）権利擁護団体となった HRC などのロビー活動が大きかったことは間違いない。しかし，それもさることながら，広く社会的に権利擁護運動が展開されることによって「同性愛」を公表できる環境が整備された，ということの効果も大きかったと考えられる。

　2013 年に CNN などが実施した調査によると，家族や友人に同性愛者がいるアメリカ国民は，57％ にのぼった [17]。同性愛者が身近にいることがわかれば，戸惑うことはあるにしても，考える機会が増えることは確かであり，理解が深まりやすいと言えるだろう。たとえば，同性婚に反対していた共和党のある議員は，息子から同性愛者であるとカミングアウトされ，次第に姿勢を転換し，ついには同性婚の合法化を積極的に進めるようになった [18]。図 6-2 に挙げた 2019 年のピューリサーチセンターの世論調査でも，賛成が 61％，反対が 31％ となっている。

　ただし，これで「同性婚」の問題が決着したわけではない。オーバグフェル判決では，9 人の連邦最高裁判事が「5 対 4」に割れていたからである。

　トランプ政権においては，アントニン・スカリア判事の死にともないニール・ゴーサッチを，アンソニー・ケネディの引退を受けてブレット・カバノーを，ルース・ベイダー・ギンズバーグの死にともない，エイミー・コニー・バレットを指名した。これでリベラル派が 3 人，保守派が 6 人になった。

3.　宗教保守の動向

(1)　福音派と宗教右派
同性婚と中絶，いずれの問題でも反対勢力はおよそ 3〜4 割であるが，その

中心にいるのが「宗教保守」である。そこで次に，これまで確認してきた2つの文化戦争の経緯に，宗教保守の動向を重ねて見てみよう。

　アメリカの宗教は，大きく宗教リベラルと宗教保守の2つに分かれる。宗教保守は，キリスト教の福音派を中心に，他の教派や宗教にも広がりをもつ。このなかには積極的に政治にかかわる「宗教右派」もいるが，宗教保守は多様な考え方と勢力から構成されている。

　中心にいる「福音派（evangelical）」は，もともとカトリックに対するプロテスタントのことを意味していた。しかし，アメリカのプロテスタント教会は，1920年代から1930年代にリベラル派と保守派に分裂していく。1942年には，保守的な信仰理解をもつ教会が集まって「全米福音派連盟（National Association of Evangelicals: NAE）を結成した。ただNAEには，福音派を多く擁する南部バプティスト連盟（Southern Baptist Convention: SBC）が加盟していない。また1950年代からはビリー・グラハム師の活躍もあって，福音派はさまざまな垣根を越えて広がっていく。現在ではカトリック信者のなかにも福音派を自称するものが出てきた。これらのことを踏まえると，所属する教会や教派，あるいは組織によって福音派を理解することは難しい，ということがわかるだろう。

　ゆえに現代の福音派は，広く「保守的な信仰理解を共有する多様な教派横断的集団」のことを指す。福音派に確固とした条件はないが，宗教的な体験に基づいて精神的な生まれ変わりをする経験，すなわち「ボーン・アゲイン（born again）」の経験をもつことが特徴として挙げられる[19]。福音派の規模は，ボーン・アゲインだけを条件とすれば成人の40%にものぼり，少し厳格に捉えてもおよそ30%とするのが適当だと考えられている[20]。

　福音派は，1970年代に勢力を伸ばしてきた。この背景には，1960年代のリベラリズムの進展や対抗文化に対する反感がある。つまり，中絶や同性婚を求める運動の基盤自体に反感をもっているのである。

　福音派の影響力が明確に発揮されたのは1976年の大統領選挙であった[21]。この際，ジミー・カーターが大統領候補として初めて「ボーン・アゲイン」を公言し，福音派を自称したのである。また，民主党の綱領にうたわれた中絶支持にも反対した。そうして福音派からの期待を受け，下馬評を覆して大統領選

に勝利したのである。ゆえに，この年をタイム誌は「福音派の年」と呼んだ。

　ところがカーターは，就任後，プロライフとプロチョイスの両陣営に配慮するようになる。一方で，中絶手術に対する政府資金の使用を停止し，他方で，プロライフ派が嫌う学校での性教育を推進し，避妊薬を支給する方針も打ち出した。そして，ついには「ロウ判決を覆す憲法修正は望ましくない」という考えを明らかにする。中絶に対してカーターは，道徳上で積極的に賛成することはできないが，法律上で完全に禁止するのは行き過ぎだ，と考えていたようである。性教育や避妊薬についての政策も，中絶をなるべく減らそうとするものであった。

　しかし福音派は，あくまでロウ判決を覆すことを目指しており，カーターに失望せざるをえなかった。そして，そのころ中絶や同性愛に対して明確に反対するようになっていた共和党に流れ込んでいく[22]。ゴッド・ギャップは，この頃に始まったのである。

　こうして福音派は政治との関わりを強めていく。1977 年にはジェームズ・ドブソンが「フォーカス・オン・ザ・ファミリー（Focus On The Family: FOF）を設立し，やがて共和党との関わりを強くしていった。1979 年には，大統領選挙を控え，宗教右派の最大組織「モラル・マジョリティ（Moral Majority）」が結成される。指導者のジェリー・ファルウェルは，バージニア州リンチバーグにあるバプティスト教会の牧師であり，テレビで伝道を行うテレバンジェリストとして有名になっていた。そこで，ニューライトと呼ばれる共和党保守派がファルウェルに接近し，モラル・マジョリティを結成させたのである。ファルウェルは，ラジオやテレビを通じて伝統的な家族の重要性を説き，反中絶，反同性愛，公立学校における祈りの復活などを強く主張した。十代の妊娠や，貧困にあえぐシングルマザーが増えていたこともあって，道徳的健全さを取り戻すべきだ，というファルウェルの主張には共感が広く集まるようになる。支持者は，福音派を中心に，カトリック，ユダヤ，モルモンの保守派にも広がっていった。ここに，おおよそ現代の「宗教保守」の広がりを見ることができるだろう。そして 1980 年の大統領選挙では，レーガンを支援し，大きな存在感を示したのである。

　1983 年にはドブソンも，FOF の政治活動をになう団体として，先に触れた

「家族調査評議会（Family Research Council: FRC）」を設立した。こうして政治化した一部の福音派や宗教保守が，「宗教右派（religious right）」や「原理主義者（fundamentalist）」と呼ばれるようになっていく。ここで留意すべきは，福音派が必ずしも宗教右派や原理主義者と同じではない，ということである。メディアなどでは，特定の政治問題にラディカルにかかわるグループばかりが取り上げられるが，積極的に政治にかかわらない福音派や宗教保守も多いし，考え方も一様ではない。

　ただし，モラル・マジョリティは，過激な主張を繰り広げた。また，ロビー活動の経験や技術に乏しかったこともあって，1980年代後半になると支持者を減らし，ファルウェルの影響力も落ちていった。

　代わりに，1990年代から宗教右派の代表的指導者になったのは，パット・ロバートソンである。ファルウェルと同じくテレバンジェリストでありCBNという放送局を所有し，そのメイン番組である「700クラブ」で有名になった。1988年には，共和党の大統領候補に名乗りをあげ，結局敗退したものの，選挙中に作り上げた各地の草の根組織を統合して1989年には「クリスチャン連合（Christian Coalition）」を創設する。大統領選のさいに各州で立ち上げた草の根の組織が，まもなく州の政治を大きく左右するようになり，また共和党にたいする影響力を確立させたのである。

（2）地方選挙や教育委員会への進出

　「クリスチャン連合」は，公立学校における祈りの復活や反中絶，反同性愛といった点では，他の宗教右派の主張と変わらないが，強硬路線はとらず，家族の絆や教育の向上，治安の維持や減税など，他の保守層でも共感できる主張を前面に出した。連邦政府に直接働きかけるロビー活動よりも，各州各地でセミナーを開催して政治活動家を養成し，地方選挙や教育委員会の選挙で大きな影響力を発揮するようになっていった。また，選挙ガイドを配布し，争点にかんする候補者の判断を明らかにし，誰に投票すべきか，ということを分かりやすく示していった。

　このように1990年代には，宗教右派が勢力を伸ばし，しかも各州で草の根の組織と運動を形成していった。そうすることで政治には消極的な各州各地方

の宗教保守をも政治に動員できるようになり，ゴッド・ギャップも大きくなっていく。先にふれたように，1994 年の中間選挙では共和党が大勝し，中絶規制の流れを推し進めたが，それを担ったのがこのクリスチャン連合だったのである。

　ところが，この大勝に気を大きくした共和党の保守派は，強引に政策を進めるようになり，共和党の穏健派や国民の中間層から忌避されるようになっていく。国民は 1980 年代からの強硬な保守化に嫌気がさしてきたと言えよう。かといって，それ以前の急進的なリベラル化を進めることもためらわれる。そうした情勢にあってクリントンは，あらためて中道路線に舵を切った。それはすなわち，福音派にも一定の配慮をせざるをえなくなった，ということである。かくして 1996 年には，DOMA 法案に拒否権を発動することなく署名することになったのであった。

　DOMA の成立は，宗教右派の運動の成果と言えるだろう。しかし，その頃には，共和党のなかでも中道化の流れが生まれて穏健派が息を吹き返し，クリスチャン連合からは距離を置くようになる。しかも，1996 年の大統領選挙と 1998 年の中間選挙では民主党が勝利し，宗教右派の勢いは衰えていく。かくして同性婚の支援運動は，DOMA の打算的な成立によって逆に勢いづき，その後の同性婚合法化の流れを作っていったのである。

　このとき，一般的には「宗教右派は終わった」と言われ，あわせて宗教の影響力も低下した，と考えられるようになった。しかし，注意しなければならないのは，ここで衰退したのはあくまで宗教右派であり，福音派や宗教保守ではなかった，ということである。

(3)「文化戦争」緩和の試みとその挫折

　2000 年の大統領選挙ではブッシュが勝利したものの，大接戦のすえの辛勝であった。そして選挙後には，かなりの数の福音派が投票していなかったことが判明する。これは，当初ブッシュが穏健派として宗教色を強く出しておらず，また福音派をはじめ宗教保守を動員するための政治組織，つまり宗教右派が弱体化していたからであった。とはいえ，福音派や宗教保守が，依然として大きな勢力であることに変わりはない。そこでブッシュは，就任後に宗教色を鮮明

にするようになり，また共和党は，カール・ローブを中心にして宗教右派の再組織化に着手する。おかげで2002年には「アーリントン・グループ」が発足することになった。これは，全米それぞれの州からおよそ70の主要な宗教右派団体が定期的に集まる懇話会である。これ以降の宗教右派は，90年代とは違い，傑出したリーダーに率いられるのではなく，各州から集う複数の多様な団体の集合体として動くようになる。

　このように宗教右派の再組織化が進んでいるところへ，2004年，幸か不幸かマサチューセッツ州で同性婚が合法化された。ちょうど，これへの反感をうまく政治に結びつける組織が形成されていたので，同年の大統領選挙では福音派が大挙して投票した。ゆえに，ブッシュの再選は「福音派の勝利」と呼ばれたのである。すでに見たように，同性婚を禁止する憲法修正案は廃案になったが，福音派があらためて大統領選を左右するまでの影響力をもったことは大きかったと言わなければならない。2004年以降，民主党も宗教票の獲得を目指すようになったのは，そうした背景があったからなのである。

　2005年には，宗教右派が，連邦最高裁判事の指名に大きくかかわった。宗教右派は，中絶に寛容な判決を出した過去があるとして当初の有力候補に反対したのである。これを受けてブッシュ大統領は，あらためて保守派であるジョン・ロバーツを指名し，しかも主席判事として任命することになった。続いて2006年には，ロウ判決に反対していたサミュエル・アリートを就任させることができた。この時点で最高裁は，ロバーツ，スカリア，トマス，アリートが保守派，スティーブンス，ギンズバーグ，スーター，ブライヤーがリベラル派というように分かれ，判決は中道派のケネディの判断で決まる傾向が生じた。かくして先に見たように2007年，PBABを合憲とするゴンザレス判決が「5対4」で下されたのである。司法の場でも，福音派をはじめ宗教保守の影響力が発揮されたと言えよう。

　ところが，そのようにあらためて存在感を示した福音派も，イラク戦争に疑問がもたれるようになる頃からは，別の相貌を見せるようになってきた。たんに中絶や同性婚，進化論などに反対するだけの勢力と見なされることに嫌気がさし，地球温暖化や貧困問題，エイズ問題を積極的に取り上げていく福音派が出てきたのである。また，シビル・ユニオンを認めるグループも出てくる。そ

うした動きは，とくに若い世代から支持を集めた。2006年には，クリスチャン連合でも，連合の新しい目的に地球温暖化の問題を掲げるかどうかで対立が生じている。こうして宗教右派は結束力を弱めていき，2008年の大統領選では，自分たちが支援する共和党候補選びに迷走し，統一候補を決められない，という事態に陥ってしまった。

　そこで，宗教票の取り込みを模索していた民主党のオバマは，すでに見たように，文化戦争においては中立的な立場をとり，新しい福音派のグループに働きかけていったのである。それが功を奏し，若者を中心とした福音派の一部がオバマの支援にまわったのであった。これは，ゴッド・ギャップを越えて民主党を支持する福音派が増えた，ということにほかならない。ゆえに，そのグループが「宗教左派（religious left）」などと呼ばれてリベラル派の期待を集めることになる。

　期待が大きかったのだろう，宗教左派には，近代主義を認めるリベラル派までもが含められて論じられることがあった。しかし，宗教リベラルと宗教保守では，信仰理解が大きく異なる。それに，新しい問題に取り組むようになった福音派のグループも，プロライフや反同性婚などの従来の主張を転換したわけではなかった。したがって，それらをまとめて「宗教左派」と呼ぶのはかなり無理があり，政治勢力として一つのまとまりのある集団になったとは言いがたい。事実その後，ゴッド・ギャップが解消されることはなかった。オバマがリベラル票を固めるために，正式に同性婚に賛成し福音派を切り捨てることに踏み切ったのも，そのことを認識したからである。

　しかし，オバマの挫折は，文化戦争を激化させることにつながっていく。その後，宗教保守の8割がトランプを支持して政権を支え，2020年の選挙でもそれはほとんど変わらず，分断を深刻化させているのである。

4．進化論

（1）州の教育制度と宗教保守

　州と連邦の攻防は，教育においても繰り広げられている。アメリカでは，州が教育における裁量をもっており，多様な教育制度がとられている。それぞれ

の州に教育省があり，群には教育局，学校区には教育委員会が設置されている。なかでも学校区が，小中高の年限区分や，カリキュラム，教科書，休日など，ほとんどの教育制度を決めている。先に触れたように，クリスチャン連合が教育委員会の選挙に立候補者を立てて当選させ，影響力を拡大できたのは，そうした州の教育制度があるからなのである。

またすべての州では，学校には通わず家庭で教育を行うホームスクーリング（在宅教育）が認められている。ホームスクーリングには多様な形態があり，保護者や家庭教師が教えたり，スポーツを含め一部の教科は学校で受けたり，オンライン授業を受けたりといった形がある。

そもそもホームスクーリングは1960年代から，学校教育へ適応できない児童や，教育の内容や質へ不満をもつ親などのために実験的に開始されたが，これを多く利用したのが宗教保守であった。背景には，中絶や同性愛の問題と同様に，やはり1960年代におけるリベラルの急進化があった。

大きな契機は，1962年に「公立学校における祈り」に違憲判決が下されたことである。これ以降，宗教は公教育から排除されるようになり，それへ不満をもった宗教保守がホームスクーリングに活路を求めることになった。1980年代に正式に合憲とされてからは，全米50州に広がり，現在の利用者は200万人にのぼる。

ただし，州と連邦の関係を理解するためには，「公立学校における祈り」ではなく，もうひとつの代表的な公教育の問題，すなわち進化論教育について見なければならない[23]。これも文化戦争のひとつに数えられるが，先に見た2つの問題より歴史が古く，また文化戦争という枠組みでは捉えきれない次元をもっている。これが冒頭で述べた，州と連邦の関係に見られるアメリカ独自の特徴を示していると考えられるのである。

(2) 進化論の登場と退場，そして復活

アメリカの「進化論」論争の端緒として挙げられるのは，1925年のスコープス裁判である。20世紀初頭，アメリカの中でもとくに信仰心の篤い南部では，進化論に反対する動きが出てきた。進化論は，聖書に基づく従来の教育を脅かすものとして受けとめられたからである。

　1920 年代には，進化論教育を禁止しようとする運動が活発化した。そして 1925 年にテネシー州で，反進化論法として「バトラー法」が成立する。それに対してアメリカ公民権連合（America Civil Liberties Union: ACLU）は，新聞を使って，実際に進化論を公立学校で教えて逮捕される志願者を募集した。裁判を起こし，バトラー法を世に問い，廃止に追い込むためである。

　ジョン・スコープスは，2 週間ほど教えただけの代用教員であったが，街の宣伝をもくろむ実業家の説得によって，これに応募した。進化論側には，有名な弁護士がつくことにもなった。それに対して検事側，すなわち創造論側に立ったのは，ウィリアム・ジェニングス・ブライアンである。ブライアンは，ウィルソン政権の国務長官を務めたほどの有力な政治家であり，民主党の大統領候補に 3 度なるようなポピュリズムのリーダーであった。

　かくして裁判の話題性は高まり，ちょうどラジオ放送の開始とも重なっていたので，裁判はもとより，舞台となったテネシー州の田舎町も，当事者のもくろみをはるかに超えて全米の注目を集めた。

　裁判ではスコープスが敗訴し，創造論側が勝利した。しかし，裁判の過程でブライアンは，聖書の記述の矛盾を次々に指摘され，それにうまく答えることができなかった。その過程がラジオを通じて報道され，創造論の弱点が広く知られるようになる。創造論を支持する原理主義者も，偏狭な固定観念に縛られた人びととして認識されるようになった。ブライアンは，心労がたたったのか，判決から 5 日後に急死している。

　反進化論法は，その後も各州で提案されたが，成立したものは少なかった。ただそれでも，教育現場で退いていったのは進化論教育のほうであった，ということに注意しなければならない。1930 年までには，全米の教室の 70% ほどで進化論が排除され，その後もさらに減っていったと言われている [24]。

　ところが 1957 年，アメリカ社会に「スプートニク・ショック」が走った。ソ連がアメリカより早く，世界で初めての人工衛星，スプートニクの打上げに成功したのである。冷戦の真っ只中，先を越されたアメリカ社会では，科学技術の遅れが懸念され，科学教育を重視する論調が高まった。

　これを受けて 1960 年代初頭には，進化論が，ディベートの時間をはじめ教科書にも復活していく。1968 年には，連邦最高裁でアーカンソー州の反進化

論法（1928 年制定）が憲法違反とされた。反進化論法は，特定の宗教的信念に基づいた立法であり，宗教的中立性を担保していない。ゆえに，国教樹立を禁止した憲法修正第 1 条に違反している，とされたのである [25]。この後，南部の州で残っていた反進化論法も，原則的に廃止されていった。

　この頃までに「科学」は，否応なしに認めざるをえない文化的勢力となっており，創造論者も一概にそれを否定できなくなっていく。そこで創造論は，ある種の変異を遂げていった。創造論は，科学を否定するものではなく，科学的に証明できる理論である，と主張されるようになるのである。これを「創造科学」という。科学に覆われた社会環境に適応し，創造論が進化した，とも言えよう。

　創造科学の父ヘンリー・モリスは，「水文地質学（hydrogeology）」を専門とし，1961 年，神学者とともに『創世記と洪水』を出版した。そこではたとえば，地球が 1 万年以内に誕生したということは科学的に証明できるし，ゆえに進化もあり得ない，と説かれていた。「若い地球説」と呼ばれるもので，ノアの物語の「大洪水」も地質学によって証明できる，とされたのである。

　創造科学には，公教育における論争で利点がある，と考えられた。宗教であれば違憲だとされても，科学であれば公教育に組み込める，ということである。ゆえに 1970 年代には「授業時間均等化法」の実現が目指されるようになっていく。科学教育の一環として進化論を教える必要があるならば，それとともに創造科学も均等に教えよ，ということである。

　授業時間均等化法は，1980 年代初頭までに，少なくとも 27 州で提案された。そして 1981 年には，この法案が，まずアーカンソー州で，次いでルイジアナ州で立法化される。

　しかしアーカンソー州では，ACLU によって即座に提訴がなされ，違憲判決が下されてしまう。同法が，目的，効果，関わり合い，という 3 つの基準でテストされ（1971 年に考案されたいわゆる「レモン・テスト」），修正第 1 条に違反すると判断されたのである [26]。一方，ルイジアナ州では，先のアーカンソン州法の裁判を踏まえ，創造科学の定義のうち「宗教」と捉えられるような文言は削除されていた。しかし，それでも 1987 年には連邦裁判所で違憲とされてしまう [27]。

　これにより，公立学校で創造科学を教えることはかなわなくなった。ゆえに，一般的にこの「エドワーズ対アギラード」裁判は，創造論に大きな打撃を与えたものと位置づけられている。しかし，この裁判は，後で見るように，創造論者に大きな可能性を示唆するものでもあった。

（3）インテリジェント・デザイン論

　1987 年以降，創造科学に代わって注目されたのは，インテリジェント・デザイン（Intelligent Design: ID）」論である。これは，創造論のさらなる進化バージョンと言ってもいいだろう。

　ID 論は，聖書には触れないし，創造科学のように「若い地球説」や「大洪水」についても言及しない。そればかりか，進化論を一部認めてしまう。ただ，宇宙や自然界で起こっていることはあまりに複雑で精妙であり，すべてのことを機械的な自然的要因だけで説明することはできない，とする。ゆえに進化のプロセスには「知的なデザイン」が，すなわち何らかの偉大な知性による構想や設計，意図が働いている，と考える。そのことを科学的に説明しようとする理論が，ID 論なのである。

　ID 論に「神」は出てこない。しかし，宇宙や生命を設計し創造したとされる「偉大なる知性」を「神」と解釈することもできる。だからこそ，新たな創造論のひとつとして期待されるようになっていく。

　ID 論は，一般的には，1991 年に出版された『裁判にかけられるダーウィン（*Darwin on Trial*）』によって注目された。この本の著者フィリップ・ジョンソンは，それまでと違い，カリフォルニア大学バークレー校の法学部教授という，れっきとした学術的地位をもっていたからである。

　このインパクトは小さくなく，いくつかの科学誌でも書評が掲載された。もちろん，所属が一流大学といっても，著者は門外漢でしかない。当然，科学誌では素人の見解として一蹴された。しかしそれでも，一般社会では，信頼性があるように受けとられたのである。

　1996 年には，進化論への反証を論じた『ダーウィンのブラックボックス（*Darwin's Black Box*）』が出版された。著者のマイケル・ベーエは，リーハイ大学の教授で，しかも生命現象を化学的に研究する「生化学（biochemistry）」

を専門としていた。このためベーエは，ID論のなかでも最高の資格を備えた科学者として期待されるようになる。また2005年には，ブッシュ大統領が，進化論だけでなくID論も教えるべきだとコメントした。ID論は，創造科学よりも科学の領域に入り込み，政治の領域にも深く喰い込んだわけである。

　ところが，その2005年，ペンシルベニア州ドーバー学区の地方裁判所で，ID論教育は違憲である，という判決が出た。ID論には，査読付きの出版物がなく，科学界に受け入れられていない。そのことからしてもID論は，科学ではなく宗教であり，公立学校におけるID論教育は憲法修正第1条に違反する，というのである[28]。

　これは，あくまで地方裁判所における判決であり，法的な効力は限定的なものでしかなかった。しかし社会的には，ID論に大きな打撃を与えた，と言える。なぜなら，この裁判では，マイケル・ベーエが証言台に立ち，その上で下された判決だったからである。ID論における最高の資格を備えた科学者が証言したにもかかわらず，科学とは認められなかった。であるからには，この判決を深刻に受けとめないわけにはいかない。かくして創造科学であれID論であれ，創造論は，公立学校で正式に教えられるものとしては期待できなくなったのである。

　しかしそれでも，「進化論」論争に結着がついたわけではなかった。創造論者は，2005年以降もまだ，裁判に期待を残している。先にみたエドワーズ対アギラード裁判で示された可能性があるからである。その判決文には，次のことが示されていた。「司法は，州議会が，支配的な科学理論に対して科学的な批判を教えることを義務づけてはならない，と言っているわけではない」。「人類の起源について多様な科学理論を教えることは，科学教育の効果を高めるという明確な世俗的意図があれば，妥当なものになるかもしれない」[29]。この内容がいくつかの形で応用されたものが，裁判における創造論側のその後の主張になっていく。

　たとえば2005年からは「論争を教えろ（Teach The Controversy）」というキャンペーンが活性化した。進化論には，それを否定する証拠が突きつけられ，少なくとも不備が指摘されている。であるからには，多くの論争があることを教えよ，という主張である。

　2008 年にはルイジアナ州で，これが具体化された州法が成立した。公立学校においては，進化論などの科学理論にかんする批判的思考や論理的解析，客観的討論を推進する環境を作り，育むことを許可し，また支援しなければならない，という州法である [30]。そして 2017 年には，アラバマ州で「学問の自由」法案が承認された。教師は「学問の自由（academic freedom）」をもっており，それによって進化論や気候変動にかかわる多様な見方を教えることができる，とするものである [31]。

　いずれも，創造科学や ID 論を正規の教育内容として指定するのではなく，多様な見方や批判的分析という形で進化論を批判し，相対的な形で創造論を生き延びさせようとする戦略だと言えよう。

　こうした法案は，多くの州で提出されているが，成立するものは多くない。成立しても，間もなく廃止されることもある。先に確認したようにアメリカでは，州ごとに独自の教育を認める教育制度がとられており，教科書採択の決定権も州の学校区にある。ゆえに，どこかの州で同様の法案が提出されたり成立したりしたとしても，それがアメリカ社会全体でどれほどの重要性をもつのかは測りがたいのである。

（4）有神論的進化論

　このように，進化論と創造論をめぐるアメリカの社会状況は複雑に入り組んでいる。したがって，進化論や創造論の全体像，ひいてはそこから各州と連邦の関係を理解しようとすれば，あらためて統計調査を参照することになる。

　2019 年のギャラップの調査では，創造論を信じる人は 40% で，進化論を信じる人が 55% であった（図 6-3 参照）。しかし，進化論を信じる人は，2 つに分かれていることに留意しなければならない。一方には，進化論を認めつつも，進化の過程は神によって導かれた，と考える人が 33% ほどいる。他方，神の介入なしで進化してきた，と考える人は 22% しかいなかった。日本人が想定する進化論は，こちらのほうだろう。

　進化論を認めつつも，進化の過程は神によって導かれた，という考えは「有神論的進化論」と呼ばれる。これには ID 論も含まれるが，それだけではない。たとえばカトリックにおいては，1950 年に教皇ピオ 12 世が，教皇回勅「フ

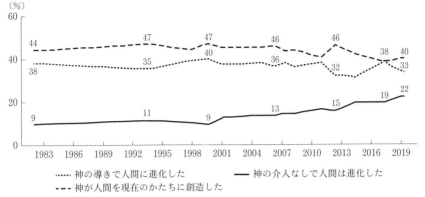

図 6-3 創造論と進化論を信じる人の割合

出典：Gallap, 2019.

マニ・ゲネリス（Humani generis）」で，進化論を部分的に認め，1996 年には
ヨハネ・パウロ 2 世が，進化論は仮説以上の理論である，と述べた。ベネディ
クト 16 世は，進化論はすべての問いに答えていない，としながらも，進化論
と信仰は共存できる，と述べている。2014 年には，教皇フランシスコが，世
界中の科学者が集うバチカン科学アカデミーで，神は生物を自然の法則に従っ
て進化するように創造した，と説いた。カトリックでは，生物学的な意味での
ヒトは進化の過程で生まれたとしても，それを導き，魂を創造してヒトを人間
たらしめたのは神である，としているのである。

　ただカトリック教会は，ID 論は受け入れていない。たとえ偉大なる知性が
神に読み替えられる余地があっても，それは神の存在を脅かしてしまう。ID
論は，自然の原因によって説明できない箇所に神を持ち出す「隙間の神」論法
に類するものである。いつか科学が，その隙間を説明できるようになれば，神
の偉大さは低められ，さらには神の存在が不要とされる懼れがある。ゆえに
ID 論に対しては，科学側だけでなく宗教側にも反対論が多い。

　また，有神論的進化論は宗教側からのみ唱えられているわけでもない。たと
えば 2009 年，フランシスコ・コリンズという遺伝学者が，有神論的進化論を
主張した。このインパクトは，前例のないものだったと言えよう。コリンズは，
生命科学の研究者や医師を 6000 人以上抱え，アメリカの医学生物学研究の中

核であるアメリカ国立保健研究所の所長であり，国際ヒトゲノム計画の代表を務めたほどの科学者だったからである。

　そのように有神論的進化論のなかにも，多様な考え方や立場があるが，これを踏まえれば，「進化論」論争を単に科学と宗教の対立として捉えることはできない，ということがわかるだろう。そもそも科学と宗教の関係は，ガリレオの裁判にせよ，ニュートンの信仰にせよ，単純な対立として捉えることはできない。

　また，先にみた調査にあるように，創造論を信じる 40% と有神論的進化論を信じる 33% を合わせると，7 割が神を前提として世界や生命，人間を捉えていることがわかる。それに対して，日本人のように神を介在させない進化論を信じる人は 22% しかいない。

　してみれば「進化論」論争を，アメリカ社会を二分する問題として理解したり，世俗派と信仰派の対決と見なしたりすることはできない，ということがわかるだろう。たしかにその論争は，「進化論 vs. 創造論」という対立図式で展開してきた。しかし，この対立の基層には，少なくとも 7 割が共有する宗教的世界観がある。進化論は，ある次元では，アメリカの分裂を示すように見えるが，深い次元では，アメリカの共通基盤や共有部分を示すものとも考えられるのである。

　近年増加していると言われる「無宗教」に分類される人びとも，宗教団体などに「無所属」という意味であり，「無神論」とは違って，必ずしも宗教性が皆無というわけではない。冒頭でみた州の宗教性ランキングでは，最下位のマサチューセッツとニューハンプシャーでさえ，宗教性の高い人々が 33% いる。また，神を信じるという国民は 9 割近くにのぼる。アメリカ人は総じて宗教性をもっているのであって，すべての州法に「神」を表す言葉が含まれているのも，そのためなのである。逆に，合衆国憲法に「神」への言及がないのは，各州の宗教性の在り方を圧迫するような国教を定めない，ということを示すためである。この構造が，文化と宗教による「州と連邦」の攻防の基調をなしている。

　しかも，合衆国憲法に神がないからといって，連邦から宗教性を排除し，形式的な法だけで国全体を統合しているわけでもない。アメリカ全体を統合する

宗教的次元が示されるのが，よく知られているように大統領の就任式である。そこで大統領は，聖職者の前で聖書に手をおいて宣誓しなければならないことになっている。こうした宗教性は「市民宗教」と呼ばれ，多様な文化的背景をもつ国民を，見えない形で連帯させる機能を果たしてきた。多文化化の進展により，その存在や意義が疑われることになったが，期待されることも多い。たとえば，アメリカ政治学の重鎮であるロバート・パットナムは，多分野にわたる統計データを分析した上で，「無数の信仰，教義，教派そして宗教系統が人口の内部に見いだせるにもかかわらず，アメリカの市民宗教は持続している」と述べている [32]。宗教には，文化戦争を深刻化させることもあれば，分断を癒すこともあるのである。

　文化や宗教の観点から州と連邦の関係について考えるということは，文化戦争の深層について考えるということであり，またアメリカの分断を癒す鍵について考えるということなのである。

注

1　もともとカトリックは中絶に反対していたが，1962 年から 1965 年に開かれた第二バチカン公会議においてあらためて「生命は妊娠した時から細心の注意をもって守られねばならない。堕胎と幼児殺害は恐るべき犯罪である」とした。

2　Roe v. Wade, 410 U.S. 113 (1973).

3　1980 年のハリス判決では，ハイド修正条項について争われ「5 対 4」で合憲とされた。Harris v. McRae 448 U.S. 297 (1980).

4　Akron v. Akron Ctr. for Reprod. Health 462 U.S. 416 (1983). 同じ 1983 年のアシュクロフト判決では，少女の中絶に親の同意を義務とするミズーリ州法は合憲とされている。これは，少女の判断能力が裁判所に認定されれば親の同意は不要，という手続きが備わっていたからであった。Planned Parenthood Assn. v. Ashcroft 462 U.S. 476 (1983).

5　Thornburgh v. Amer. Coll. of Obstetricians 476 U.S. 747 (1986).

6　Planned Parenthood v. Casey, 505 U.S. 833 (1992).

7　その後，この規制は，ブッシュ政権，オバマ政権，トランプ政権で復活と廃止を繰り返し，政治と文化戦争のかかわりを端的に示している。

8　David Stout, "An Abortion Rights Advocate Says He Lied About Procedure," *New York Times*, February 26, 1997.

9　緒方房子『アメリカの中絶問題——出口なき論争』明石書店，2006 年，240–242 頁。

10　Gonzales v. Carhart 550 U.S. 124（2007）.

11　"Liberal Activist Shoots Security Guard at Pro-Life Group's Office," LifeNews. com2012/08/15.

12　Bowers v. Hardwick, 478 U.S. 186（1986）.

13　Lawrence v. Texas, 539 U.S. 558（2003）.

14　Goodridge v. Dept. of Public Health, 798 N.E.2d 941（Mass. 2003）.

15　United States v. Windsor, 570 U.S.（2013）.

16　Obergefell v. Hodges, 576 U.S.（2015）.

17　「米国人の 57%，『家族や友人に同性愛者』米世論調査」，https://www.cnn.co.jp/ usa/35029968.html（2021 年 3 月 26 日閲覧）

18　"Rob Portman's gay marriage stance under fire in Ohio," *The Washington Times*, Monday, November 10, 2014.

19　福音派の定義は統一されていないが，代表的なものとしては，David W. Bebbington, *Evangelicalism in Modern Britain: A History from the 1730s to the 1980s*, Unwin Hyman, 1989, pp. 1–19 を参照。また，福音派の多様性については，Mark A. Noll, *American Evangelical Christianity: An Introduction*, Blackwell, 2001 を参照。

20　たとえば，ロバート・D. パットナム，デヴィッド・E. キャンベル（柴内康文訳）『アメリカの恩寵——宗教は社会をいかに分かち，結びつけるのか』柏書房，2019 年，23 頁。

21　選挙と宗教の関係については，渡辺将人『現代アメリカ選挙の変貌—— アウトリーチ・政党・デモクラシー』名古屋大学出版会，2016 年，89–105 頁を参照。

22　福音派の政党支持については，飯山雅史『アメリカ福音派の変容と政治——1960 年代からの政党再編成』名古屋大学出版会，2013 年が詳しい。

23　「公立学校における祈り」の問題については，藤本龍児「アメリカにおける国家と宗教——リベラル・デモクラシーと政教分離」『宗教研究』89 巻 2 号，2015 年を参照。

24　「進化論」論争の詳細については，Eugenie C.Scott（鵜浦裕・井上徹訳）『聖書と科学のカルチャー・ウォー——概説 アメリカの「創造 vs. 生物進化」論争』東信堂，2017 年を参照。

25　Epperson v. Arkansas, 393 U.S. 97（1968）.

26　McLean v. Arkansas Board of Education, 529 F. Supp. 1255（1982）. また藤本「アメリカにおける国家と宗教」も参照。

27　Edwards v. Aguillard, 482 U.S. 578（1987）.

28　Kitzmiller v. Dover Area School District, 400 F. Supp. 2d 707（M.D. Pa. 2005）.

29　Edwards v. Aguillard, 482 U.S. 578（1987）at 593–594.

30　Senator Ben Nevers. "SB733". Louisiana Legislature. Retrieved 2008–06–25.

31　Alabama House Joint Resolution 78, 2017 Regular Session.

32　パットナム，キャンベル『アメリカの恩寵』，513 頁。

【コラム 3】　スポーツ賭博はアメリカ社会の傷を癒やせるか

　人種・宗教・政治信条などの違いを超えて皆が共に楽しめる娯楽・文化は何かと聞けば，世界各地で「スポーツ」をあげる人が多いのではないか。なかでもアメリカは，野球・バスケット・フットボール・アイスホッケー・ゴルフなど，いずれもプロ・アマを問わずレベルが高く，もっぱら観戦が趣味という人にとっても魅力は尽きない。くわえて最近では，スポーツ観戦をさらにエキサイティングにしようと，スポーツ賭博に興じる人の数も増えている。

　かつて原則禁じられていたアメリカのスポーツ賭博だが，これまでに全米 50 州のほぼ半数とワシントン DC で解禁され，残る州でも合法化に向けた動きがある（2020 年 11 月時点）。スポーツが，ラスベガスなどの特定地域を除いて公式な賭博の対象から除外されていた理由は，スポーツ特有の純粋さや倫理性を重視する国民意識が高かったからだが，その実，長い間，社会のさまざまな場面でスポーツをめぐる非合法な賭博行為が放置されていた。「それならば州が合法的に管理するほうが安心だ」，「カジノ客が増えれば州の税収も増える」，「スポーツ団体のファンも増加する」，という現実的な対応を望む意見が増えたことも納得できる。

　スポーツ賭博を規制したのは「1992 年プロ・アマ・スポーツ保護法（Professional and Amateur Sports Protection Act: PASPA）」という連邦法だ。これを強く提案したニュージャージー州選出の民主党ビル・ブラッドレイ上院議員は，1964 年東京五輪バスケットボールアメリカ代表チーム・キャプテンとして金メダルを獲得，さらにプロ選手としても活躍した筋金入りのスポーツマンである。その後政界に転じた同氏は，若者への悪影響を懸念してスポーツと賭博の切り離しを主張，同法成立の立役者となった。

　しかし，それから四半世紀の後，ブラッドレイ氏は腰を抜かすことになる。連邦最高裁は「スポーツ賭博は，連邦ではなく，各州が独自に合法性を判断し規制すべき」として PASPA を違憲と断じたのだ。彼が驚いたのも当然で，この違憲判決は，自分のお膝元のニュージャージー州での裁判がきっかけであった。

　アトランティックシティーなどの有名なカジノがあるニュージャージー州では，PASPA 制定当時からスポーツ賭博をめぐる激しい議論が行われており，合法化賛成派には，当時同州でカジノを経営していたドナルド・トランプ氏も名を連ねていた。そして PASPA 成立から 20 年を経た 2012 年，州財政立て直しに意欲的なクリス・クリスティー州知事（当時）が満を持してスポーツ賭博を州法で合法化した。

しかしこれに反対する全米大学体育協会，全米フットボール協会，全米バスケットボール協会などの主要スポーツ団体もすぐさま訴訟に出る。裁判の結果ニュージャージー州は完敗した。

　だがクリスティー知事も諦めない。2014年にスポーツ賭博復活を宣言し，スポーツ団体と連邦法に再び挑みかかる。係争が下級審と控訴審を経て，最高裁に持ち越される頃になると，他州からもスポーツ賭博合法化を擁護する声が上がり始める。2018年5月，全米が注目するなか，連邦最高裁は6対3の評決をもってニュージャージー州に軍配を上げた。まさにスポーツ名勝負のように，ニュージャージー州は何度倒れても立ち上がり，土壇場でスリリングな逆転勝利を手中にしたのだ。この瞬間からスポーツ賭博は全米で解禁の道を歩み始めた。

　スポーツは不思議な力をもっている。普段いがみ合っている者同士が，時には一緒に戦い，時には肩を組んで同じチームを応援する。スポーツ観戦がより平和で楽しい集いの場となれば，アメリカ社会に深まる亀裂を修復する効果が高まるかもしれない。ただし応援に熱が入り過ぎて新たな社会問題とならないよう，ほどほどに盛り上がってほしいものだ。

（株式会社伊藤忠総研代表取締役社長　秋山勇）

第II部

州が動かす連邦の政治

第7章
州が起点となったエネルギー・環境政策の革新

杉野　綾子

は じ め に

　エネルギー政策は，物質的なエネルギーの需給バランスを踏まえて「あるべき姿」に近づけていくための方策としてとられるものである。世界最大のエネルギー消費国であるアメリカにおいて，1970年に石油の純輸出国から純輸入国に転じ，ほどなくアラブ産油国による禁輸（第一次石油危機）に直面して以降，エネルギー政策の最重要課題は「エネルギー自給体制の確立」であった。アメリカは，石油・天然ガス・石炭および原子力発電に用いる原子燃料のすべてのエネルギー資源を豊富に有することから，エネルギー政策には，エネルギー供給者とエネルギー消費者との間の利益構造も反映される。

　そして，エネルギー需給構造のあるべき姿に向けての処方箋をどのように描くか，というところに，イデオロギー対立が生じる。大まかに整理すれば，エネルギー資源開発を促進し供給拡大を通じて自給率向上を図る共和党と，エネルギー消費抑制を通じて自給率向上を図る民主党，と位置づけられるが，地場のエネルギー資源の賦存状況も色濃く反映されるため，連邦議会議員のエネルギー政策をめぐるイデオロギー対立は，二大政党の立場と完全には一致しない。

　処方箋として提案されるさまざまな措置は，連邦政府と州・自治体政府に権限が分かれるが，エネルギー（石油製品・天然ガス・電気）が州を越えて活発に取引される現代において，州際通商条項その他の連邦法に基づき，連邦政府が権限を振るう場面が拡大しつつある。

　環境政策は，人間や生物を取り巻く自然環境の変化を契機として講じられる政策である。環境変化の要因に関する認識と，良好な環境を維持するための処方箋に関する考え方にイデオロギー対立が生じる。大まかには，人間の活動が環境問題の原因であると考え，環境政策を積極的に講じるべきと考える民主党に対し，経済活動と環境問題の因果関係に対し懐疑的で，環境対策に消極的な共和党，と整理される。しかしこの背後には，エネルギーを供給し，あるいはエネルギーを多く消費する地域・産業（およびそこに従事する労働者）と，エネルギー資源をもたない地域，あるいはエネルギーを消費することの道義的責任を強く認識する市民の間の利害対立が影響している。そして，環境政策に関する権限もまた，連邦と州，自治体の間で分有されている。

　こうした事情により，エネルギー・環境政策の変化とは，主にエネルギー需給関係の変化や新たな自然現象の発現，技術革新や産業の盛衰による産業間／地域間の利益構造の変化，あるいは，「あるべき姿」や「産業活動と環境問題の因果関係」に関する支配的思想の変化，などによって起きるものである。

　では，本章の主題である，州がエネルギー・環境政策を変える状況とは，どのようなものが考えられるだろうか。第一に，州政府の政策により新たな生産様式，新たな代替商品，あるいは新たな取引形態が生まれるなどして既存の利益構造が打破され，連邦レベルの政策が革新される場合があるだろう。第二に，州が実験的に導入した政策が成功を収め，連邦レベルで採用される場合がありうる。第三に，州が声を上げることで広くアメリカ内の認識を変化させる場合，が考えられる。

　以下で，それぞれに該当する事例を紹介する。

1. 1978 年公益事業規制改革法の成立

　1978 年に成立した公益事業規制改革法（Public Utility Regulatory Policy Act: PURPA）は，現在まで続く電力市場自由化の先便を付けた，重要な法律である。第一次石油危機後の 1976 年選挙で勝利したジミー・カーター大統領は，就任後の 1977 年 4 月に「国家エネルギー計画（National Energy Plan）」を発表した。アメリカ国民は多くのエネルギーを浪費しているが，石油危機を

契機に価値観が変化したとして，燃費の良い自動車の保有を促す税制改正や，発電部門における石油代替（国内石炭・原子力発電利用推進），エネルギー消費抑制を打ち出した。計画推進のためいくつかのエネルギー立法が行われたが，電気事業に新しい枠組みを導入したのが，PURPA である。

　PURPA の規定の中でも重要なものに，非電気事業者による発電事業への新規参入を認め，電気事業者に対し「適格な（qualified）」発電設備からの電力購入とバックアップ用電力の販売を義務づけたことと，従来の，消費量が増えるほど単位当たり電気料金が低下する「ブロック逓減料金」を廃し，需要期の料金を割高に設定する「ピークロード料金」導入を促したこと，がある。州の役割に移る前に，このような改革が必要とされた背景について，述べておく必要があるだろう。

　アメリカの電気事業は，2016 年時点で約 3300 の企業が従事している。うち約 2800 が公的企業だがそれらの発電能力は全体の約 2 割を占めるにとどまり，184 の民間電力会社が発電能力の 8 割を保有する。また，発電設備をもたず電力の売買のみを行うパワーマーケターが約 260 社ある[1]。電気事業の草創期には多数の民間電力会社が競争していたが，電力産業には規模の経済性が働くため自然と産業の集中化が進み，独占の弊害が懸念されるようになった。そこで，民間電力会社に，発電・送電・配電をすべて行う垂直統合型で，一定の地理的領域で独占的に事業を行うことを認める代わりに，供給義務や料金規制などを課す事業規制が整備された。そして，総括原価方式に基づきすべての経費をカバーし，かつ約 7% の利益を可能にする電気料金体系がとられ，電力会社の個別料金プランの申請に対し，州の規制当局が承認を与えていた。電気料金を州が規制する背景には，電気事業誕生の当初から公益事業として州政府が電気事業者を監督してきた経緯に加え[2]，1920 年に電気事業に関する連邦法として制定された連邦動力法（Federal Power Act）が，連邦政府の権限適用範囲を卸取引としての送電・販売および水力発電に限定したことがあげられる。州内で完結する送電・配電と，電力小売（最終消費者向けの販売）に対しては州政府が権限をもつ[3]。こうした事業体制のもとで増大する電力需要に応え，大規模発電所を建てて発電効率を高め，電気料金を年々引き下げ，さらに電力消費が拡大するという循環のもとに，アメリカの電力産業が発展した。

　しかし石油危機後，第一に燃料費・建設費が高騰した。第二に，大規模化による発電効率改善がすでに限界に達したことが露呈，また大規模設備では事故停止が頻発し，むしろ効率的で安価に発電できる小型のガスタービン発電技術が登場した。そして第三に，クリーン・エネルギー育成の必要性への認識が高まった。こうした事情から1970年代半ばには，電気事業者の独占を打破し，小型発電やクリーン・エネルギーへの新規事業者の進出を促す規制改革の議論が活発化していた。そこにカーター政権が誕生し，PURPA成立に至ったのである。

2. 州による電気料金改革

　電力規制改革論のうち，既存のブロック逓減料金に対する批判は，経済学者と環境団体から提起された。供給義務を負う電力会社は電力需要が増大するにつれ，ピーク需要を確実に満たすため，想定されるピーク需要に余剰発電能力を上乗せした水準まで設備投資を行う。経済学者は効率性の観点から，設備の追加費用は全額を需要ピーク期に電力を消費する消費者が負担すべきだが，オフピーク時の料金は燃料費用のみでよいとする，限界費用に基づいた料金決定の重要性を主張した。

　環境団体は環境保全の観点から大型発電所建設に反対し，環境防衛基金（Environmental Defense Fund: EDF）はとくに熱心に，個別の建設計画の承認手続きに介入した。しかし建設を阻止することは難しく，1971年にEDFは，浪費的な燃料利用や発電所建設を抑制する料金構造改革を訴える戦術に転換した。具体的には，限界費用に基づく料金を熱心に主張する経済学者のひとりであるウィスコンシン大学経済学部のチャールズ・シチッティ准教授の協力を得て，ブロック逓減料金制度は消費者に過剰な電力消費を促してきた，と指摘した。そして1973年，EDFはウィスコンシン州のマディソンガス＆パワー社の料金審査（Rate case）に介入，ピークロード料金に移行させることに成功した[4]。

　次いでEDFはニューヨーク州にターゲットを移し，同じくブロック逓減料金の廃止とピークロード料金の導入に成功した。ニューヨーク州は電気料金がとくに大幅に上昇し消費者の不満が高まると同時に，電力会社側も燃料費負担

増により経営危機に陥っていた。1974 年，ニューヨーク州の民間電力会社 7 社は州の公共サービス委員会（Public Service Comittee: PSC）に対し，従来の料金体系の妥当性に関して調査するよう要望した。同時期に EDF も，PSC に対しピーク時間帯料金導入の検討を求めた。要望に応えて委員会は，ナイアガラ・モホーク社に対し，産業用を中心にピークロード料金が設備稼働率の向上につながるか否か検討するよう指示したのを皮切りに，電力各社の電気料金を，経営効率や設備投資計画にまで踏み込んで評価した[5]。

　このように電気料金改革に積極的に取り組んだ PSC は，当時，コーネル大学経済学部のアルフレッド・カーン教授が委員長を務めていた[6]。カーン教授はネットワーク産業における限界費用に基づく料金の研究の第一人者であり，同時期，州の公益事業委員会の上部団体である全米公共事業規制委員会協会（National Association of Regulatory Utility Commissioners: NARUC）の取締役会と電力研究所（Electric Power Research Institute: EPRI）の諮問委員会のメンバーであった。1974 年 12 月，ウィスコンシン州 PSC がマディソンガス＆パワー社にピークロード料金導入を指示し，ニューヨーク州 PSC がピークロード料金導入の検討を開始したことを受け，NARUC は EPRI に対し，州の公益事業委員会の意思決定を助ける目的で料金構造に関する調査を依頼し，EPRI は限界費用に基づく料金制度やピークロード料金に関する理論的根拠，制度設計，実際にピークロード料金を導入した州（または供給区域）の事例紹介と，消費行動の変化（消費者の料金制度変更への感応度）等の 60 あまりの調査報告を行った[7]。1977 年までに 19 州の公益事業委員会が，ピークロード料金を導入または検討していた[8]。

　ところで，料金改革が多くの州で並行して進んだ背景には，前述の電気事業が置かれた厳しい環境と，NARUC および EPRI が料金改革の理論的根拠や成功事例に関する情報を提供し支援したこともあるが，規制機関自体の行動の変化も影響した。まず，急激なインフレや公害・環境問題を背景に，大規模発電所を建設し，コストをすべて電気料金に転嫁する電力会社と，料金値上げ申請を粛々と認可する規制機関に反発する消費者団体や環境団体が，公聴会やパブリックコメント等の場を通じて圧力を強めていた。

　こうした圧力に対応して，規制機関は法令で規定された適正手続きに固執せ

ず，非公式な規制プロセスを活用した。すでに，1960年代に多くのニューヨーク州の電力会社が行った値下げは正式な料金審査を経ず，「道徳的な説得」やPSCスタッフと企業の「舞台裏の交渉」を通じて実現したものであった[9]。この非公式な手続きは，規制機関の適正手続きに固有の時間のかかる手順を迂回する試みであった。また，燃料費上昇を自動的に料金に転嫁する「燃料費調整条項」が多くの州で導入されたが，審査を経ない値上げは，規制の遅れ（regulatory lag）を防ぐため，として正当化された[10]。そして，1974年のニューヨーク州の電力7社によるPSCへの調査要望も，本来の料金審査の枠外の依頼であった[11]。

　各州において，公益事業委員会の委員に経済学者や消費者利益や環境問題など多様な視点をもつ専門家が任命されるようになったことも寄与した。公益事業委員会は3人ないし5人，または7人の委員で構成される合議体である。委員は，バージニアとサウスカロライナでは州議会が指名，アリゾナ，ジョージア等11州では選挙で選出され，残る州とワシントンDCでは知事が指名し議会承認を経て就任するが，いずれも就任後は，知事や議会から独立して活動する。

　ニューヨーク州PSCの場合，1970年にネルソン・ロックフェラー知事がPSCの活性化を目的として，前・連邦動力委員会（Federal Power Commission）委員長のジョセフ・スウィドラーをPSC委員長に指名したことが分水嶺となった[12]。スウィドラー委員長はPSCの組織を，ガス，電力，水道，通信の4つの事業部門と消費者サービス部門に再編した。また，部門を跨いで特定の専門知識を提供する5つのオフィス（法務，財務・会計，規制経済学，エネルギー効率と環境，公益事業の生産性と効率性）が置かれ，消費者利益のために裁定手続きの完全な記録を提示すべくスタッフが配置された。

　この改革には，ロックフェラー知事の，環境保護，ヘルスケア，高等教育，インフラの改善等の社会的政策を重要視する共和党穏健派としての政治信条や，民主党と異なり政策の効率化の必要性を指摘し，ビジネスへの規制強化には反対し，実用的な問題解決を重視して，政策やプログラムの作成におけるエンジニア，科学者，経済学者，ビジネスマンの役割の増大を歓迎するアプローチが反映されている。環境保護への理解という点では，1970年にロックフェラー

知事はニューヨーク州の環境保護政策の軌跡と目標を記した書籍を出版している[13]。1973 年には，アメリカが直面する諸課題について研究するための検討委員会 "Commission on Critical Choices for Americans" を立ち上げたが，6つの部会で構成される研究グループの第一部会は「エネルギーとその生態学との関係——経済学と世界の安定性」を主題とした[14]。1975 年には研究成果と政策提言をとりまとめたエネルギー行動計画（"Energy - A Plan For Action"）が公表されたが，そこには，世界経済を不安定化することなくアメリカ国民が必要なエネルギーを確保し続けるためには，消費節減も不可欠の施策であり，電力についていえば電力価格の引き上げと電力消費量の正確な計測が必須，と記されている[15]。安価な電気料金に乗じて電力を浪費する，とくに大口消費者に対し，応分の負担を求めるという点で，経済学者によるブロック逓減料金廃止に通じる提言である。

　また，アプローチの面では，ロックフェラー知事は，州政府の各機関の長の影響力が強く，知事の政策が実行されがたい構造になっていたものを，行政改革を通じて知事が政策を実行しやすい組織へと再編した[16]。さらに行政命令や緊急時の「要請」を積極的に活用し，同時に，さまざまな専門性をもつ補佐官や諮問会議を多用した[17]。こうした行政改革の一環として実施された PSC 改革の流れに乗って，ロックフェラー知事のもとで副知事を務め，ロックフェラー知事の辞任に伴い 1973 年 12 月に知事に就任したマルコム・ウィルソン知事により，カーン教授が PSC 委員長に任命された[18]。

　このように，小売電気料金を規制する州に固有の権限と，経済学者が提供した理論的根拠に基づき，各州単位で電気料金改革は実施された。これはいかにして連邦法である PURPA に反映されたのだろうか。

3. 連邦エネルギー政策への波及

　PURPA が成立した 1978 年前後の時期に連邦政府においてエネルギー政策を担っていた機関は，石油危機に対応して 1973 年 12 月に設置された連邦エネルギー局（Federal Energy Office，1974 年 6 月には Federal Energy Administration: FEA へと改組）であった。FEA は燃料の供給割当，価格規制，エネルギ

ー統計の収集・分析を行ったが，1977 年にはエネルギー省へと再編された。

　石油危機に直面してリチャード・ニクソン大統領は国民に向けた演説で，中東戦争勃発の前からすでに政府は，アメリカのエネルギー消費が急増し，早晩供給不足に陥ることを懸念していたとして，エネルギー消費節減と代替エネルギー開発を進め，輸入原油への依存を低減する必要性を説いた [19]。具体的には，連邦政府は，国内の豊富な石炭資源の利用，航空燃料と暖房油の供給制限，政府機関のエネルギー消費抑制，原子力発電所の立地・建設審査の加速と，長期的には国内資源開発を進めることに加え，州知事や市長に対し，それぞれ管轄の地域内でエネルギー消費節減に取り組むよう要望した。また議会に対しては，上記措置に加え，緊急措置として，連邦政府が発電所に対し燃料転換を指示できる権限や，発電所を含む産業施設に対する環境基準の一時的免除を含む立法を行うよう求めた [20]。

　こうした中で，各州で実施されていた電気料金改革は，電力消費抑制と，ピーク需要をシフトさせることから発電設備の稼働率上昇，そして，石油火力に対する石炭火力および原子力発電の需要向上につながりうる取り組みと映った [21]。また，カーター政権がエネルギー対策を重視したことは既述のとおりだが，大統領の「国家エネルギー計画」のうち電気事業に関する項目は，①ブロック逓減料金の段階的廃止の「要求」，②オフピーク料金提供の「要請」，③供給削減可能な契約の拡大を「要請」，④一括計測を「禁止」し個別計測を優先，等であった。電気料金改革はエネルギー対策に不可欠ながら各州の改革の動きは緩慢だ，とカーターは感じていた [22]。

　PURPA 案は 1977 年 2 月に下院に提出され，歳入委員会での審議を経て 7 月には本会議で可決され，上院では財政委員会での審議を経て 10 月に可決された。両院協議会での調整に 1 年を要し，1978 年 11 月に大統領の署名を得て成立した。①公益事業により供給されるエネルギーの節約，②公益事業者の燃料および設備の使用の最適化，③消費者に対する料金の公平性確保 [23]，を目的とする同法は，その実現のため，11 の連邦政策基準を採用した。うち 6 つは料金設定基準であり，第一に，各消費者群に適用される料金は，その消費者群へのサービスに要したコストのみをカバーすること，第二に，合理的理由がない限りブロック逓減料金を禁止すること，第三に，各消費者群に対し，時間帯

別料金を提供すること，第四に，同様に季節別料金を提供すること，第五に，産業用・大規模商業用消費者に，供給削減可能契約およびその料金を提供すること，第六に，負荷（電力需要）管理のためのさまざまな技術の導入を検討すること，である。各州の公益事業委員会は，これらの料金設定基準を検討した後，これらの基準を採用する義務はないが，検討プロセスには公告および公聴会を含め，公聴会への消費者および連邦政府の参加を許可するよう義務づけられた[24]。

　このように，連邦法が州政府に対し，具体的な検討項目を含めて小売料金改革を命じたことは，連邦法の先占（preemption，第 1 章 3 節を参照）を想起させる。実際，PURPA は，非電気事業者が発電事業に新規参入する場合の適格要件を定めた条項について，連邦法の先占を主張しているのか，州権の侵害に該当するのかが争われ，現在に至るまで，電気事業の技術革新に伴って，新たな技術が適格な電源（source）として追加されるごとに，繰り返し連邦法の先占が争点のひとつとして浮上し続けている[25]。ただし，小売料金改革について規定する条項は，連邦法の先占の問題として論じられてはいない。むしろ，州政府に小売電気料金の規制権限を認めた 1920 年連邦動力法の，当該料金は「公正で合理的でなければならない」という規定が，先占を主張した条項として指摘されている[26]。

　PURPA 成立後，連邦エネルギー規制委員会（Federal Energy Regulatory Commission: FERC）が事業者の報告要件の詳細に関するガイドラインを策定，エネルギー省が PURPA の実施状況の報告スケジュールを作成した。NARUC にカウンターパート委員会が設置され，連邦と各州の公益事業委員会との間で，PURPA の目的と規定の内容，遵守に向けて検討すべき課題等について意見交換の場をもつなどして，実施に向けて取り組んだ[27]。

　なお，1979 年 1 月時点で，ブロック逓減料金の廃止について検討した州は 35 州あり，うち 28 州が廃止を決定し実施済みであった。また時間帯別料金については検討が 29 州，導入決定が 18 州，実施済み 15 州，季節別料金は検討が 32 州，29 州が導入を決定し実施済みであった[28]。PURPA 成立からわずか 2 カ月後の調査であり，この時点で電気料金改革に着手していた州は，PURPA 成立前にすでに改革を開始しており，むしろ PURPA は，そうした

先進的な州にとっては，連邦政府に対する報告等の行政事務を増やすに過ぎなかった可能性もある。しかし，電気料金改革が遅れていった約半分の州にとっては，最低限検討すべき料金設定基準が明示され，遵守に向けて必要な作業工程に関する情報が得られるなど，PURPA は，州レベルの小売電気料金改革を全米へ拡大させることになった。

4.　再生可能電力ポートフォリオ基準（RPS）の提案

　1999 年 5 月，連邦議会下院で包括的電力競争法案（Comprehensive Electricity Competition Act）が提出された[29]。法案の目的は，すべての州において消費者が電力供給事業者を選択できるようにするための全米での電力小売市場自由化である。電力小売市場の規制権限は州にあり，1999 年 4 月時点で 16 州が小売自由化の州法を制定するほか，25 州が自由化を検討していた。包括的電力競争法案は，規制緩和の実施を決定した州に対する連邦政府の政策に由来する障害を取り除くことを主眼としており，電気事業者の埋没コストの回収を助けたり，電力供給信頼度基準を確立する，あるいは再生可能エネルギー発電を促進する州の権限の明確化が含まれた[30]。1997–98 年の第 105 議会でも 12 の包括的な電力市場規制緩和法案が提出されたがいずれも可決に至らず，1999 年に入って再度，立法化が試みられたものである。

　包括的電力競争法案には，小売自由化に加えて，2010 年までにアメリカ国内の電力供給に占める再生可能エネルギー発電の比率を 7.5% 以上に引き上げる，再生可能電力基準（Renewable Portfolio Standard: RPS）が盛り込まれた。クリントン政権は前年にも 2010 年に 5.5% の RPS を提案し，議会での支持獲得に失敗した経緯があったが，目標値が 7.5% と引き上げられ，かつ再生可能電力を風力，太陽光，地熱，バイオマスに限定し，1999 年時点でアメリカの再生可能発電の半分を占めていた水力発電を除外したため，さまざまな業界および多くの議員から，達成不可能な目標として一蹴され，法案は公聴会も開かれずに廃案となった。

　次のブッシュ政権は，国内エネルギー需要増，輸入依存度上昇とエネルギー価格高騰という市場環境のもと，国内でのエネルギー供給拡大を掲げ，水力以

外の再生可能エネルギーについても開発推進が図られたが，RPS は採用されなかった。

　オバマ政権は，2008 年大統領選挙の公約として，2025 年時点で 25% の RPS を掲げたが，2012 年 1 月の一般教書演説において，2035 年時点でアメリカ国内の電力供給の 80% をクリーン電力で賄うというクリーン電力基準（Clean Energy Standard: CES）を打ち出し，上院で法案として提出された。CES は，水力を含む再生可能エネルギーだけでなく，炭素を排出しない原子力発電と，炭素排出量が化石燃料のなかでは少ないガス火力発電，さらに，燃焼時の炭素を回収し，大気中へは炭素が排出されないクリーンコール技術を用いた石炭火力発電までをクリーン電力に含める内容であった[31]。2035 年にクリーン電力を 80% にするという目標の実現可能性，あるいはクリーン電力の定義の是非は別として，民主・共和両党の党派対立が激化したなか，オバマ政権下でエネルギー政策に関する法案審議は滞り，RPS ないし CES が俎上に乗ることはなかった。

　なお，トランプ政権は，あらゆる資源を活用してエネルギー供給を拡大する "All of above" アプローチ，すなわち「利用可能な資源はすべて活用」を掲げるが，再生可能電力の推進の手段として RPS が検討されたことはなく，2020 年大統領選挙ではジョセフ・バイデン候補は，2035 年時点でアメリカの電力供給の 100% を炭素を排出しない電力で賄うことを公約に掲げた[32]。

　このように，連邦レベルでの RPS 導入に対しては民主党政権と共和党政権の間で支持態度が対照的だが，ここには，再生可能エネルギー利用推進の賛否や，気候変動対策を政策課題として認めるか否か，ということよりも，再生可能エネルギーに対し，数値目標を伴う市場シェアの割当を行うことへの賛否が反映されているように見てとれる。他方で RPS は，州レベルでは，知事や議会多数派をどちらの政党が占めるかにかかわらず，多くの州で導入され，目標値も年々引き上げられてきた経緯がある。

5.　州レベルの RPS

　2020 年 9 月時点で，全米で 30 の州およびワシントン DC が，RPS を実施し

ている（CESを含む）。また8州が，未達の場合の事業者への罰則を伴わない再生可能電力の普及目標を掲げている[33]。

　RPSを最初に導入したのはアイオワ州であった。1983年に州議会が，有限かつ高価格なエネルギー資源の消費節減のため，代替的なエネルギー生産設備および小規模水力発電設備の開発を推進する州法を制定した[34]。州法は，州内の民間電力会社3社に対し，合計105メガワットの再生可能エネルギー発電による電力の調達を義務づけ，州公益事業委員会（Iowa Utilities Board）に対し，再生可能電力の独自の料金制度を策定することを認めた[35]。再生可能電力は風力，太陽光，木材，廃棄物，バイオマス由来の電力と定義され，州内の民間電力会社が自ら行う再生可能エネルギー発電は対象から除外された。当時は，技術的に最も確立された発電方法は風力であり，風力発電は西海岸に集中していたが，アイオワ州は比較的風況に恵まれた地域であった。このため，当時のテリー・ブランスタッド知事（共和党）とチャック・グラスリー上院議員（共和党）が，他州に先駆けて再生可能エネルギー発電産業を育成するため，RPS導入に尽力した[36]。

　1983年に公益事業委員会は再生可能電力に適用される買取価格を決定したが，電気事業者が，州内全域で一律の固定的な買取価格の設定を不服として提訴し，州最高裁が買取価格の再検討を命じたため[37]，再生可能電力の調達義務量の引き下げと，個別の発電所ごとの買取価格の設定を待って，1990年からRPSが実施された。

　その後，2001年に再び州内の民間電力会社による発電も認める修正が行われ，アイオワ州の電力供給に占める風力発電の比率は1990年の1%未満から2016年には37%と拡大，州内の風力発電設備も4000メガワット超と拡大したが，RPS目標は現在も105メガワット（比率にして1.1%）に据え置かれている。初期の産業育成にRPSは貢献したが，風力発電が自律的発展の段階に入ってからは，市場の割当という手法は放棄された，といえる。

　RPSを2番目に導入したのはミネソタ州であり，1994年に州内最大の電力会社エクセルエナジーが，2004年までに125メガワットのバイオマス発電設備を備え，供給を行うとともに，毎年50万ドルを再生可能エネルギー発電の開発のために支出するよう義務づけられた[38]。同州プレイリー・アイランド原

子力発電所のサイト内に放射性廃棄物の中間貯蔵を行うことの条件として導入された措置だが，同時に農林業支援を意図しており，さらに 1994 年以降，風力発電投資が急拡大するきっかけとなった[39]。2001 年にはすべての民間電力会社が，2005 年時点で販売電力の 1% を適格な再生可能電力（風力，太陽光，水力，水素またはバイオマス）とすべく「誠実に努力」するよう定められた。目標値は毎年 1% ずつ引き上げられる設計だが，2007 年 2 月には，2012 年に州内販売電力の 12%，2016 年に 17%，2020 年に 20%，2025 年に 25% を 100メガワット未満の再生可能発電設備から供給すること，エクセルエナジーについては 2020 年に 30%（ただしそのうち 80% は風力）とされた[40]。

　2013〜15 年には州議会が，RPS の目標を 2030 年 40% へと引き上げる法案を検討した（成立には至らなかった）。この過程では，州の雇用・経済開発省が行った調査は RPS により再生可能電力分野で多くの雇用が生まれ，所得水準も他産業と比較して高かったことを指摘し，商務省が，RPS を通じて所得水準の高い雇用を，とくに農村部において創出できるとして RPS 引き上げを強く支持した[41]。他方，再生可能電力はいずれも火力発電や原子力と比較すると高コストであり，RPS は本来であれば価格競争力のない再生可能電力のコストを低減させることなく市場シェアを保証する政策であることから，RPS によって電力価格が上昇し，州経済全体の金銭的負担が増え，雇用が圧縮される，との指摘もある[42]。

　3 番目に導入したのはアリゾナである。州公益事業委員会（Arizona Corporate Commission）が 1996 年に，電力小売市場を 1999 年から段階的に自由化する計画の検討を開始し，その一環として，自由化対象の事業者に販売電力の 1% を太陽光／熱発電とする義務が盛り込まれた[43]。太陽光／熱発電の義務は 1999 年に採択された自由化計画からは削除されたが，2000 年に，電力会社に対して 2001 年の販売電力の 0.2% を再生可能電力で賄い，この比率を 2007 年に 1.1% まで引き上げるよう課す RPS 制度を採択した[44]。2006 年 11 月には RPS 目標を 2020 年 15% まで引き上げる規則が採択されている。

　同じく 1996 年にカリフォルニア州では州公益事業委員会（California Public Utility Commission）に再生可能エネルギーの作業部会が設置され，普及に向けた課題について議論が行われた。そこで検討された複数の政策アプローチの

中に，電力会社に一定比率の再エネ発電を義務づける方法（RPS）も含まれた [45]。カリフォルニア州でRPSが実現したのは，2002年9月の州法成立を経て2003年1月のことだが，実はカリフォルニア州は，1978年のPURPA成立後，同法を最も熱心に実施し，再生可能エネルギーを含む，電力会社以外の事業者による発電を推進した州であった。

　同州は石炭資源が乏しく1940年代までは水力に依存したが，1950〜60年代に電力会社が石油火力・ガス火力に大規模な投資を行い，石油危機勃発時には石油火力への依存度が非常に高くなっていた。このため，石油危機後にカリフォルニア州では代替電源の開発が急務となり，折よく成立したPURPAが推奨していた小型ガスタービン発電や熱電併給（コジェネレーション），再生可能電力を推進した。再生可能電力の普及も進んだが，価格競争力のあるガスタービンとガスコジェネが，より早く普及した。

　2000〜01年にカリフォルニア州は電力危機（価格高騰，停電，電力会社の経営破綻）を経験した。危機の要因は，景気拡大に伴う電力需要急増や天然ガス価格の高騰，計画的および計画外の発電所の停止，水力発電量の低下など複合的だが，電力危機を踏まえた反省点のひとつとして，電源構成が十分に分散化されず天然ガスへの依存度が高いことが挙げられた [46]。このための手法としてRPSが選ばれ，民間電力会社に対し，販売電力量に占める再生可能電力比率を年々引き上げ，2017年に20%に到達することが義務づけられた。

　これ以降，1997年5月にメイン州でRPSを含む電力小売自由化法が成立，ネバダ州でもRPS法案が可決された [47]。1998年にはマサチューセッツ，コネチカット，ペンシルベニアの各州でRPSを含む州法が成立するなど，RPSを導入する州は増加していった。

　以上述べたように，1998年，1999年に連邦レベルでRPSが検討されるより15年も前から，州レベルでRPSの導入が始まった。発電事業への非電力会社による参入を認めるPURPAの成立が，再生可能エネルギー発電の育成を円滑にし，RPSの実施を助けた面はあるが，RPS制度自体は連邦政府からの働きかけによるものではなく，導入の目的は，各州の固有の事情によるものであった。

6. 慣性力としての RPS

　RPS は，州レベルでは，地場の資源を活用した産業育成，雇用創出の手段という色合いが強く，1990 年代には，消費者が購入する電気の選択肢を増やすという電力市場自由化の目的も加わった。2000 年代に入ると，脱化石燃料，気候変動対策としての意図が前面に出ている。

　気候変動対策をめぐっては，連邦政府の政策は政権が代わるごとに揺れ動いてきた。オバマ政権はアメリカ国内の温室効果ガス排出削減に意欲的であり，対外的には 2015 年の気候変動対策のためのパリ協定の合意に向けて中国・インド等新興国からも積極的な関与を得るために尽力し，国内対策としては，既述のクリーン電力基準も化石燃料消費削減の重要な手段として位置づけ，さらに発電部門への排出総量規制や，自動車燃費基準の強化等，経済の全部門に対して積極的な排出規制政策を導入した。しかしトランプ政権は 2017 年 6 月にパリ協定からの離脱を表明し，国内の排出削減のための規制も次々と撤廃または緩和の手続きを進めてきた。

　このトランプ政権下での気候変動対策の後退に対し，むしろこの動きに反発して，気候変動対策に積極的な州・自治体や民間企業における脱化石燃料の取り組みが強化された。対策を後退させたくない，と考える州の重要な政策手段となったのが RPS であり，2018 年の中間選挙では 7 州で州内の電力供給に占めるクリーン電力 100% を掲げる知事が選出された[48]。炭素排出量の実績値自体は，短期的には，低炭素化の努力よりも景気（生産・消費活動の停滞／活発化）により左右されるが，州の政策が，連邦政府の政策変化に対する慣性力として働き，アメリカ全体の低炭素化に向けた「潮流」を形作っているといえる。

おわりに――州が変えた？

　本章では，エネルギー・環境政策の領域で，州政府が新たな政策を導入し，その後，連邦政府がそれを採用した（しようとした）2 つの事例を取り上げた。

　州政府が連邦政府に先行して新しい政策手法，あるいは意欲的な政策目標を

取り入れた事例は，ほかにも，大気汚染物質の排出量取引制度や自動車の燃費基準など，複数挙げることができる。しかし，その中には，連邦法により州政府の権限が認められ，その権限に基づいて，州政府が行動した事例も多い。それに対し，本章で取り上げた事例はいずれも，州政府が，州に固有の権限に基づいて新たな政策を実施したものである。電気料金改革の事例では，連邦政府が州レベルで実施されていた料金改革を連邦法で制定したが，州に固有の権限に基づく措置であるがゆえに，連邦法の規定はあくまで州に「検討すべき基準」を示し，検討の結果，州がその基準を採用することまでは義務づけてはいない。このように慎重な規定ではあるが，現在までに，電気料金改革は全米の各州に受け入れられている。

　他方，RPS は，同じく州に固有の権限に基づき現在に至るまで各州がそれぞれ実施し，12 の州では依然として RPS を導入していない。連邦政府が全国的な RPS を法制化することには過去 22 年にわたり失敗し続けており，その意味で，州の行動が連邦レベルの議論を引き起こしたが，政策変化までは至っていない，という整理になるだろう。しかし，州の RPS 政策は，アメリカ全体の低炭素化に向けた「潮流」を形作っているといえる。

　いずれの例でも，連邦政府の政策と，その結果として形成されるエネルギー産業の事業環境に対し，州政府の政策が長期的かつ重大な影響を及ぼした。このことを踏まえ，現在州レベルで起きているエネルギー・環境関連の取り組みについても，それがどれだけ広く，深い変化を引き起こす可能性を含んでいるのか，慎重に観察していく必要がある。

注

1　Energy Information Administration, "EIA–861," 2016.

2　1869 年のマサチューセッツ州，1871 年のイリノイ州を皮切りに 20 世紀初頭までに各州で，当初は鉄道事業規制を担う規制機関として公益事業委員会（Public Utility Commission: PUC ないし Public Service Commission: PSC, Public Utility Board, テキサス州の場合は Railroad Commission）が設立された。その後，電気事業の発展に伴い，1887 年にマサチューセッツ州，1905 年にはニューヨーク州の公益事業委

員会が電気事業規制を開始した。Marshall J. Bregar and Gary J. Edles, *Independent Agencies in the United States*, Oxford University Press, 2015; I. Leo Sharfman, "Commission Regulation of Public Utilities: A Survey of Legislation," *The Annals of the American Academy of Political and Social Science*, May, 1914, Vol. 53.

3 The Federal Power Act Part II (16 U.S.C. §§ 824–824w).

4 シチッティ准教授は環境団体の Resources for the Future を経てウィスコンシン大学に奉職し，マディソンガス＆パワー社の料金審査の際には EDF の首席エコノミストであった。1977 年にはウィスコンシン州公共サービス委員会の委員長に就任し，1980 年までの在任中，時間帯別料金や限界費用に基づく料金制度の導入に尽力した。National Energy Marketers Association etc. v. New York State Public Service Commission, Supreme Court of the State of New York, May 9, 2016 における Dr. Charles J. Cicchetti 証言。

5 この経緯については State of New York Public Service Commission Annual Report 1974。

6 1974 年には，一連の料金審査に EDF の代理人として関与した弁護士の Edward Berlin もニューヨーク州公共サービス委員会のコミッショナーを務めていた。Berlin は，連邦エネルギー規制委員会や各州の公益事業委員会の審理の場で，ナイアガラ・モホークを含む複数の電気事業者の代理人を務めてもおり，料金改革は経済学者と環境団体のみならず，当事者である電力会社の賛同も得ていたことがうかがわれる。

7 Dennis J. Aigner, "The Residential Electricity Time-of Use Pricing Experiments: What Have We Learned?" in Jerry A. Hausman and David A. Wise eds., *Social Experimentation by National Bureau of Economic Research*, University of Chicago Press, 1985.

8 Paul L. Joskow, "Public Utility Regulatory Policy Act of 1978: Electric Utility Rate Reform," *Natural Resources Journal*, Vol. 19, Issue 4, 1979; *EPRI Journal*, Number 2, March 1976.

9 Paul L. Joskow, "Regulatory Activities by Government Agencies," The Massachusetts Institute of Technology working paper department of economics Number 171, December 1975.

10 Karl McDermott, "Cost of Service Regulation In the Investor-Owned Electric Utility Industry," Edison Electric Institute, June 2012.

11 State of New York Public Service Commission Annual Report 1974.

12 The National Regulatory Research Institute, "State Public Utility Commission Operations and Management: A Manual Prepared by the NARUC Staff Subcommittee of Executive Directors", October 1992.

13　Nelson A. Rockefeller, *Our Environment Can Be Saved*, Doubleday, 1970.

14　Panel I–Energy and Its Relationship to Ecology: Economics and World Stability. The Commission on Critical Choices for Americans は，1950 年代にロックフェラー財団が進めていたアメリカの経済，外交政策，防衛，教育，通商および世界における指導的地位に関する研究プロジェクトが原型となった。知事に就任後，州の近代化を目指しさまざまな現代的課題を研究する「New York Project」を立ち上げたところ，リチャード・ニクソン大統領の発案に基づき，アメリカ全体が直面する諸課題へとスコープを広げることになり，ロックフェラー知事が設立，ジェラルド・フォード副大統領，ヘンリー・キッシンジャー国務長官，ジョージ・シュルツ財務長官が名を連ねたが超党派を掲げ，産業界や学者を含む 42 名が参加した。House Committee on the Judiciary, 93rd Congress 2nd session, "Selected Issues and the Positions of Nelson A. Rockefeller, Nominee for Vice President of the United States," November 1974; Michael J. Deutch, "The Commission on Critical Choices for Americans," Princeton University The Office of Technology Assessment legacy, 1977, http://www.princeton.edu/~ota/disk3/1977/7703/770321.PDF （2020 年 9 月 30 日閲覧）

15　Kathleen Murphy, "Nelson Rockefeller's New Look Energy Program," *Executive Intelligence Review*, Vol. 4, No. 27, July 5, 1977.

16　Robert H. Connery, "Nelson A. Rockefeller as Governor," *Proceedings of the Academy of Political Science*, Vol. 31, No. 3; Robert H. Connery and Gerald Benjamin eds., *Governing New York State: The Rockefeller Years*, Academy of Political Science, 1974.

17　House Committee on the Judiciary, 93rd Congress 2nd session, "Selected Issues and the Positions of Nelson A. Rockefeller, Nominee for Vice President of the United States", November 1974.

18　ニューヨーク以外の州の公益事業委員会で電力産業改革を強く支持する経済学者が任命された事例や経緯については，紙幅の関係上触れないが，社会的関心の変化に応じて公益事業委員会の行動や構成が変化した例として，ワシントン DC の PSC は 2016 年，設立 100 年史の中で，1960〜70 年代に公民権運動が高まり，人種分離への違憲判決や差別を禁止する連邦法が出るにつれ，PSC の活動も，交通機関での人種分離の禁止や公共料金における公平性確保，公益事業者における雇用の平等など，社会的公正を追求し，委員の構成も，人種や性別面の均衡が図られるようになった，と記している。The Public Service Commission of the District of Columbia, "The First 100 Years," published in 2016.

19　President Richard Nixon, "Address to the Nation About Policies To Deal With the Energy Shortages," November 7, 1973.

20　President Richard Nixon, "Special Message to the Congress Proposing Emergency Energy Legislation," November 8, 1973.

21　Joskow, "Public Utility Regulatory Policy Act of 1978: Electric Utility Rate Reform."

22　Ibid.

23　Public Utility Regulatory Policy Act (Pub. L. No. 95–617, 92 Stat. 3120 (16 U.S.C.A. § 2611)).

24　Douglas N. Jones, "Comment: The National Energy Act and State Commission Regulation," *Case Western Reserve Law Review*, Vol. 30, Issue 2, 1980.

25　John Wyeth Grigg, "Competitive Bidding and Independent Power Producers: Is Deregulation Coming to the Electric Utility Industry?" *Energy Law Journal*, Vol. 9, 1988; Sharon B. Jacobs, "Bypassing Federalism and the Administrative Law of Negawatts," *Iowa Law Review*, Vol. 100, 2015; Felix Mormann, "Constitutional Challenges and Regulatory Opportunities for State Climate Policy Innovation," *Harvard Environmental Law Review*, Vol. 41, 2017.

26　Jim Rossi and Thomas Hutton, "Federal Preemption and Clean Energy Floors," *North Carolina Law Review*, Vol. 31, 2013.

27　Ibid.

28　EPRI が 1979 年 1 月に実施した Electric Utility Design Survey の結果である。Joskow, "Public Utility Regulatory Policy Act of 1978: Electric Utility Rate Reform."

29　H.R.1828 - Comprehensive Electricity Competition Act, 106th Congress (1999–2000)。バージニア州選出共和党のトム・ブライワー議員が提出したが, ビル・クリントン大統領の政策に沿った法案であった。

30　Gerald Garfield, "Clintons Bill Fizzles, Federal Restructuring Plans Languish," *Power Grid International*, Vol. 77, Issue 6, June 1, 1999.

31　The White House, "A Clean Energy Standard for America," March 2, 2012.

32　"Biden Calls for 100 Percent Clean Electricity by 2035. Here's how far we have to go," *Washington Post*, July 30, 2020.

33　DESIRE database operated by North Carolina Clean Energy Technology Center, https://www.dsireusa.org/ (2020 年 9 月 27 日閲覧)

34　Alternative Energy Production Act (1983 Iowa Acts 182).

35　Iowa CODE § 476.41〜§ 476.44 (2003).

36　"Iowa's Status as a Renewable Energy Leader: How We Got Here, and What's Next," The Gazette, July 9, 2017.

37　James W. Moeller, "Of Credits and Quotas: Federal Tax Incentives for Renewable Resources, State Renewable Portfolio Standards, and the Evolution of Proposals for a Federal Renewable Portfolio Standard," *Fordham Environmental Law Review*, Vol. 15, No. 1, 2004.

38 Minn. Stat. §216B.2424, Sec. 3; Minnesota Session Laws - 1994, Regular Session CHAPTER 641–S.F.No.1706.

39 Federal Reserve Bank of Minneapolis, "Green at any price?" July 1, 2007.

40 Minn. CHAPTER 110–-S.F.No. 550.

41 Energy News Network, "In Minnesota, Uncertain Fate for Energy Bills in Legislature," March 18, 2015.

42 American Tradition Institute and Minnesota Free Market Institute, "The Economic Impact of Minnesota's Renewable Portfolio Standard," April 2011. なお，2018 年時点のミネソタ州の電源構成は石炭火力 40.6%，ガス火力 11.3%，原子力 25.6%，再生可能 22.4%。

43 National Renewable Energy Laboratory, "State Renewable Energy News," prepared by NARUC, Vol. 5, No. 3, 1996.

44 ただし再エネ電源の 50% は太陽光／熱。NREL, "State Renewable Energy News," prepared by NARUC, Vol. 9, No. 2, 2000.

45 NREL, "State Renewable Energy News," prepared by NARUC, Vol. 5, No. 2, 1996.

46 Kevin S. Golden, "Senate Bill 1078: The Renewable Portfolio Standard–California Asserts Its Renewable Energy Leadership," *Ecology Law Quarterly*, Vol. 30, No. 3, 2003.

47 NREL, "State Renewable Energy News," prepared by NARUC, Vol. 6, No. 2, 1997.

48 メイン，ミシガン，イリノイ，ウィスコンシン，ミネソタ，コロラド，ネバダの各州で，2050 年にクリーン電力 100% を掲げる民主党の知事が誕生した。すでにカリフォルニア，ハワイ両州も 2050 年クリーンエネルギー 100% を表明していた。

第8章
現代アメリカを動かす州司法長官

梅川 葉菜

はじめに

1998年11月23日，アメリカ国内のたばこシェア97%を占めるたばこ企業最大手4社と46州の間で，たばこ広告規制に関する基本和解合意が成立した。和解額は2060億ドルと，民事訴訟の和解額としては当時のみならず現在においても合衆国史上最高額であり，アメリカのみならず日本を含む世界中の注目を集めた。たばこ企業は若者をターゲットとしないこと，広告規制（漫画の利用，屋外広告，看板広告，公共交通機関広告の禁止）を受け入れることなどに加え，今後，州政府が同案件で当該企業らに訴訟を提起しないことが取り決められた。また，すぐさま他の40以上ものたばこ会社も同合意に参加した。

基本和解合意を主導した州政府側のアクターは，46州それぞれを代表する州司法長官たちの超党派団体であった。当初，州司法長官たちは，連邦政府の承認，すなわち連邦議会の立法による政策変更を前提とした和解を目指していた。ところが，連邦議会での合意形成が失敗に終わり法案成立の見込みがなくなったため，連邦法制定を不要とする和解が目指され，それに成功したのだった。

興味深いことに，1980年代から多州連携に基づく州司法長官たちの積極的な活動が見られるようになっていた（多州連携については第9章も参照）。そうした中で成立した基本和解合意は，規模が大きく社会的注目度の高いものであったため，州司法長官の存在をアメリカ社会に強烈に知らしめる結果となっ

た。以降も，州司法長官たちは団結してさまざまな分野で重要な成果を上げ続けている。近年に経済界を大きく揺るがした例としては，2012 年担保住宅の不当差し押さえ和解合意が挙げられる。アメリカ大手銀行が担保の住宅を不適正な手続きで差し押さえていたとされる問題で，連邦政府，銀行大手企業 5 社，49 州それぞれを代表する州司法長官たちの間で 250 億ドルの和解が成立している。また，近年に政治的に注目を集めた例としては，トランプ政権による若年層向け強制送還延期プログラム（DAPA）の廃止，3 度にわたる入国禁止措置，メキシコとの間の国境の壁建設など多数の大統領の政策を阻止すべく，立場を同じくする州司法長官グループが団結して裁判所に差し止め命令を求めて訴訟を提起し，しばしば勝利を収めていることが指摘できよう。

　メディアの注目度も高い。2014 年には州司法長官と企業の間の政治とカネをめぐる一連の調査報道記事がピューリッツァー賞を受賞している。企業が州司法長官に対して熱心にロビー活動を展開し，また政治資金提供をする見返りに，その企業にとって望ましくない調査や訴訟をしないよう求めたり，反対に調査や訴訟を行うよう求めていたという。たとえば，オバマ政権期に，EPA による環境規制に対して，共和党州司法長官等が連邦機関に書簡を送ったり訴訟を提起したりしたが，その背後に規制に反対する複数の大企業から過去 1 年だけで 1600 万ドル以上の資金提供があったと報じている[1]。

　ひるがえって見ると，序章でも述べられたように，一般に「アメリカ政治」というとき，たいていの場合，それは主として連邦政府を舞台とした政治を指す。大統領の演説や行政命令，連邦議会の立法や公聴会，合衆国最高裁や連邦裁判所の判決，大統領や連邦議会議員の選挙，連邦政治をめぐる利益団体政治などが日米問わずメディアや研究者の間でも頻繁に取り上げられている。その一方で，州政府は「アメリカ政治」から見逃される傾向にある。もちろん，アメリカ合衆国を総体として理解するのに最も重要な政治の場は州政治ではなく連邦政治だろうし，連邦政治を考える上でまず考察すべき対象は州政府ではなく大統領，連邦議会，合衆国最高裁判所およびその他の連邦裁判所で構成される連邦政府であろう。

　しかしながら，このような従来の視点では近年の州司法長官の台頭は捉えきれない。州司法長官は後述するように州政府を構成する役職のひとつであり，

連邦政府の外側の存在である。それにもかかわらず，現代アメリカ政治のみならず現代アメリカそのものに多大な影響を及ぼす存在となっている。従来のアメリカ政治理解を刷新して州政府にまで視野を広げなければ，現代アメリカを正しく理解することは難しい。そこで本章では，近年の州司法長官の台頭の特徴とその過程の解明を通じて，現代アメリカを理解するための新たな手がかりを提供する。

　なお本章は，州司法長官の台頭に関して政治学的観点だけでなく法学的観点からも分析を試みるものでもある。従来の州司法長官台頭の分析は法学的観点に力点を置いたアプローチが主流である一方で，政治学的観点が見落とされがちであった[2]。反対に，政治学的アプローチは，法学の知見を軽視しがちであった[3]。そのため，いずれのアプローチも州司法長官の台頭という現象を総合的に描ききれていなかった。そこで本章では，双方の視点を架橋することで州司法長官の台頭の全体像を明らかにする。

1. 州司法長官とは何か

(1) 法律専門家ではなく政治家としての州司法長官

　州司法長官たちの諸活動は現代アメリカ政治において存在感を増しつつあるものの，日本では，そしてしばしばアメリカでも，そもそも州司法長官が具体的にどのような役職なのかについてはあまり知られていない。そこで，まずは州司法長官という役職の一般的な特徴を概観したい。

　アメリカの各州の政府は執政府，立法府，司法府で構成されており，州司法長官が属しているのは執政府である。執政府を構成する主要な役職は，州知事を長として，副知事，州務長官，州財務長官などが挙げられる。州司法長官の役割は多岐にわたっている。州司法長官の代表的な役割は，州政府に法的助言を行い，また州政府を法的に代表することとされている。それから，法執行機関の長として，法執行機関が重点的に取り締まる領域を決定し，銃，薬物，人権，環境，労働問題などに注力することもしばしば見られる。ほかにも，州民のさまざまな利益を法的に代表する役割も担っており，州全体の公益の代表者として消費者保護，反トラスト，環境保護，ヘルスケアなどのさまざまな領域

で訴訟に乗り出すことがある。

　上述した州司法長官の位置づけからは，この役職が州知事に従属しているように思える。ところが，一般に州司法長官は州知事含めてその他の閣僚からは独立した権限を与えられており，執政府の中でも特異な存在といえる。州司法長官は基本的に自身の判断に基づいて上述した責務を果たしており，州知事と政策選好が異なっていても自身の選好に従って活動に従事できる。たとえば，モンタナ州はオバマ政権期，州知事が民主党所属，州司法長官が共和党所属（ただし2013年1月までは民主党所属）であったが，オバマ政権の試みた不法移民に寛容な移民制度改革，環境保護規制の強化，LGBTに寛容な政策のいずれに対しても，州司法長官の指揮のもと，訴訟活動を展開していた。

　また，先に述べた州司法長官の位置づけからは，この役職が政治とは無縁の法律専門職のようにも見えるが，実態はそうなっていない。むしろ，州司法長官の選出方法が明確に示しているように，きわめて政治的な色を帯びた役職といえる。実は全米50州のうち43もの州で，州司法長官が州民の直接選挙によって選出されている。また，コロンビア特別区（ワシントンDC）の司法長官も選挙によって選ばれている。州民の直接選挙によらない残りの7州では，州知事による任命が5州，州最高裁の任命が1州，州議会の任命が1州となっている。任期は多くが4年である。全米50の州司法長官のうち，2020年選挙までは民主党所属が24名，共和党所属が26名と，共和党勢力が過半数を占めている。コロンビア特別区の司法長官は民主党所属である。

　実際，州司法長官は強い政治的野心を隠さず，有権者に積極的にアピールしている。多くの州司法長官はテレビや新聞などのメディアに露出し，インタビューを受け，現在取り組んでいる課題の重要性を語り，自らの成果を誇る。たとえば，オバマ政権期にはテキサス州司法長官グレッグ・アボットやその後任のケン・パクストン，トランプ政権期にはカリフォルニア州司法長官ハビアー・ベセラ，ニューヨーク州司法長官レティシア・ジェームズ，ワシントン州司法長官ボブ・ファーガソンなどが，州内にとどまらず全米でも名を挙げ，脚光を浴びた。

　さらに興味深いのは，州司法長官の役職が，政治家としての重要なキャリアパスとしても位置づけられている点である。数多ある公職者の中でも州司法長

官の政治家としての地位は高く，州知事選挙や連邦の上院議員選挙が近づくと，その州の州司法長官が潜在的な候補としてメディアに取り上げられることはめずらしくない。実際に多くの州司法長官は州知事や連邦の上院議員を目指し，キャリアアップに成功している。2020 年 9 月現在，州司法長官経験のある州知事は 8 名，連邦の上院議員も 8 名もいる。そこには，コロナ禍のニューヨーク州で話題になった同州知事アンドリュー・クオモ，オバマ政権と真っ向から対立して注目を集めたテキサス州知事アボット，2015 年から 2019 年まで上院の多数党院内幹事を務めたジョン・コーニンも含まれる。現在までに州司法長官を経験した州知事は 46 名，連邦上院議員は 32 名，連邦下院議員は 13 名いる [4]。

　大統領職とも無縁ではない。ビル・クリントン元大統領がアーカンソー州知事を経て大統領になったことはよく知られているが，州知事の前職が同州の州司法長官であったことはあまり知られていない。また最近では 2021 年に副大統領に就任したカマラ・ハリスが有名だろう。2020 年大統領選挙を目指したものの撤退した後に民主党副大統領候補となったカマラ・ハリスは，カリフォルニア州司法長官を務めた後，同州上院議員となった経歴をもつ。なお，彼女が去って空席となった州司法長官職を埋めたのが，1993 年から 24 年間も同州選出の連邦下院議員を務めていたベテランのハビアー・ベセラであったことも州司法長官の政治家としての地位の高さを示している。それから，政権関係者としては，トランプ政権発足時に閣僚として迎え入れられたスコット・プルーイットが挙げられる。彼は，オクラホマ州司法長官在任中にオバマ政権の環境保護規制に強く抵抗していたことを評価され環境保護庁長官として抜擢された。長らくアラバマ州選出の連邦上院議員を務めた後にトランプ政権にて合衆国司法長官を務めたジェフ・セッションズは，連邦上院議員になる前は同州の州司法長官を経験している。

(2)　全米の州司法長官たちを結びつける組織

　1998 年のたばこ業界との基本和解合意では，州司法長官たちの超党派的な連帯を支えた存在があった。州司法長官たちのための超党派組織である全米州司法長官協会である。1907 年に創設された全米州司法長官協会は，全米の州

司法長官たちの間での人的交流や情報共有など，全米で個別に活動する州司法長官たちを結びつける重要なインフラとしての役割を果たしてきた。たばこ業界との和解では，全米州司法長官協会は全米の州司法長官たちの超党派的な活動に最も重要な役割を果たした。全米州司法長官協会は，基本和解合意で一躍有名になったことに加え，その際に勝ち取った賠償金の一部である 15 億ドルを活動資金として確保したこともあり，より積極的に活動するようになった。全米州司法長官協会の 2018 年度の総資産は 2 億 755 万ドルであり，これは全米の州知事たちのための超党派組織である全米知事協会の 5416 万ドルをはるかに上回るものである。

　全米の州司法長官たちを結びつけているのは，超党派組織に限らない。1980年代から進展していたアメリカ政治の分極化状況の中で，全米の州司法長官たちもまた政党所属を同じくする者同士でも連携を深める誘因が生まれ，共和党，民主党の双方が党派的な組織を結成した。1999 年創設の共和党州司法長官協会と，2002 年創設の民主党州司法長官協会である。これらの組織の目的は，共和党もしくは民主党所属の州司法長官たちの間の人的交流，情報共有，一致した態度表明，裁判での協力などに加えて，各州の州司法長官選挙での同一政党所属の候補の直接的な支援であった。とくに共和党州司法長官協会は選挙支援に力を入れ，共和党所属州司法長官が 1999 年には 12 名に過ぎなかったのに対し，2020 年には 26 名にまで急増したことに大きく貢献したとされている。

　後述するように，近年の州司法長官の団結した活動の台頭は，これら 3 つの協会がきわめて重要な役割を果たしている。近年の州司法長官たちはこれらの協会を通じてときに超党派で，ときに民主党員同士で，ときに共和党員同士で団結して大統領や企業を相手に争うからである。上述した 1998 年基本和解合意と 2012 年担保住宅の不当差し押さえ和解合意は超党派の団結であり，トランプ政権に対する差し止め訴訟は民主党員の団結であった。

2.　州司法長官の影響力を強化した制度発展

(1)　制度発展前史と変化の萌芽
　州司法長官がかかわるのは，連邦政府と州政府の権限が重なり合う複雑な領

域である。第1章で述べられたように，合衆国憲法上，ポリス・パワーは連邦政府ではなく州政府に留保されている。すなわち，人々の健康，安全，道徳，その他一般の福祉の保護や向上のために各種の立法を制定・執行する権限は州政府固有のものとされている。20世紀初頭までは，州政府やそれ以下の地方政府がこれらのサービスの提供を担っていた。ところが，第1章でも示されているように，連邦政府は20世紀を通して合衆国憲法に明記された連邦議会の権限である通商権限や支出権限などの拡大解釈によってその権限を拡大し，次第に州政府のポリス・パワーにも影響を及ぼすようになり，さまざまな分野について，州法だけでなく連邦法も定めるようになった。

　反トラスト分野を例にすると，反トラスト法はかねてより各州で州法として制定されていた。ところが，各州の反トラスト法が州境を越える経済活動にまで及ばないことが問題視され，州境を越える独占行為等を規制するべく連邦法として1890年シャーマン法，1914年クレイトン法，1914年連邦取引委員会法が制定され，一般に「連邦反トラスト法」と呼称される一連の連邦法が定められた。ただし，当初は連邦議会の通商権限が最高裁によって限定的に解釈されたため，連邦法による独占規制は限定されていた。ニューディール期を境に最高裁の解釈が変更され，次第に適用範囲が拡大していくことになる。

　注意しなければならないのは，この時期の連邦政府の権限拡大が州司法長官の台頭に直接結びついてはいないという点である。合衆国憲法上，州司法長官は連邦法を執行する固有の権限を付与されてはいないため，反トラスト分野に限らず，消費者保護，環境保護などさまざまな連邦法が制定されただけでは州司法長官に法執行権が認められるわけではなかった。

　また現代の州司法長官の役割から考えれば，連邦法で明確に州司法長官に法執行権を付与しなくとも，州司法長官には州全体の公益や州民の利益のために州を代表して訴訟を提起する余地があるように思えるが，この点についても注意が必要である。現代において，州が損害をこうむりうる利益は財産的利益，主権的利益，準主権的利益に大別されると考えられている[5]。州の財産的利益は，法人と同様に州が自らのために主張するものであり，それのための出訴については建国して早々に州に認められていた。しかしながら，主権的利益や準主権的利益に関しては州自身の利益からは区別されるものであるとして，それ

らのために州（実際の運用上は州司法長官）が代わって代表して訴訟を提起するには，パレンス・パトリエという法理の発展を待たねばならなかった。

現在のようにパレンス・パトリエに基づいて州司法長官に幅広い原告適格を付与するようになるまでには長い歴史を必要とした。パレンス・パトリエは，イギリスの国王大権を淵源としてコモン・ローにおいて発展し，アメリカにも継承されたものである[6]。19世紀末までは，パレンス・パトリエに基づく原告適格は裁判所によって厳しく制限されていた。州司法長官は主権的利益の保護のために，すなわち各種法令が遵守され執行されている状態を守るべく，そうした状態からの逸脱に対してのみパレンス・パトリエに基づいて提訴することが認められてきた。

19世紀末頃からは，主権的利益ではなく，曖昧で定義が困難とされる準主権的利益にも州司法長官に原告適格が認められるようになった。州境を接する他州の企業がもたらす大気汚染，水質汚染，感染症などにより州民に生じる損害は州の準主権的利益を損なうものであるとして，州司法長官がその賠償のために出訴することが認められるようになったのである[7]。ただし，この時期はまだ準主権的利益の範囲は限定されていた。反トラストや消費者保護という観点から州民に損害が生じても準主権的利益に含むとは見なされず，それゆえ州司法長官による訴訟が認められることは稀であった。

そのため，1970年代に入るまでは州司法長官の主たる役割は限られており，影響力も乏しく，あまり注目される存在でもなかった。1972年にアラバマ州の州司法長官ウィリアム・バクスリーは州司法長官職について「従来，一般的には①強盗，殺人，誘拐等から州民を守ることを第一とする刑事検察官と，②州および州機関の擁護者を兼ねたものと見なされていた」と指摘した上で，多くの州では消費者保護や環境保護に関しては州法が州司法長官に明示的に責任や義務を与えていないため，州司法長官たちはそれらの分野に対して自発的に関与するに過ぎなかったと述べている[8]。

ただし，1950年代から60年代にかけて消費者保護についての関心が高まっていく中で，州司法長官の役割に変化の兆しが訪れてもいた。この時期，全米の州法に消費者保護や環境保護に関して州司法長官の義務や責任が明記されるようになっていった。また，全米州司法長官協会や当時の大統領が州司法長官

に積極的な役割を担わせるべく部局を新設するよう各州に促していた[9]。リチャード・ニクソン大統領は1969年の消費者保護に関する議会へのメッセージの中で，消費者保護法とその執行は州レベルでこそ最も機能しうるとして，各州が強力な消費者保護法を採用し，適切な執行手段を開始するよう求めていた。その上で，すべての州が州司法長官の指揮下に十分な資金力を備えた消費者保護局を設置するよう促した[10]。1970年代に入る頃には多くの州で州司法長官のもとに消費者保護を担う部局が設置された。こうした変化について，バクスリーは「この傾向が続くならば，州司法長官の機能は今後5年でとまでは言わないが，今後40年もあれば劇的に拡大するだろう」と予言していたほどであった[11]。

　それでも，当初は州裁判所への訴訟を通じて企業に消費者保護法の遵守を促すことは一般的ではなかった。州司法長官たちは消費者からの苦情を収集し，法的措置の可能性をちらつかせて企業との交渉や調停などといった非公式な手段を通じて企業に消費者保護法の遵守を促していた。消費者からすれば無料で相談に応じてもらえるので，州司法長官には多くの情報が寄せられることとなった[12]。

（2）制度変化の起点

　1970年代に入ると，こうした状況が決定的に変化し，州司法長官の台頭が始まった。そのきっかけのひとつが，1973年アメリカ合衆国第9巡回区控訴裁判所でのカリフォルニア州対フリトレー社事件判決[13]であった。この判決では，州司法長官は，連邦反トラスト法違反によって損害をこうむった消費者のためにパレンス・パトリエに基づいて州民に代わって訴訟を提起することはできないとの判断が示された。実際，当時は明白に連邦反トラスト法に関連する違反で消費者個人に損害が発生してもほとんど救済されることはなかった。連邦反トラスト法の執行機関が連邦司法省反トラスト局と連邦取引委員会に限られており，消費者個人の金銭的利益を調査する連邦政府の専門機関すら存在していなかったこともその一因であった。

　そこで連邦議会は，こうした課題の解消のため，1914年クレイトン法の改正である1976年ハート・スコット・ロディノ反トラスト改正法を成立させた。

同法により，連邦議会は連邦反トラスト法に違反する行為によって州民が損害をこうむった場合，州民に代わり州司法長官が損害賠償を請求できるという，いわゆるパレンス・パトリエ訴訟を認める規定をクレイトン法に加えたのだった。これにより州司法長官が積極的に連邦反トラスト法を執行する土台ができたのである。

　また同法は州司法長官を連邦政府の不足を補う存在として位置づけようとするものであった。州司法長官が同法に基づいた調査に際して関連する可能性のある資料を連邦司法長官に要求した場合，連邦司法長官はそれを適切に尊重するよう定め，州司法長官の法執行を連邦政府が支える構造を作り出したのである。実際，連邦政府は1977年から1982年までに毎年20件から60件ほどの要求に応答していた[14]。

　こうした州司法長官を頼る方向への変化は，政治と社会の変化に対する応答でもあった。この時期，連邦政府の権限を州政府へと委譲する「小さな政府」志向への支持が広がっていたのに加えて，実際問題として全米で連邦政府だけでは対処できないほどの数の反トラスト問題が生じるようになっていた。

　なお，連邦反トラスト法が救済する範囲に関しては注意すべき点がある。1977年最高裁判決（イリノイ・ブリック対イリノイ州）により，連邦反トラスト法に違反する行為の直接の被害者のみが原告適格を有するとされ，同法が利用できる範囲は狭められたのである。この判決により，違反行為によって本来であれば安価に購入できたはずの製品の直接の購買者は損害賠償を請求できる一方で，その直接の購買者が購入した製品を組み込んで販売した最終製品の購買者，すなわち間接購買者は基本的に損害賠償を請求できなくなった。州司法長官もまた，間接購買者の代理として損害賠償を請求できなくなったのである。興味深いのは，この判決を受けて各州が，連邦反トラスト法ではなく州反トラスト法において，間接の被害者でも損害賠償を請求できるような州法，いわゆるイリノイ・ブリック判決撤回法を制定していることである。同法により，州反トラスト法に限れば，州司法長官は直接，間接を問わず購買者の代理人として損害賠償を請求できるようになった。同法を制定している州は現在までに30以上にもなり，州司法長官の台頭の上でも無視できない要素である。

　連邦政府は州司法長官を有力な法執行機関として機能させるべく，金銭的支

援も行った。1976 年連邦犯罪取締法の制定である。同法は，各州の州司法長官が反トラストを専門に扱う部署を開設，運営するための助成金として連邦補助金を支給するというものであった。1977 年から 1982 年までの間に総額 2500万ドルが人口比を考慮して全米各州に配られ，州司法長官の伸長に大きく寄与したとされる。連邦政府の資金援助もあり，1970 年代から 1980 年代初頭にかけて，すべての州について，州司法長官の予算の伸び率は州政府の一般支出の伸び率を上回っていた。州司法長官のオフィスの平均の職員数は 1970 年には51 人だったが，1990 年にはその約 3 倍の 148 人以上にまで急増した。平均の予算も 1970 年の約 61 万ドルから 1990 年には約 16 倍の約 990 万ドルにまで急増した [15]。

　また，1977 年メディケアおよびメディケイド詐欺不正利用防止改正法では，連邦政府の事業であるメディケイドにかかわるヘルスケアや製薬関連の企業を起訴するための専門チームを設置するための予算を州政府に与えることが定められた。今日までにその補助金総額は 2 億ドルを優に超えていることから明らかなように，この補助金による支援は州司法長官によるメディケイド関連の訴訟の増大はもちろんのこと，州司法長官の活動全般の活性化にも大きく貢献した [16]。

　州司法長官が法的にも能力的にも連邦反トラスト法の執行に積極的になりうる余地が生まれた中で，1980 年代からの連邦政府の規制緩和が州司法長官の台頭をさらに勢いづけた。1970 年代までは連邦司法省反トラスト局と連邦取引委員会が連邦反トラスト法の執行機関として機能していたが，レーガン政権が両機関の長として自由放任な市場原理主義を支持する経済学者たちを据え，また両機関の人員を大幅に削減したことを契機に，法執行の空白が生じるようになったのである。その代わりに，州司法長官たちが連邦反トラスト法の執行に乗り出すようになった。

　ただし，州司法長官には大きな課題が残されていた。たしかに州司法長官は連邦反トラスト法の法執行権を付与され，また以前よりもはるかに豊富な予算に支えられるようになった。しかしながら，州司法長官たちの潜在的な敵である大企業と比べ，個々の州司法長官は金銭的にも法務の観点からも資源に乏しかった。有能な弁護士などの法律に明るい専門家を多数抱え，彼らの活動を強

力に支えることのできる大企業と比べると，ほとんどの州司法長官たちのオフィスは戦う土俵に立つことすら難しかった。

　大企業と比べて単独では脆弱な州司法長官たちが模索したのが多州連携であった。全米州司法長官協会が中心となり，州司法長官たちが多州で連携するのを助ける制度整備を進めた。1983年，全米州司法長官協会は反トラスト常任小委員会として多州連携反トラスト作業部会を設置し，多州で協力して連邦反トラスト法を執行するインフラを整えた。この作業部会は後に常任委員会に昇格した。また同じ時期には消費者保護のための常任委員会も設置され，消費者保護でも連携できる下地が作られた。くわえて，全米州司法長官協会は1985年に再販価格維持と非価格垂直制限などに関する垂直的制限ガイドラインを策定した。1987年には水平的合併ガイドラインも採択した。また同年，航空旅行業界執行ガイドラインも設定し，航空会社の広告の内容と形式，常連客への特典の付与，予約超過便の座席を自主的に譲った乗客への補償金の支払いを規定する基準などの統一を図った。1989年には，レンタカー業界の広告および慣行に対する法執行の基準となるガイドラインを定めた。

　全米州司法長官協会は，全米で法執行基準の統一を促進させることで州間の差異を調整し連携を支援するだけでなく，多州連携の場を用意することにも貢献した。全米州司法長官協会の協力のもと，全米の州司法長官たちは法理，開示させた証拠資料，裁判所への提出物，訴訟費用，さらにはスタッフさえも共有しながら，共同で事件を調査，訴訟，和解などを進めるようになった。たいていの場合，参加した州の中から1つか2つの代表州を選び，代表州が中心となって活動に従事し，その他の州と緊密に連携する手法がとられた。その際には，ファックスやEメールといった当時としては新しく効果的で迅速な情報交換手段が活躍した。

（3）訴訟できる領域の拡大

　とくに1990年代からは，連邦議会が次々と州司法長官に消費者保護分野の法執行権限を付与するようになった。連邦議会はさまざまな商取引に対応した一連の連邦法の導入および改正を通じて個別に州司法長官に法執行権を与えていったのである。州司法長官は住民に代わって損害賠償または差止命令による

救済を得るために訴訟を起こすことのできる範囲を連邦反トラスト法の外へと拡張していったのである。

　具体的な対象を以下に簡単に列挙していく。不動産取引の規制（1983 年），商品の栄養表示・健康表示の規制（1990 年），電話勧誘・自動音声機器の規制（1991 年），ペイ・パー・コールと呼ばれる電話着信課金広告ビジネスの規制（1992 年），銀行などの金融機関の略奪的貸付の規制（1994 年），テレマーケティングによる詐欺・濫用の規制（1994 年），中絶クリニックや宗教施設の利用者を保護する規制（1994 年），自動車の走行距離計の改竄規制（1994 年），毀損された信用情報の回復サービスの規制（1996 年），プロボクシングの規制（1996 年），信用調査機関が保有する消費者情報の公平性，正確性，プライバシーを守る規制（1996 年），オンライン上での児童の個人情報収集の規制（1998 年），迷惑メールの規制（2003 年），スポーツ選手の代理人契約を学生アスリートと結ぶ際の規制（2004 年），引越し業者の不正行為の規制（2005 年），消費者製品の安全基準の規制（2008 年），医療機関や医療保険事業者が保有する医療に関する個人情報のプライバシー保護やセキュリティ確保のための規制（2009 年），貸付契約の締結前後に与信者に情報開示などを求める規制（2009 年），住宅ローンにおける抵当貸付の規制（2009 年），特定の金融機関の不公正，欺瞞的，濫用的な行為や慣行に対する規制（2010 年），消費者の支払い情報の第三者への提供の規制（2010 年）などである。

　こうした連邦レベルでの消費者保護分野での州司法長官への法執行権付与の背景には，連邦反トラスト法の場合と同じく，連邦政府の権限を州政府へと委譲する「小さな政府」志向への支持の広がりと，実務の上で連邦政府だけでは対処できないほどの数の消費者保護問題が生じるようになったことが挙げられる。

　また，パレンス・パトリエに関しても，原告適格をさらに緩和する変化が生じた。1970 年代から，反トラストや消費者保護に関連する事柄によって州民がこうむった損害についても州の準主権的利益に含まれるとして，パレンス・パトリエに基づいて訴訟を提起することが裁判所で認められるようになったのである[17]。そして 1998 年のたばこ広告の基本和解合意のきっかけとなったテキサス州対アメリカン・タバコ社事件判決[18]では，たばこ企業の不法行為に

よりメディケイド事業を効率的に運営することが妨げられたために州民の健康
と福祉を損なうことになったのは州の準主権的利益にかかわるものであり，州
司法長官がパレンス・パトリエに基づいて出訴できると判示された。以後，州
司法長官たちは塗料，自動車，製薬企業などに対しても州の準主権的利益のた
めにパレンス・パトリエに基づいて積極的に訴訟を展開するようになった。

　以上のように州司法長官は多州連携に基づいて企業と争う能力を高めていっ
た。その結果，州司法長官が企業と和解に至った事例は急増した。1980 年代
には 23 件であったのが，1990 年代には 155 件，2000 年代には 264 件にまでな
った [19]。

　有名なものをいくつか挙げたい。1987 年，41 州の州司法長官とクライスラ
ー社の間で，走行距離計の記録が改竄されていた自動車を購入した顧客に総額
1600 万ドル以上を支払うとする和解が成立した。1989 年，パナソニックに対
して 50 州の州司法長官が垂直的価格維持を訴えた事例では，1600 万ドルの和
解が成立した。1991 年，50 州の州司法長官とコロンビア特別区の司法長官が
任天堂に対して価格固定を訴えた事例では，約 3000 万ドルで和解した。ほか
にも，1994 年主要航空企業 6 社（アメリカン航空，デルタ航空，コンチネン
タル航空，ノースウェスト航空，トランス・ワールド航空，アラスカ航空），
1990 年代後半から 2000 年代にかけてのマイクロソフト社，2001 年ジョンソン
＆ジョンソン，2002 年ソニー・ミュージック・エンタテインメント，2002
年・2008 年・2009 年・2012 年ファイザー，2002 年フォード，2007 年サムス
ン，2007 年パーデュー・ファーマなど枚挙にいとまがない。

　直近で最も注目を集めたのは，2012 年の担保住宅の不当差し押さえ和解合
意であった。バンク・オブ・アメリカ，JP モルガン・チェース，シティグル
ープ，ウェルズ・ファーゴ，アライ・フィナンシャルのアメリカ大手銀行 5 社
が担保の住宅を不適正な手続きで差し押さえていたとされる問題で，連邦政府，
上記の銀行大手 5 社，オクラホマ州を除く 49 州それぞれを代表する州司法長
官たちの間で和解が成立し，上記の銀行大手 5 社が合計で約 250 億ドルを支払
うこととなった。和解交渉では，住宅所有者を債務不履行に追い込んだ高額な
手数料やその他の料金から，住宅所有者と誠実な交渉を行わなかったことまで，
数々の不正が俎上にあげられた。和解金は持ち家を失った人々への補償や，住

宅ローンの返済難に直面する借り手の救済に充てることとされた。

（4）GAFA と係争中の州司法長官

　州司法長官たちは，現在も係争中の事例を多数抱えている。その中でもとくに世間の関心を集めているのは，GAFA との争いであろう。

　2010 年代後半からとくにヨーロッパで巨大 IT 企業に対する規制が進展した。「GAFA」と呼ばれるグーグル，アップル，フェイスブック，アマゾンが不当に課税を逃れ，市場と個人データを独占し，個人情報の取り扱いが不十分だとして，適切な課税，自由な競争，個人情報の保護などを求める声が広がり，さまざまな政策が導入されていった。次第にアメリカでも GAFA による市場と個人データの独占と，個人情報の取り扱いの不十分さが問題視されるようになり，ついに 2019 年，連邦政府の複数の関係機関（連邦議会下院司法委員会，連邦司法省反トラスト局，連邦取引委員会）に加え，全米の州司法長官たちが本格的に調査に乗り出した。

　2019 年 9 月 6 日，ニューヨーク州司法長官レティシア・ジェームズは，8 州の州司法長官（コロラド州，フロリダ州，アイオワ州，ネブラスカ州，ニューヨーク州，ノースカロライナ州，オハイオ州，テネシー州）とコロンビア特別区の司法長官がフェイスブックに対する反トラスト法違反の捜査を開始することを表明した。翌月 22 日には，この捜査が 45 州の州司法長官とコロンビア特別区およびグアムの司法長官によるものにまで拡大したことが発表された。この発表によれば，フェイスブックは利用者のデータを危険にさらし，消費者の選択の質を低下させ，広告価格を上昇させているおそれがあるため，反トラスト法違反の疑いがあるとして超党派的な州司法長官グループが調査を開始したという。

　それから，2019 年 9 月 9 日，テキサス州司法長官ケン・パクストンは，48 州の州司法長官（含まれないのはアラバマ州とカリフォルニア州）とコロンビア特別区およびプエルトリコの司法長官がグーグルに対する反トラスト法違反の捜査を開始することに同意したと発表した。この発表によれば，グーグルはインターネット上の広告市場と検索トラフィックを全面的にコントロールしており，それが消費者に害を与える反競争的慣行ではないかとして，超党派的な

州司法長官グループが調査に乗り出すというものであった。

3. さらなる制度発展としての対「連邦政府」

（1）パレンス・パトリエの発展と分極化

2010 年代からは，連邦政府を相手に州司法長官が連携して訴訟を提起するようになった[20]。その際に重要な役割を果たしたのが，またしてもパレンス・パトリエであった。それまでは，財産的利益については別にして，パレンス・パトリエに基づいて州司法長官が連邦政府に対して訴訟を提起することはほとんど認められてこなかった。前節で示したように，パレンス・パトリエに基づく州司法長官の訴訟の相手は主として企業であり，その範囲においてのみ原告適格が緩和されていったのである。

そのきっかけとして，2007 年マサチューセッツ州対 EPA 事件判決が指摘できる[21]。この判決では，パレンス・パトリエの要件を緩める，すなわち連邦政府へ訴訟を提起する州政府の原告適格の条件を緩和する判断が示され，州司法長官たちが連携して大統領に挑戦するための道が開かれたのだった。

パレンス・パトリエの発展に加え，政治勢力の分極化の進展も州司法長官の積極的な活動を後押しした。多くが有権者から直接選出される州司法長官たちにとって，分極化の進展という現代アメリカ政治の潮流とは無関係ではいられない。対立政党の大統領に厳しく迫る姿勢が，政治家としての州司法長官たちにとって魅力的な手段に映ったことは容易に想像できる。

分極化状況においては州司法長官の果たしうる役割が相対的に大きくなっていることもまた，多州連携に基づく州司法長官による政権への訴訟の増大を支えた。分極化状況においては，鋭い党派対立のために法案の成立が難しい。そのため，大統領が行政命令や大統領覚書など連邦議会の立法を不要とする政策実現を希求する誘因が強まる。そうした大統領単独での政策変更を抑止しうる連邦議会は分極化のために機能不全に陥っており，阻止できない。そこで注目を集めるのが，州司法長官であった。

さらに，党派的な訴訟を支える組織も活発化した。前述した共和党州司法長官協会と民主党州司法長官協会である。いずれの協会も党派的な連帯を助ける

べく人的，金銭的な支援を惜しまなかった。

(2) オバマ政権・トランプ政権

　パレンス・パトリエの発展と分極化の進展により，2010 年代からは，多州で連携した州司法長官たちが大企業に対してだけでなく連邦政府に対しても訴訟を提起して勝利を収めるようになった。多州で連携した州司法長官たちが連邦政府，とくに大統領が主導するさまざまな政策に対して州の利益を損なっているとしてパレンス・パトリエに基づく訴訟を提起して勝利を収めるようになったのである。

　しかも，企業に対する多州連携は超党派的なものが多かったが，政権に対するそれは党派的なものに限られており，もっぱら共和党政権には民主党中心の多州連携が，民主党政権には共和党中心の多州連携が訴訟を提起するようになっていた。分極化した時代の常として，オバマ政権に挑む共和党州司法長官たちは共和党を中心とする保守派からもてはやされ，トランプ政権に立ち向かう民主党州司法長官たちは民主党を中心とするリベラル派から喝采を浴びた。

　多州連携で政権と対峙して勝利した例はオバマ政権期には 28 件，トランプ政権期には 43 件（2020 年 9 月 14 日時点）見られた[22]。

　オバマ政権期には，たとえば，立法によらずにオバマ政権が推し進めた非合法移民の救済措置である「若年層向け強制送還延期プログラム（DACA）」の対象者の拡大と「アメリカ市民と永住者の親向け強制送還延期プログラム（DAPA）」の実施に対して，共和党を中心とした連邦議会が阻止を目指したものの党派対立のため失敗に終わり，その代わりに 26 州の共和党州司法長官たちが立ちはだかり，差し止めの判断を勝ち取っている[23]。それからオバマ政権は，クリーンパワープランと呼ばれる二酸化炭素の排出規制を大統領権限に基づいて導入しようとしたが，共和党所属の州司法長官たちを中心とする 27 の州に阻まれた。さらにオバマ政権は，トランスジェンダーの人々の置かれている問題の解消のための大統領権限に基づく政策実施も，共和党を中心とする 23 州の州司法長官たちに阻まれた。

　トランプ政権期には，トランプ政権が押し進めようとした DACA 廃止や国勢調査への市民権有無に関する質問項目の追加に対して，民主党州司法長官た

ちから訴訟が提起され，いずれも政権側が政策実施を断念している。

　なお，トランプ政権と州司法長官の間の数ある争いのなかでも，政治的社会的注目を集め最終的にトランプ政権が勝利を収めたものも複数ある。そのうち最も注目を集めたのは，3回も発出された入国禁止令であった。2017年1月27日の行政命令（executive order）13769号[24]，3月6日の行政命令13780号[25]，そして9月24日の大統領布告（presidential proclamation）[26]であり，いずれも主として特定の国籍をもつ人物の入国を一定期間禁止するための措置であった。3つの入国禁止令はきわめて類似しており，その理由はいずれの入国禁止令に対しても民主党所属の州司法長官たちはすぐさま連携して訴訟を提起し，これらの入国禁止令の多くの部分の執行の一時差し止めの判断を裁判所から勝ち取ったからである。実際，最初の入国禁止令が適用された2017年1月末から，3つ目の入国禁止令の全面的執行を認めた12月頭の合衆国最高裁の判断までの約10カ月間のうち，3つの入国禁止令のいずれかが部分的にでも適用されていた期間は4カ月間ほどであった。しかも，ほとんどの期間，アメリカ国民と「真正な関係」をもつ人物であれば，指定された国の国籍を有する人物であっても入国が認められていた。ただし，2018年6月26日，合衆国最高裁は3つ目の入国禁止令を合憲と判示し，州司法長官による阻止は失敗に終わった。

　トランプ政権と州司法長官が争った事例としてほかにも，移民政策ではメキシコとの間の国境の壁建設，低所得の合法移民の滞在許可延長や永住権付与の制限，不法移民の子どもに対する取扱基準の廃止，大統領選挙での郵便投票の増加に関連した合衆国郵便公社の業務削減などがよく知られている。また，リプロダクティブ・ヘルス／ライツ分野では，リプロダクティブ・ヘルスにかかわる助成金を受け取る医療機関に対する「口封じ」とも揶揄される厳しい制限，良心と宗教の自由という観点から女性やLGBTに対する不平等な取り扱いを例外的に合法とする規則導入，企業の健康保険に一部の避妊関連の医療負担を義務づけているオバマケアの規定の撤廃などが指摘できる。

おわりに

　本章では，州政府を構成する役職のひとつに過ぎないはずの州司法長官が，

実は現代アメリカに多大な影響力を行使していることとその過程の双方を政治学的，法学的観点から明らかにした。州司法長官は補完的な役割を期待した連邦政府から次々と付与された法執行権に基づいて，大企業と争う必要性から多州で連携し，積極的に独占規制や消費者保護に乗り出して影響力を強めていった。また，合衆国最高裁の判断により連邦政府に対しても訴訟を提起することが容易になったため，望ましくない大統領の政策に対しても多州で連携して訴えるようになり，連邦政府に対しても強い影響力を発揮するようになった。

　本章で示したように，現代の州司法長官の影響力の高まりは一過性のものでも偶然によるものでもない。州司法長官の台頭はさまざまな制度が長期的，複合的に組み合わさって形成されたのであり，堅い土台によって下支えされている。したがって，当分の間，州司法長官の影響力が削がれることは考えにくく，今後も州司法長官がアメリカにとって重要な存在であり続けるものと推察される。

注

1　Eric Lipton, "（Legal）Sprees with Lobbyists," *New York Times*, January 19, 2014; Eric Lipton, "Foreign Powers Buy Influence at Think Tanks," *New York Times*, September 6, 2014; Eric Lipton, "Lobbyists, Bearing Gifts, Pursue Attorneys General: With Few Disclosure Rules, State Officials Are Pressed on Inquiries and Policy," *New York Times*, October 28, 2014; Eric Lipton, "Energy and Regulators on One Team: Lobbyists Help Unite Attorneys General to Fight Rules," *New York Times*, December 6, 2014; Eric Lipton, "Lawyers Create Big Paydays by Coaxing Attorneys General to Sue," *New York Times*, December 18, 2014.

2　Susan Beth Farmer, "More Lessons from the Laboratories: Cy Pres Distributions in Parens Patriae Antitrust Actions Brought by State Attorneys General," *Fordham Law Review*, Vol. 68, No. 2, 1999; Richard P. Ieyoub and Theodore Eisenberg, "State Attorney General Actions, the Tobacco Litigation, and the Doctrine of Parens Patriae," *Tulane Law Review*, Vol. 74, No. 5 and 6, 2000; Jason Lynch, "Federalism, Separation of Powers, and the Role of State Attorneys General in Multistate Litigation," *Columbia Law Review*, Vol. 101, No. 8, 2001;

Margaret H. Lemos, "State Enforcement of Federal Law," *New York University Law Review*, Vol. 86, No. 3, 2011.

3 Paul Nolette, *Federalism on Trial: State Attorneys General and National Policy-making in Contemporary America*, University Press of Kansas, 2015.

4 National Attorneys General Association, "Former Attorneys General Who Have Held Higher Office," https://www.naag.org/assets/redesign/files/publications/Former%20AGs%20Higher%20Office_2020-02-18.pdf（2020 年 9 月 30 日閲覧）

5 Alfred L. Snapp & Son, Inc. v. Puerto Rico ex rel. Barez, 458 U.S. 592（1982）.

6 邦語では以下が詳しい。飯泉明子「アメリカのパレンス・パトリエ訴訟に関する一考察──環境法の視点から」『企業と法創造』7 巻 2 号，2010 年；堀澤明生「Massachusetts v. EPA 後の州の出訴権の消息──諸州 vs. 連邦政治」『北九州市立大学法政論集』47 巻 3・4 号，2020 年。

7 Louisiana v. Texas, 176 U.S. 1（1900）; Missouri v. Illinois, 180 U.S. 208（1901）; Georgia v. Tennessee Copper Co., 206 U.S. 230（1907）; Kansas v. Colorado, 206 U.S. 46（1907）.

8 William J. Baxley, "The State's Attorney," *Alabama Law Review*, Vol. 25, No. 1, 1972.

9 National Association of Attorneys General, Report on the Office of Attorney General, 1971, p. 375.

10 Richard Nixon, "Special Message to the Congress on Consumer Protection," October 30, 1969.

11 Baxley, "The State's Attorney."

12 John H. Kazanjian, "Consumer Protection by the State Attorneys General: A Time for Renewal," *Notre Dame Law Review*, Vol. 49, No.2, 1973.

13 California v. Frito-Lay, Inc., 474 F.2d 774（9th Cir. 1973）.

14 Office of the Attorney General, U.S. Department of Justice, *Annual Report of the Attorney General of the United States 1979*, Department of Justice, 1979; Office of the Attorney General, U.S. Department of Justice, *Annual Report of the Attorney General of the United States 1980*, Department of Justice, 1980; Office of the Attorney General, U.S. Department of Justice, *Annual Report of the Attorney General of the United States 1981*, Department of Justice, 1981; Office of the Attorney General, U.S. Department of Justice, *Annual Report of the Attorney General of the United States 1982*, Department of Justice, 1982.

15 Cornell W. Clayton and Jack McGuire, "State Litigation Strategies and Policy-making in the U.S. Supreme Court," *Kansas Journal of Law & Public Policy*, Vol. 11, No. 1, 2001.

16　Daniel R. Levinson, "Medicaid Fraud Control Units: Fiscal Year 2013 Annual Report," U.S. Department of Health and Human Services Office of Inspector General, 2014.

17　Hawaii v. Standard Oil Co., 405 U.S. 251, 255（1972）; California v. Am. Stores Co., 495 U.S. 271, 275–76, 295–96（1990）.

18　Texas v. American Tobacco Co., 14 F. Supp. 2d 956（E.D. Tex. 1997）.

19　State Litigation and AG Activity Database, "Settlements and Enforcement Actions," https://attorneysgeneral.org/settlements-and-enforcement-actions/（2020年 9 月 30 日閲覧）

20　詳しくは以下を参照。梅川葉菜「大統領権限の拡大と州政府の対抗」久保文明・阿川尚之・梅川健編『大統領権限の拡大と州政府の対抗』日本評論社，2018 年；梅川葉菜「州司法長官たちによる訴訟戦略と大統領」久保・阿川・梅川編『大統領権限の拡大と州政府の対抗』；梅川葉菜「大統領権限の行使と州司法長官たちの対抗——トランプ政権の移民政策を中心に」『駒澤法学』19 巻 2 号，2019 年。

21　Massachusetts v. Environmental Protection Agency, 549 U.S. 497（2007）.

22　State Litigation and AG Activity Database, "Lawsuits vs. the Federal Government," https://attorneysgeneral.org/multistate-lawsuits-vs-the-federal-government/（2020 年 9 月 30 日閲覧）

23　*United States v. Texas*, 579 U.S. ___（2016）.

24　Federal Register, Donald J. Trump, February 1, 2017, "Executive Order 13769 of January 27, 2017: Protecting the Nation from Foreign Terrorist Entry into the United States," Vol. 82, No. 20, 8977–82.

25　Federal Register, Donald J. Trump, March 9, 2017, "Executive Order 13780 of March 6, 2017: Protecting the Nation from Foreign Terrorist Entry into the United States," Vol. 82, No. 45, 13209–19.

26　White House Office of the Press Secretary, "Presidential Proclamation Enhancing Vetting Capabilities and Processes for Detecting Attempted Entry into the United States by Terrorists or Other Public-Safety Threats," September 24, 2017, https://www.whitehouse.gov/the-press-office/2017/09/24/enhancing-vetting-capabilities-and-processes-detecting-attempted-entry（2020 年 9 月 30 日閲覧）

※　本研究は JSPS 科研費 JP18K12710, JP19K01446 の助成を受けたものです。

第9章

州政府の多州連携
──連邦政府に頼らない課題解決の方法

梅川 葉菜

はじめに

アメリカの分権的な制度のもとでは，しばしば州単独では解決し得ない問題が生じ，それを打開するのが連邦政府の役割であると理解されている。州単独では解決できない問題を大別すると，3つに分類できる。全米単位での経済の効率性を追求する問題，州境を越える課題への対応の問題，全米単位では望ましい規制政策でも導入の障壁が高い場合があるという問題の3つである。

第一に，全米単位で経済規制を統一するという効率的な規制の実施を妨げてしまい，経済の非効率化を招くという問題がある。たとえば，もし州ごとに食品の安全規制が異なれば，多州で事業を展開する企業は，食品の生産，加工，流通，販売などの過程で関係するすべての州の規制を調べ，それらすべてを満たすよう生産から販売までの過程を整備しなければならない。またもし商法の規定が異なれば，企業が多州で物品売買を行いたい場合，売買契約から債務不履行の救済までのあらゆる商慣行について，関係するすべての州の商法を確認しなければならない。このように，各州がそれぞれ異なる法制度を整備してしまうと，州境を跨ぐ活動が活発であるほど大きな制約を受けてしまう。

第二に，州境を越える課題については，州単独で実施しても効果が薄いという問題がある。たとえば，親の養育放棄をなくすべくひとつの州で親に子どもの養育を義務づけても，他の州でそうした義務がなければアメリカ国内で親の養育放棄はなくならないだろう。また複数の州内を流れる河川の水質保全の取

り組みは，ひとつの州だけではなくその河川と関わりのあるすべての州が取り組まなければ効果はないだろう。大気汚染の問題や水産資源保護，自然資源保護も同様に，関係するすべての州が対処しなければ効果は期待できないに違いない。

　最後に，全米単位では導入が望ましい規制政策であっても，州間競争のために導入が困難だという問題がある。たとえば，労働時間の上限を設定したり，工場労働の安全基準を厳格に設定することは労働者保護に不可欠であるからアメリカ全体で考えれば望ましい政策かもしれない。ところが，企業からすれば規制が厳格な州で事業を続けることは，他州のより緩い規制のもとで事業を続けている企業との競争で不利になることを意味してしまう。すると企業は労働者保護政策に反対するだろうし，それでもなお拠点を置く州にそうした政策が導入されてしまった場合，より規制の緩い州へと移転するかもしれない。一方で州政府からすると，雇用や税収の観点から企業の州外への転出は望ましくないから，企業の選好を無視することはできないだろう。その結果，労働者保護のための規制政策が進展しないおそれがある。

　一般的なアメリカの連邦制についての理解を参考にすれば，こうした諸問題を解決しうるのは連邦政府である。連邦政府が全米一律の経済規制を敷き，また複数州に跨がる問題への対策を講じ，さらには州政府の気の乗らない規制政策を推進することでようやく，分権的な制度に起因する問題は解消へと向かうという。

　実際，連邦政府は歴史的にもそのように対応してきたとされている。アメリカ連邦制研究によれば，かつては連邦政府と州政府の権限が明確に分けられた時代が続いたが，19世紀末頃から状況が変化した。すなわち，経済，交通，通信の発展によりヒト・モノ・カネの移動が活発になったことで，あらゆる経済活動が全米各地と結びつけられるようになり，州境を越えた環境問題などが台頭し，経済優先で労働者をないがしろにする企業が横行するようになった。その結果，州政府では社会からの要請に対応できず，代わりに連邦政府に期待が集まり，連邦政府の権限が拡大されたという。とくに1930年代頃から，連邦政府の合衆国憲法上の権限，すなわち連邦議会の権限として明記されている支出条項や通商条項の拡大解釈などにより，連邦政府の事実上の権限拡大が推

し進められ，連邦政府が諸問題の解消に努め，州政府の役割は減少していった
とされる[1]。

　しかしながら，実際には19世紀末から現代までのアメリカの広範な政策領
域において，連邦政府の権限行使によらずに州政府が協調して諸問題の克服に
努めている事例が散見される。州政府が主に用いたのは，統一州法（Uniform
State Law）と州際協定（Interstate Compact）という2つの手段であった。

　統一州法案はたいてい，すべての州で法が統一されることに期待して専門家
によって策定される。ただし，専門家が策定した段階では法的効力はもたず，
各州が統一州法案を参考に立法手続きに則って制定して初めて効力をもつ。統
一○○法と表記されることが多いが，実際は完全に統一されているわけではな
く，各州が統一州法案を部分的に修正して採用するのが一般的である。日本で
もアメリカでもあまり注目されることはないが，統一州法によって支えられて
いる領域は幅広く，1州以上が導入している統一州法は100以上あり，20以上
の州が導入している統一州法は約40ある[2]。

　統一州法の中でもよく知られているのが，統一商事法典であろう。これは商
取引分野のうち連邦政府の権限の及ばない領域すべてを取り扱っており，日本
でいうところの民法の一部と商法の大部分を含む広範な法典である。1896年
統一流通証券法を皮切りに商法関連の統一州法案が分野ごとに作成され，その
度ごとに全米各州で制定されていった。1951年にはついに，それらの統一州
法がひとつの統一商事法典としてまとめられ，しばらくして全州が制定するに
至った。これにより，物品の売買，リース，流通証券，銀行預金や銀行取立，
資金移動，信用状，倉庫証券・運送証券などの権原証券，投資証券，担保取引
などあらゆる商事取引が全米で統一された。統一商事法典は，商取引に関する
アメリカ国内の州間の法的な差異に起因する諸問題の解消にきわめて重要な役
割を果たしているといえよう。

　州際協定もまた，アメリカを支える重要な一役を担っている。州際協定とは，
州間の条約のようなものであり，合衆国憲法第1条10節3項に定められてい
る。憲法上は連邦議会の同意が必要ではあるが，19世紀末の判例により，連
邦政府の権限を脅かさない範囲においては連邦議会の同意は不要となった。現
在，200以上の州際協定が効力を発揮しており，各州は平均しておよそ25の

州際協定を結んでいる。約 20 の州際協定が 35 以上の州の間での全米規模の協定で，約 30 の州際協定が 8 州以上の間での地域規模の協定である[3]。

　たとえば，1968 年に成立した教員資格合意（Agreement on Qualifications of Education Personnel）は，35 州で結ばれている州際協定である。本来，初等中等教員免許は州の権限において付与されるので，免許保有者はその州でしか教員になれない。ところが，州際協定が結ばれたことにより，一定の手続きを踏めば免許保有者は締約州で教員として従事できるようになった。すなわち，州際協定は教員という人材の州境を越えた流動性を高めることに大きく貢献しているのである。

　以上からは，統一州法や州際協定が，現代アメリカの連邦制が連邦政府と州政府の間の垂直的関係だけでは描ききれない，州政府同士の水平的関係によっても特徴づけられていることを示唆している。実際，後述するように 20 世紀初頭の一部の政治エリートたちは，連邦政府の権限拡大よりもこれらの手段のほうが諸問題に対する現実的かつ有用な策と捉え，将来の国家像を描いてすらいた。しかしながら，統一州法や州際協定に着目した研究は乏しい[4]。

　そこで本章では，従来見落とされてきた連邦制の発展の一側面を明らかにする。上述の通り，アメリカは歴史的に州単独では解決し得ない問題に対処する手段として連邦政府に助けを求める以外に統一州法や州際協定を利用してきた。それにもかかわらず従来のアメリカ政治研究は，20 世紀に入る頃からの急速な社会経済的変化が連邦政府の権限拡大をもたらしたことを自明視する傾向にある。本章は，連邦政府の権限行使によらずに州政府が州間で協力して諸問題に対処していった過程を明らかにし，アメリカの連邦制についてはもちろんのこと，アメリカ政治についても新たな視点を提供する。ただし本章では，統一州法や州際協定といった手段が多州連携の手段として発展していったメカニズムや，連邦制がこうした手段を組み込んで発展していったメカニズムまで議論は展開せずにとどめる。

　なお本章の分析は，多くの州で導入されている政策全般を扱うわけではなく，統一州法や州際協定のみに注目することに注意されたい。本章がこれらの手段に限定するのは，繰り返しになるが，これらが各州政府にとり，州単独で解決し得ない問題を連邦政府に頼らずに連携して克服するための手段だからである。

多くの州で導入されている政策だからといって，それが必ずしも州単独で解決し得ない問題の解決のために導入されたものとは限らない。むしろ，どの州でも類似した問題が生じ，似たような解決手段が有効だと考えられ，ときには他州での対応を参考にした結果，多くの州でほとんど同一の政策が導入された事例も多い。この点に関しては，政策波及研究が詳しい。政策波及研究は，ある州で導入されている政策が利益団体や他州の政治家などの関心を集め，別の州へと次々と波及していく政治現象に着目し，波及の条件などについてさまざまな知見を導いている[5]。

1.　統 一 州 法

(1)　統一州法とは何か

　統一州法案は，各州の法の統一を図るために，ある法分野について各州の法律のモデルとして作成された法案である。たいていは州法の統一を求める専門家集団によって策定される。狭義には，後述する統一州法委員会（Uniform Law Commission もしくは National Conference of Commissioners on Uniform State Laws）が策定したもののみを統一州法というが，広義にはほかのさまざまな団体が提案したものも含む。

　ただし，合衆国憲法に州法の統一に関する記述はいっさいない。合衆国憲法は州法の統一を各州に義務づけたり，それを可能にする権限をいずれかの機関に付与することはしていない。そのため，統一州法というと一見拘束力が強い印象を受けるが，以下の 3 つの点から一定程度の限界があることには注意が必要である。

　第一に，統一州法案が策定されたからといって，それがすぐさま法的効力をもつわけではない。統一州法が法的効力を発揮するには，各州がそれぞれ統一州法を州法として制定する必要がある。そのため統一州法と呼称されてはいるものの，統一州法が全米の州で施行されるには，50 州すべてが統一州法案を基礎に作成した州法案を一般的な州法と同様の立法手続きに従って制定させることが必要になる。

　第二に，各州は統一州法案をもとにした法の制定を義務づけられてはいない。

各州は統一州法案の制定を促されることはあるものの，州議会が必要なしと判断すれば法案審議はもとより法案提出すらなくても何ら問題はない。また，統一州法案をもとにした州法の立法手続きを開始しても，その内容を変更することにも何ら制約はない。統一州法案を策定した専門家たちからすれば明らかに法の統一の目的から逸脱しうる修正も可能である。

　最後に，統一州法を執行する統一機関などは存在しない。統一州法の執行は各州それぞれに委ねられている。各州の行政組織や州裁判所が独自に各州の定めた統一州法を解釈して執行する。

　以上のように，統一州法とは統一州法案を基礎にして各州で制定された州法の束に過ぎず，全州で全く同じ内容のものが制定されているわけでもなく，統一的な執行機関もなく，法域ごとに裁判所の管轄も法の解釈も異なりうる。

　したがって，統一州法を用いた法の統一の実現を目指す活動は，つねにこれらの課題を克服することに向けられた。以下では，こうした点に留意しながら統一州法の歴史を紐解いていく。

(2) 統一州法の起源としての統一州法委員会の設立

　統一州法の起源は，1870 年代にまでさかのぼることができる。当時，各州の州法が異なるためにさまざまな不確実性，頻繁に生じる混乱，不必要な訴訟など実務上のさまざまな弊害に悩まされていた法曹界や経済界から，州法の差異の解消を求める声が強まっていた。また南北戦争後の連邦権限の強化を警戒して，立法活動の中心地としての州を維持しなければならないとする機運も高まっていた。連邦政府に頼ることなく州法を統一することは，混乱などを招く州法の差異をなくすだけでなく州権の存在意義を強調できる手段として法曹界や連邦権限の拡大を恐れる人々にとって魅力的に映った。

　そうした中で最初に統一州法の推進を掲げた団体は，1878 年に誕生したアメリカ法曹協会（American Bar Association）であった。アメリカ法曹協会は，現在までアメリカにおいて法曹界を代表する最も著名な機関である。アメリカ法曹協会は会則に「本会の目的は……司法の管理と立法と司法判断の全国的な統一性を促進すること」と明確に謳われているように，州法の統一がその設立目的のひとつであった。

　実際に統一州法の推進に中心的な役割を果たしたのは，アメリカ法曹協会の支援によって 1889 年に設立された統一州法委員会であった。統一州法委員会は，現在まで統一州法の策定と普及に最も貢献している団体である。統一州法委員会の目的は，州法の統一が望ましく，また実行可能であると考えられるあらゆる分野においてアメリカ全土で州法の統一を促進することである。その実現のため，統一州法委員会は各州に推奨する統一州法案を慎重に策定することが期待された。

　統一州法委員会の委員には，法律に関する高い専門性が要求された。州法の統一が望ましい領域を特定し，適切かつ実行可能な形で統一州法案を策定するには法律家としての優れた才覚が必要とされたからである。そのため，委員はすべて弁護士資格を有する法律の専門家であることが定められ，実際には弁護士，裁判官，議員，法学者などから特別に優秀な者が選ばれることとなった。実際，現在までに，何人もの著名な人物が委員を経験してきた。たとえば，のちに大統領となるウッドロー・ウィルソン，合衆国最高裁判所判事となるルイス・ブランダイス，ワイリー・ラトリッジ，デイビッド・スーター，合衆国最高裁判所首席判事となるウィリアム・レンキストなどの名前を挙げることができる。

　統一州法委員会はまた，公的な組織に近い性質をもつようにもなった。1890年にニューヨーク州が委員の任命を州知事に求める州法を制定し，その選出方法が他州へと波及していったことで，統一州法委員会に公的な性質が与えられたのである。州知事による任命は，多くの州では州議会から授権された権限に基づくものと定められ，一部の州では州知事の執政権に基づくものとされた。

　このような高い専門性と公的な性質は，統一州法委員会の策定する統一州法案の社会的価値を高めることになった。統一州法委員会の構成員は法の専門家の中でもとくに優れた者が選ばれ，しかも公職者によって任命されるので，その活動が法の専門家，一般市民，政治家たちから重んじられるようになったのである。統一州法委員会も統一州法案も州に何ら強制力をもたないものの，その性質から各州は統一州法案を価値あるものと見なして制定を目指すようになり，法案の著しい改変は避けるようになり，ひいては州単独では解消し得ない問題の解決手段としてさまざまな政策分野で統一州法が用いられるようになっ

ていくことになる。

　統一州法委員会の設立当初は，選出方法が定まっていなかったことや，委員
が無報酬で務めることが各州に普及していったこともあり欠員が出ることもあ
ったが，1912 年以降はすべての州が委員を任命するようになり，欠員も出る
ことはなくなった。現在では，統一州法委員会は各州から数名ずつ選出された
計約 350 名の委員によって構成されている。

(3) 20 世紀初頭からの統一州法の普及

　20 世紀初頭は，一般に，個々の州政府の生来的な能力の限界から連邦政府
へと期待が集まるようになった時代と理解される。しかしながらこの時代には，
通説的理解に反し，個々の州政府では解決しきれない問題に統一州法によって
対処しようと努める動きが見られ，たびたびそれに成功していた。

　統一州法が社会経済的変化に対応する望ましい手段だと広く受け入れられる
ようになるきっかけを作った人物は，セオドア・ローズベルト政権のエリフ・
ルート国務長官であった。1906 年，ルートは，新たな社会経済状況に対応し
つつ州の権限を維持するには州が自ら行動せねばならず，そうしなければいず
れ合衆国憲法の拡大解釈により連邦政府の台頭を招くと述べた [6]。この演説は，
連邦制に関する論争の引き金となり，最終的に 2 つの合意が得られた。ひとつ
は，個別の州政府に社会経済的変化への対応を委ねている現状は，州間競争の
妨げになるとする主張が原因となって問題解決のための改革がなされてこなか
ったように，20 世紀の新たなビジネスに対処するには適切ではないということ
と。もうひとつは，連邦制はアメリカの政治システムにおいて神聖な価値を有
しているということ。これらの合意を調和しうる解決策として，次第に統一州
法が注目され，支持が広がっていった [7]。

　統一州法委員会は主として商慣行の法的な統一に関心を寄せていたため，経
済規模の拡大に伴い，のちに統一商事法典の一部となる統一州法案を次々と策
定していった。また各州もそれらを制定させた。統一流通証券法（Uniform
Negotiable Instruments Law）案は 1896 年に承認され，すぐにすべての州で制
定された。1906 年には統一売買法（Uniform Sales Act）案と統一倉庫証券法
（Uniform Warehouse Receipts Act）案，1909 年には統一船荷証券法（Uniform

Bills of Lading Act）案と統一株式譲渡法（Uniform Stock Transfer Act）案，1918年には統一条件付販売法（Uniform Conditional Sales Act）案が作られ，いずれも各州に取り入れられた。

　ほかにも多くの統一州法案が統一州法委員会の支援のもとで策定され，多数の州で導入されていった。たとえば，1910年には配偶者の扶養や子どもの養育を義務づけることを目的とした統一遺棄・養育放棄法（Uniform Desertion and Non-Support Act）案が作成された。1916年には企業形態のひとつであるリミテッド・パートナーシップを規制するための統一有限責任パートナーシップ法（Uniform Limited Partnership Act）案が作られた。1920年には外国の法域の裁判所の権限もしくは一般に認められた権限に基づいて記された書類に一応の証拠としての効果を付与する統一州法（Uniform Proof of Statutes Act）案が策定された。1922年，航空機の技術発展に伴い航空規制が求められるようになり，そのための統一州法（Uniform State Law for Aeronautics）案がまとめられた。また同年，確認判決を認める統一宣言判決法（Uniform Declaratory Judgments Act）案が作成された。1926年には，自動車の普及もあって道路交通規制全般について定めた統一車両法典（Uniform Vehicle Code）案が作られた。1928年統一退役軍人後見法（The Uniform Veterans' Guardianship Act）案は，第一次世界大戦の兵役中に障害を負った退役軍人に対する連邦給付金の後見人制度が各州で統一されていないことを問題視されて策定された。

(4) アメリカ法律協会やその他の団体の活躍

　1923年に設立されたアメリカ法律協会（American Law Institute）もまた，州法の統一を支援するのに統一州法委員会に匹敵するほど主要な役割を担うようになった。アメリカ法律協会は司法のより良い運営を促進するために，法律を明確化，近代化すべく設立された。設立者は合衆国最高裁判所首席判事で元大統領のウィリアム・タフト，国務長官で後の合衆国最高裁判所首席判事チャールズ・ヒューズ，ルート元国務長官らであった。設立初期の中心メンバーにベンジャミン・カードーゾ合衆国最高裁判所判事やラーニド・ハンド合衆国控訴裁判所判事（のちに首席判事）などもいた。

　アメリカ法律協会の主な構成員は，通常会員と職務上の会員である。前者は，

裁判官，弁護士，法学者の優秀な者たち（設立当初は 500 名上限，現在は 3000 名上限）であり，新たな会員は既存の会員が推薦した候補者の中からとくに能力，業績，性格などが秀でた者が選出されることとされた。後者は合衆国最高裁判所のすべての裁判官（経験者含む），合衆国控訴裁判所の長（経験者含む），全米の法域の最高裁判所の長，連邦政府の司法長官と訟務長官，アメリカ・ロー・スクール協会（Association of American Law Schools）の長および同協会に所属するロー・スクールの長，アメリカ法曹協会の長，全米法曹協会（National Bar Association）の長，連邦法曹協会（Federal Bar Association）の長，全米の法域の法曹協会の長である。ほかに終身会員，名誉会員がいる。

　アメリカ法律協会の活動や成果物は，設立当初から法律の専門家たちにとって軽んじることはできないものであった。前述したようにアメリカ法律協会の創設者や初期の中心メンバーは錚々たる顔ぶれであったことに加え，通常会員は法律の専門家の中でも優れた人物から選ばれることになっており，また職務上の会員は法律の専門職の中でもきわめて高い地位の者が務めていたからである。ただし統一州法委員会と異なるのは，メンバーの任命過程に公職者が関与しないため，公的な性格は有さないことであった。

　アメリカ法律協会が法の統一のために提案したのは，統一州法に加え，リステイトメントと模範法案と呼ばれるものであった。

　統一州法に関しては，統一州法委員会と協力して作成した統一商事法典がよく知られる。1942 年，アメリカ法律協会は統一州法委員会とともに統一商事法典の作成に取りかかり，1951 年にようやく完成に漕ぎ着けた。ペンシルベニア州が 1953 年に統一商事法典を採用した最初の州となり，その後 20 年の間にほかのすべての州がこれに続いた。

　リステイトメントとは，判例法によって形作られた原則を条文としてまとめ，さらに説明と例を付したものである。それ自体には法源としての拘束力はないものの，上述の通りその作成者たちが実際に法律にかかわっている当事者たちであり，かつ高い能力と評判をもっていることもあったため，裁判所によってしばしば引用された。そのため，統一州法の法解釈の法域ごとのばらつきを抑制するなどして，全米での州法の統一化に貢献を果たすようになった。またリ

ステイトメントは，州議会でも法案審議の際に参考にされるようになり，各州の立法の統一化に間接的に貢献もした。

　1930年代から40年代にかけてリステイトメントが整備されていった。1932年契約法リステイトメント（Restatement of Contracts），1933年代理法リステイトメント（Restatement of the Law of Agency），1934年抵触法リステイトメント（Restatement of Conflict of Laws），1934年不法行為法リステイトメント（Restatement of Torts），1935年信託法リステイトメント（Restatement of Trusts），1936年財産法リステイトメント（Restatement of Property），1937年原状回復法リステイトメント（Restatement of Restitution），1941年担保法リステイトメント（Restatement of Security），1942年判決の効力についてのリステイトメント（Restatement of Judgments）などが作成され，いずれもその後1度か2度改訂され現在に至っている。

　現在までに，1965年対外関係法リステイトメント（Restatement of Foreign Relations Law of the United States），1995年不正競争法リステイトメント（Restatement of Unfair Competition），1996年保証法リステイトメント（Restatement of Suretyship and Guaranty），2000年弁護士規制法リステイトメント（Restatement of Law Governing Lawyers）なども作成された。

　模範法は，統一州法と類似するものである。模範法もまた統一州法と同じく，多くの州でそれぞれの州議会の立法手続きに則って制定されて初めて法的効力が生じる。統一州法と明確に区別するのは難しいものの，模範法は全米での統一の必要性はないが多数の州で立法化が望ましい場合に呼称される傾向がある。

　アメリカ法律協会は1962年に模範刑法典（Model Penal Code）案を策定した。半数以上の州がこの模範法を参考にした刑法を導入した。

　アメリカ法曹協会もまた，模範法を作成した。各州の会社法のばらつきを問題視して1950年に策定した模範事業会社法（Model Business Corporation Act）案は，現在までに24州で導入されている。1979年には，民間企業との契約を通じた公金使用の手続きの透明性，競争性，信頼性を構築することを目指して模範調達法典（Model Procurement Code）案が作られ現在までに16州で導入されている。

　統一州法の策定によらず，州単独では解消できない問題への対応に貢献した

団体もある。1933 年創設の州政府評議会（Council of States Governments）である。州政府評議会は全米の州政府機関を結びつけ，政策アイデアや知見といったさまざまな情報交換を促進するための超党派的な非営利団体である。設立以来，州政府評議会は統一州法の制定や執行のための情報提供と交流の場として重要な役割を果たしてきた。

　1941 年には，州政府評議会は共有州立法事業（Shared State Legislation）を立ち上げて本格的に法の統一にかかわるようになった。この事業は，各州の公職者たちだけで構成される超党派の構成員たちの手で作成された冊子を各州の機関の長やスタッフに配布するものである。冊子の内容は，直近にいずれかの州で制定された州法のうち他州でも導入を検討するに値すると判断されたものの情報の束である。共有州立法事業は，統一州法，模範法，州際協定などを冊子に取り上げ，各州にそれらの導入を促すことで州の連携に貢献してきた。

　以上に加え，特定の政策領域に特化して州法の統一を目指す団体もある。そうした団体は，上述した諸団体と連携しながら統一州法の策定と普及に努めている。

（5）党派的な連携を推進する団体の台頭

　これまでに触れた州の連携を助けてきた組織はいずれも超党派的な組織であったが，近年は，保守派とリベラル派の双方が，それぞれ独自の非営利団体を設立し，それぞれの理念を反映した模範法の策定とその導入に力を注いでいることは注目に値する。前者については，1945 年に設立された保守派の州議会議員たちの地方組織の流れを汲み，1973 年から現在の名称となったアメリカ立法交流評議会（American Legislative Exchange Council）がある。後者については，アメリカ立法交流評議会に対抗して 1973 年に創設され，2012 年から名称を新たにした州革新交流（State Innovation Exchange）がある。

　とくに，アメリカ立法交流評議会は模範法導入への影響力が強い。アメリカ立法交流評議会は，保守的な州議会議員，連邦議会議員，企業の代表者たちを構成員として，小さな政府，自由市場，分権的な連邦体制などをモットーに掲げ，長らく保守的なイデオロギーに基づく模範法の作成と普及活動に邁進していた。中絶，薬物，銃規制，宗教，強制バス通学などの社会問題に保守的な立

場から模範法を提示するほか，経済規制の緩和，減税，環境規制の緩和，労働組合の弱体化など経済問題にも保守的な立場から模範法を提案し，保守派の強い州での導入に貢献してきた。最近では銃規制緩和に関する正当防衛法，投票権を制限しうる有権者 ID 法，非合法移民の排斥を意図した移民法などが知られる。ある調査によれば，アメリカ立法交流評議会が用意した模範法は，2010年から 2018 年までの間に連邦議会と 50 の州議会にてあわせて約 2900 回も法案として提出され，600 以上が制定されたという。この数字は，長年にわたって各州に法案を提案してきた権威ある超党派組織である州政府評議会の成果（4300 法案のうち 950 の法案が成立）に次ぐものであったという [8]。

　アメリカ立法交流評議会が模範法導入に強い影響力を誇っているのは，豊富な資金提供が可能な企業の支持を得ていることがその一因として考えられている。アメリカ立法交流評議会の掲げる経済政策の方針は，規制を嫌う一方で減税を望む企業の希望と一致しやすく，同評議会と同評議会と関係の深い州議会議員を支援することで，州レベルで企業の望む政策が実現されやすくなるからである。また保守派の州議会議員からしても，模範法の積極的な利用は望ましい。模範法を利用すれば一から法案を起草する必要がないので経験が浅い分野でも手間がかからない上に，明確に保守層にアピールでき，くわえて，アメリカ立法交流評議会やその関係者からの支持も期待できるからである。

2. 州際協定

(1) 州際協定とは何か

　統一州法とは異なり，州際協定は合衆国憲法に定められている。州際協定は合衆国憲法が唯一認めている，州間の関係を大きく変更する手段であり，2つ以上の州の間で結ばれる契約である。合衆国憲法上，合衆国最高裁判所が州間紛争の第一審管轄権を有するので，同裁判所が契約法の原則に基づいて州際協定を扱う。一般的に州際協定は，その目的に関する規定，その対象に関する具体的な条件，協定を管理するための州際機関の設置や他の管理方法，資金源，紛争解決，実施，協定の終了，加盟州の脱退などのその他の契約条件を含んでいる。

　州際協定は，協定締結州とその市民の権利および責任に影響を与える。その
ため，州際協定はそれぞれの州で承認されなければならない。州際協定が各州
の立法制定手続きに従って承認されると州法となる。ただし，判例により州際
協定は必要がある場合には連邦議会の同意を得なければならず[9]，連邦議会の
同意を得た州際協定は，連邦法として扱われる[10]。

　連邦議会の同意の必要性の有無は，その内容によって左右される。州際協定
を規定する合衆国憲法第1条10節3項には「州は，連邦議会の同意なしに
……他州もしくは外国と協定もしくは契約を締結し……てはならない」とある。
一見すると連邦議会の同意は不可欠と思われるが，1893年バージニア対テネ
シー事件判決において合衆国最高裁判所は，連邦議会の同意が必要なのは，ア
メリカ合衆国の優位性を侵害もしくは妨げるような，州の政治権力の増大をも
たらす結合の構築すべての場合に限るとの判断を示した[11]。

　合衆国憲法は連邦議会の同意の形式やタイミング，州が従わなければならな
い手続きなどを明示していない。現在までに，法案と同じように上下両院の可
決後に大統領の署名を経て同意がなされたとする様式が確立しており，約100
の州際協定が連邦議会の同意を得ている。連邦議会の同意には明示型，暗黙型，
事前型の3つの類型があるとされている。

　明示型は，州際協定が定める数の州で協定が採択された後に協定締結州が連
邦議会に同意を求めて提出する形式であり，議会は州際協定の内容に修正を加
えることができる。これは，州境紛争の解決のために頻繁に用いられてきた。
連邦議会の同意が不要とされるものであっても，後に連邦議会の承認が必要と
なる問題を避けるためにあえて連邦議会の同意を求める場合もある。

　暗黙型は，連邦議会が州際協定の内容におおむね同意する行動をとる場合に
与えられる同意である。連邦議会がある州際協定を支持するかその州際協定の
目的達成を支援するような法律を可決することで示される。主に州境の設定や
変更で用いられてきた類型である。

　最後に事前型は，連邦議会が特定の目的のために州際協定の締結を州に促す
法律を採択することで事前に同意を与える類型である。連邦議会は州際協定が
州間で締結されるよりも前に同意を示すので，州際協定の内容を確認する機会
を失うことになる。これは，連邦議会の介入がなければ対応できない州間の課

題の解決のために用いられてきた。

（2）従来の州際協定と新たな州際協定

　20 世紀初頭まで，州際協定が積極的に用いられることはなかった。1783 年から 1920 年までの間に結ばれた州際協定はわずか 36 に過ぎず，その大多数が州境協定（Border Compact）と呼ばれるもので，州境紛争の解決を目的とした州境線の確定のための 2 州間の協定であった [12]。20 世紀初頭からは，諮問協定（Advisory Compact）と呼ばれるものが現れるようになった。州を跨ぐ問題を調査してその結果を協定締結州に報告するための組織を設立するための協定である。しかしながら，いずれの型の州際協定も当時の社会や経済の発展に伴って生じた州単独では解消し得ない問題に対処する手段ではなかった。

　1920 年頃から，州際協定に対する期待が高まった。最もよく知られた唱導者は，のちに合衆国最高裁判所判事となる法学者のフェリックス・フランクファーターと，合衆国最高裁判所判事のロー・クラークを務めていたジェームズ・ランディス（のちにフランクリン・ローズベルト政権下で証券取引委員会委員長を務めた）であった。社会経済的変化に伴い州政府単独ではさまざまな問題に対処できないことが明らかになる中で，州際協定は，次の 3 点で優れた手段だと見なされるようになった。第一に，州際協定は州政府が制御するには大きすぎるが連邦政府が対処できない，もしくはすべきではない問題に対する解決策となる。第二に，州際協定は州境を越えて影響を及ぼしうる政策，たとえば航行，水産管理，公益事業規制，課税などによって生じる州間の問題の解決策でもある。最後に，州際協定は個々の州もしくは統一的な連邦による解決よりも，アメリカの各地域のもつ特異性や多様性に根ざした，より統合的で真の政府に至る手段である。多くの書籍や論文がそうした統治の展望を讃えていた [13]。

　このような期待のなか，1920 年代から，現代において最も典型的な州際協定の用いられ方が見られるようになった。規制協定（Regulatory Compact）と呼ばれるものである。この型の州際協定は，州単独では対処できない問題の解決のために締約州を拘束する規則や規制を定めている。くわえて多くの場合，規制権限をもつ常設の行政組織を立ち上げ，規則等の遵守も監督する。扱われ

る政策分野としては，地域開発計画，道路交通，農業，治水，自然保護，環境保護，農林水産物の管理と保護，エネルギー資源管理と保護，犯罪（犯罪者や前科者の取り扱いや情報共有など），資格（教師，看護師，運転免許など），保険，医療支援，教育，児童保護，自然災害時の協力など幅広い。

(3) 規制協定の台頭

　規制協定の台頭のきっかけとなったのが，1921年に連邦議会の同意を経て成立したニューヨーク・ニュージャージー港湾協定（New York-New Jersey Port Authority Compact）である。この州際協定では，自由の女神像から40キロ以内のニューヨーク州とニュージャージー州を跨ぐ地域の交通インフラ（橋，トンネル，空港，海港に加え，バスや鉄道など）をそれぞれの州に代わって管理，運営するための港湾公社が設立された。現在では，ジョン・F. ケネディ国際空港やラガーディア空港を含む5つの空港や，ポート・オーソリティ・バスターミナル，パストレイン，ハドソン川に架かる橋や潜るトンネルを管理・運営している。2001年同時多発テロで崩壊した世界貿易センタービルの建設と運営も担っていた。

　多州での資源管理のための州際協定の活用の初期の例として，1922年コロラド川州際協定が挙げられる。これはコロラド川流域の7州で結ばれ連邦議会の同意を得た協定である。水資源をめぐる上流の州と下流の州の間の対立が深刻な中で，訴訟合戦になってしまうことや連邦政府の介入によって州の利益が損なわれてしまうことを恐れた当事者たちが州間で問題解決をすべく，川の利用と管理を規制し，また水資源の配分も適切に対処することが取り決められた[14]。

　また，多州での統一的な規則や基準の設定を目指した州際協定の初期の例として，1935年に連邦議会の同意のもと成立した石油天然ガス州際協定（Interstate Oil and Gas Compact）が指摘できる。この州際協定は，石油・天然ガスの過剰生産の抑制，資源保全，効率的利用などを目的として設立された。当初は6州間の協定であったが，現在は31州が協定を結んでいる。また，当初の目的に加え，市民の健康や安全，環境保護も州際協定の目的として掲げられるようになった。

　実際，1920 年代以降，州際協定の結ばれた数とその内容に大きな変化が生じた。1920 年から 1941 年のわずかな期間に 25 以上の州際協定が結ばれ，1941 年から 1969 年の間には 100 以上が結ばれた [15]。また，1920 年以前に結ばれた州際協定の 94% は州境協定であったが，以降は大多数が規制協定であった [16]。

(4) 近年の州際協定

　近年，こうした変化がよりいっそう加速し，全米に州際協定の網の目が広がっていった。とりわけ複数州間での規制協定の結ばれる数が急増した。1955 年から 2011 年の間に州際協定を結んだ州の総数は約 1300 にまで達した [17]。これは，この期間に毎年平均して約 20 の州（ただし延数）が新たに何らかの州際協定に参加していることを意味している。

　以下では州際協定が現代アメリカ社会にとって重要な役割を担っていることを確認するため，大多数の州で結ばれた近年の州際協定をいくつか挙げたい。

　1996 年緊急事態支援協定（Emergency Management Assistance Compact）は 50 州で結ばれており連邦議会の同意を得た協定である。全米緊急事態支援協会（National Emergency Management Association）のもと，自然災害や人的災害に対して州知事の発令した緊急事態宣言下での州間でのあらゆる人的，物質的資源の相互支援が取り決められている。

　1998 年，犯罪者監督州際協定（Interstate Compact for Adult Offender Supervision）は，50 州で結ばれている。この協定は，前科者が州境を越えた場合に情報が適切に州間で共有されない問題を解消するために成立した。この協定のもとで設立された委員会は，成人の刑法犯の前科者の州境を越えた移動を追跡して情報を収集し，その情報を被害者および管轄区域に伝達するなどの役割を担っている。

　2006 年州際保険商品規制協定（Interstate Insurance Product Regulation Compact）は，44 州で結ばれている協定である。生命保険，年金，障害，介護保険商品の統一的な基準を推進するため，全米画一の基準を策定・実施・審査する規制機関を設置し，その監督を担っている。

　2008 年軍人世帯子ども教育支援州際協定（Interstate Compact on Education-

al Opportunity for Military Children) は，45 州で締結されている。アメリカ
では軍人世帯のほとんどの子どもはキンダーガーデンから 12 年生までの 13 年
間のうちおよそ 6 回から 9 回の転校を余儀なくされていた。その一方で，教育
システムは州ごとに，もっといえば州内の細かい行政単位である学校区単位で
異なっているため，転校に伴うさまざまな問題が子どもに悪影響を与えている
ことが問題視されていた。そこで，子どもの成績や出席状況といった情報の伝
達から転校によって生じるさまざまな問題への対処を支援することなどを定め
た州際協定が結ばれた。

　以上の州際協定は，分極化の時代にありながらも保守的な州，リベラルな州
問わず超党派的に結ばれた州際協定という意味でも特徴的といえるかもしれな
い。

　こうした超党派的な多州での連携を後押しする動きも見られる。2005 年，
州政府評議会は州際協定の推進のため，全米州際協定センター (National Cen-
ter for Interstate Compacts) を設置した。全米州際協定センターは州際協定を
通じて州間の問題を解決することを目的とし，州際協定の作成，改訂，調査の
ための情報や専門知識を提供してきた。

　他方で近年は，党派色の強い州際協定によって連邦政治に影響を及ぼそうと
する動きも見られる。

　たとえば民主党の強い州を中心として，全米一般投票州際協定 (National
Popular Vote Interstate Compact) によって大統領選挙の直接選挙の導入を目
指す動きがある。2006 年 2 月に最初に提案され，2020 年 7 月末時点で 15 州
（カリフォルニア州，コロラド州，コネチカット州，デラウェア州，ハワイ州，
イリノイ州，メリーランド州，マサチューセッツ州，ニュージャージー州，ニ
ューメキシコ州，ニューヨーク州，オレゴン州，ロードアイランド州，バーモ
ント州，ワシントン州）とコロンビア特別区（ワシントン DC）が採択してお
り，大統領選挙人 538 人のうち 196 人分に相当する。この協定が効力を発揮す
るのに必要なのは，大統領選挙人 270 人分の州の採択であり，現在は 72.6%
まできていることになる。背景にあるのは，接戦州以外，候補者も有権者もメ
ディアも関心を示さない現状の大統領選挙を変えることや，有権者全体の得票
で過半数を占める候補が負けてしまうことへの疑問や，その多くが民主党候補

であるという政治的動機などもあるとされる。連邦議会の同意はされておらず，そもそも連邦議会の同意が必要かどうかについても意見が分かれている。

　共和党色の強い9州は，オバマケアと呼ばれる医療保険制度改革を廃止すべくヘルスケア協定（Health Care Compact）を採択している。採択しているのはアラバマ州，ジョージア州，インディアナ州，カンザス州，ミズーリ州，オクラホマ州，サウスカロライナ州，テキサス州，ユタ州である。連邦議会の同意は必要とされているがいまだにされていない。この協定では，締約州はヘルスケア規制の権限を連邦政府から取り返すべく，連邦議会の同意を得ることや，適切なヘルスケア政策を実施することを目指すとされている。

　なお，ある州際協定の締約州が保守的な州ばかりもしくはリベラルな州ばかりだからといって，必ずしも分極化の構造によって説明できるとは限らないことには注意が必要である。近年の州際協定にも，州を跨ぐ自然資源の保護や管理，地域産業の保護といった目的のために地域間で形成されるものもある。アメリカでは地域ごとに特定のイデオロギーが強い傾向があるため，地域間での州際協定の場合，結果的に特定のイデオロギーが強い州ばかりの州際協定ができることもある。北東地域乳製品州際協定（Northeast Interstate Dairy Compact）や南部地域乳製品州際協定（Southern Dairy Compact）といった各地域の産業保護のための州際協定が好例だろう。前者はリベラル色の強い北東地域の州の集まりであり，後者は保守色の強い南部地域の州の集まりであるが，必ずしも分極化構造に由来する州際協定ではない。

おわりに

　本章では，聞き慣れない統一州法や州際協定といった手段が，現代アメリカの連邦制を理解する上で不可欠な要素となっていることを明らかにした。従来，世紀転換期の社会経済的変化に伴って生じた州単独では解決し得ない問題に対処するため連邦政府が権限を拡大して対応してきたと理解されていたが，本章からは，多州での連携もまた州単独で乗り越えられない諸問題に対応する手段としてこれらが活用され，連邦制の垂直的な構造以外に水平的な構造が発展してきたことが示された。しかも，こうした手段は現在もアメリカ政治を支えて

いるだけでなく，今後もさらに用いられうるという点で，現代アメリカ政治を
理解する上で重要な存在であり続けることも確認できた。

注

1　Edward Corwin, *Twilight of the Supreme Court: A History of Our Constitutional Theory*, Yale University Press, 1934; Richard Hofstadter, *The Age of Reform*, Knopf, 1955; Morton Grodzins, "The Federal System," in President's Commission on National Goals eds., *Goals for Americans: The Report of the President's Commission on National Goals*, Prentice-Hall, 1960; David Bradstreet Walker, *The Rebirth of Federalism: Slouching toward Washington*, Chatham House Publishers, 1995; Keith E. Whittington, "Dismantling the Modern State: The Changing Structural Foundations of Federalism," *Hastings Constitutional Law Quarterly*, Vol. 25, No. 4, 1998.

2　丸山英二『入門アメリカ法』弘文堂，2020 年。

3　https://www.csg.org/knowledgecenter/docs/ncic/CompactFAQ.pdf（2019 年 9 月 30 日閲覧）

4　例外としてとくに下記を参照。Joseph F. Zimmerman, *Interstate Relations: The Neglected Dimension of Federalism*, Praeger Publishers, 1996. 他の例としては下記を参照。Jack L. Walker, "The Diffusion of Innovations among the American States," *The American Political Science Review*, Vol. 63, No. 3, 1969; Susan Welch and Cal Clark, "Interstate Compacts and National Integration: An Empirical Assessment of Some Trends," *The Western Political Quarterly*, Vol. 26, No. 3, 1973; Patricia S. Florestano, "Past and Present Utilization of Interstate Compacts in the United States," *Publius*, Vol. 24, No. 4, 1994; John D. Nugent, *Safeguarding Federalism: How States Protect Their Interests in National Policymaking*, University of Oklahoma Press, 2009; Joseph F. Zimmerman, *Interstate Cooperation: Compacts and Administrative Agreements*, 2nd ed., State University of New York, 2011.

5　Graeme Boushey, *Policy Diffusion Dynamics in America*, Cambridge University Press, 2011.

6　Elihu Root, "How to Preserve the Local Self-government of the States: A Brief Study of National Tendencies," *Pennsylvania Society*, New York, December 12, 1906.

7　William Graebner, "Federalism in the Progressive Era A Structural Interpretation of Reform," *Journal of American History*, Vol. 64, No. 2, 1977.

8　Yvonne Wingett Sanchez and Rob O'Dell, "What is ALEC? 'The Most Effective Organization' for Conservatives, Says Newt Gingrich," *USA Today*, April 5, 2019, https://www.usatoday.com/story/news/investigations/2019/04/03/alec-american-legislative-exchange-council-model-bills-republican-conservative-devos-gingrich/3162357002/（2019 年 9 月 30 日閲覧）

9　Green v. Biddle, 21 U.S.（8 Wheat.）1, 92（1823）; Wharton v. Wise, 153 U.S. 155, 171（1894）.

10　Cuyler v. Adams, 449 U.S. 433（1981）.

11　Virginia v. Tennessee, 148 U.S. 503, 519（1893）.

12　Florestano, "Past and Present Utilization of Interstate Compacts in the United States."

13　Felix Frankfurter and James M. Landis, "The Compact Clause of the Constitution: A Study in Interstate Adjustments," *Yale Law Journal*, Vol. 34, No. 7, 1925; Emerson David Fite, *Government by Cooperation*, Macmillan Company, 1932; Marshall E. Dimock and George C.S. Benson, *Can Interstate Compacts Succeed? The Uses and Limitations of Interstate Agreements*, University of Chicago Press, 1937; Jane Perry Clark, *The Rise of a New Federalism: Federal-State Cooperation in the United States*, Columbia University Press, 1938.

14　Joe Gelt, "Sharing Colorado River Water: History, Public Policy and the Colorado River Compact," *ARROYO*, Vol. 10, No. 1, 1997.

15　Florestano, "Past and Present Utilization of Interstate Compacts in the United States."

16　Welch and Clark, "Interstate Compacts and National Integration: An Empirical Assessment of Some Trends."

17　Crady deGolian, "The Evolution of Interstate Compacts," in The Council of State Governors, ed., *The Book of the States 2012*, 2012.

※　本研究は JSPS 科研費 JP18K12710, JP19K01446 の助成を受けたものです。

第 10 章
州政府・地方政府による国際問題への関与

西住 祐亮

は じ め に

　近年，国際政治の舞台で，中央政府以外の行政主体が，注目を集める場面が増えている。いわゆる「自治体外交」や「都市外交」である。たとえば，チェコの首都であるプラハ市は，2018 年 11 月の市長交代を契機に，中国・北京市との姉妹都市関係を解消し（2019 年 10 月），2020 年 1 月には，台湾・台北市と姉妹都市協定を締結するに至った。世界を舞台とするアメリカと中国の緊張関係が高まるなか，また，チェコのミロシュ・ゼマン大統領が中国との協調外交を進めるなか，こうしたプラハ市の「都市外交」は，国際的に大きな注目を集めた。

　こうした行政主体の国際的存在感の高まりは，アメリカの場合，さらに顕著である。現在のアメリカには，50 の州政府と，9 万を超える地方政府が存在するが[1]，こうした行政主体の行動が，国際的な注目を集める事例は，実に多岐にわたる。新型コロナウイルスの問題では，ミズーリ州政府が中国政府を提訴する動きを見せ，また気候変動の問題では，トランプ政権のパリ協定離脱方針に反発して，いくつかの州政府が独自の気候変動対策を打ち出した。

　特殊アメリカ的な事情が，こうした動きを後押ししている部分もある。アメリカのいくつかの州は，世界の主要国と肩を並べるほどの経済規模を誇っている。また，共和党と民主党の党派対立の激化は，州政府が連邦政府（アメリカの中央政府）とは異なる方針を打ち出す誘因となっている。

　こうした特殊アメリカ的な事情と，冒頭で触れた世界的な潮流が重なり，今後，アメリカの州政府・地方政府は，ますます国際問題への関与を強め，場合によっては独自の「外交活動」を展開する場面も増えていくかもしれない。

　そこで本章では，とくに州政府に焦点を当て，州による国際問題への関与をこれまで制約してきた要因と，逆にこうした国際関与を促進している近年の要因について整理する。その上で，こうした州の国際関与が注目される具体的な分野をいくつか紹介する。

1．州による国際関与を制約してきた要因

（1）アメリカ合衆国憲法の規定

　アメリカ政治の重要な特徴のひとつに，権力分立の制度がある。この権力分立の制度は，州政府に強い権限を認める連邦制と，厳格な相互抑制・均衡を特徴とする三権分立によって支えられている。

　建国の頃から，アメリカの州は，他国の州や県と比べて，強い権限を有する存在であった。第1章でも見たように，アメリカ合衆国憲法は，憲法で「列挙された権限」を州政府から連邦政府に委譲することを規定しているが，数多くあるそれ以外の分野は，州政府の管轄と見なされてきた。すなわち，内政の多くの分野に関して，州政府はかなり強い権限を有してきたのである。

　しかし外交に関しては，事情が大きく異なる。ここでとくに重要なのは，外交に関する権限が，連邦政府に委譲する「列挙された権限」に含まれるという点である。外交権限は連邦政府の「専権事項」と見なされ，州の権限が強いアメリカであっても，州政府による国際問題への関与は，原則として限定的なものであった。

　外交権限を連邦政府の「専権事項」とする考えは，その後も，連邦最高裁の判断（古くは1820年代にさかのぼる）によっても支持され，現在に至るまで，州の国際関与を制約する大きな要因になってきた[2]。

（2）憲法上の規定の曖昧さ

　他方，外交に関する合衆国憲法の記述は，あくまでも簡素なものであり，連

邦政府の権限と州政府の権限を必ずしも明確に線引きしているわけではない。たとえば，他国政府を承認する権限や，他国の総領事館を受け入れる権限については，合衆国憲法の中に具体的な記述がない。

　こうした権限の所在が明確でない分野については，問題が生じるごとに，連邦最高裁が判断を下してきた。連邦政府の政策と州政府の政策が明白に衝突する場合においては，合衆国憲法の最高法規条項（Supremacy Clause）の規定により，連邦政府の政策が優先されてきた。

　しかし，両者の衝突が明白な事例というのは，必ずしも多くない。実際に多いのは，明白な衝突こそないものの，州政府の政策が連邦政府の政策に一定の影響を及ぼすような事例であり，この場合，州政府の権限がどこまで認められるかは，判断の難しい問題になってくる[3]。

　たとえば，州政府が他国に独自制裁を科すのは，憲法上認められる範囲の行動になるのであろうか。マサチューセッツ州が人権侵害を理由とする対ミャンマー制裁を試みた 1990 年代後半には，こうしたマサチューセッツ州の行動が連邦政府の政策を妨害するものかどうかが問題となった。これについて，連邦最高裁は，連邦政府の対ミャンマー政策を妨害する（制裁をちらつかせてミャンマーに圧力をかける連邦政府の手段を奪う）ものであるとして，マサチューセッツ州による制裁の適用が違憲であるとの判断を下した[4]。

　ただ，こうした判断で決着がついた事例はいわば「氷山の一角」にすぎないとの見方もある。また，今後，州政府の国際問題への関与が増えていく中で，よりいっそう判断の難しい事例が増えていくことも十分に予想される[5]。

　合衆国憲法の規定が，州の国際関与を制約する大きな要因となってきたことは間違いない。しかし，合衆国憲法による制約は絶対的なものではなく，州政府が国際的存在感を高める余地を残すものであると見ることもできる。

2．州による国際関与を促進している要因

（1）州の規模の大きさ

　以上のように，合衆国憲法の規定によって制約されてきた州の国際関与であるが，近年，いくつかの要因が重なり，状況が変わりつつある。

　州の国際関与を活発化させている第一の要因は，アメリカの州の規模の大きさである。アメリカが独立を果たして間もない頃は，アメリカそのものがヨーロッパ列強と比べて弱小な存在であり，独立時の13州はそれぞれ，国際的にさらに小さな存在であった。13州が，外交・国防に関する権限を連邦政府に委譲したのも，まさにこうした点が深く関係していた。

　しかし周知のとおり，その後のアメリカは国力を増し，現在では，さまざまな分野で世界をリードする大国となっている。州の数は50となり，また，いくつかの州は，かなりの規模を誇るようになっている。

　たとえば，国内総生産（GDP）を指標として見ると，アメリカの州の経済規模の大きさを実感することができる。図10-1は，主要国のGDPと，アメリカの州のGDPを比較し，ランキング形式にまとめたものである（GDPの値はいずれも2019年)[6]。なかでも目を引くのは，全米で最大のGDPを誇るカリフォルニア州の位置づけである。同州のGDPは，イギリスやフランスといった主要国のそれを上回っている。カリフォルニア州よりもGDPが高い国は，アメリカを除くと，中国，日本，ドイツのわずか3カ国である。

　また，カリフォルニア州に続くテキサス州とニューヨーク州も，イタリア，ブラジル，カナダといった国々と肩を並べるほどのGDPを誇っている。ウクライナ問題や選挙介入問題でアメリカと対立を深めるロシアも，ことGDPに関しては，上記3州のいずれにも及ばないことになる。その他，中堅国並みのGDPを備える州が数多くあるのも，アメリカの州の経済規模の大きさを実感させる。

　最も代表的な指標として，以上ではGDPを取り上げたが，州の国際的存在感を示す指標は，ほかにも多々あるものと思われる。カリフォルニア州はただ単に経済規模が大きいだけでなく，世界的な巨大IT企業の本社を数多く抱えている州でもある。しばしば指摘されるように，アメリカの巨大IT企業は，外部勢力による選挙介入の問題や，米中対立といった問題に取り組む上でも，協力の欠かせない存在である。このような巨大IT企業の一大拠点であるカリフォルニア州が，こうした問題にどのように取り組むかは，連邦政府にとっても大きな関心事と言える。また，カリフォルニア州はハリウッドといったエンタメ産業の中心地も抱えていて，アメリカのソフトパワーの拠点と見なすこと

図 10-1　各国およびアメリカの州の GDP（2019 年）

順位	国および州	GDP（兆ドル）
1	アメリカ	21.4
2	中国	14.1
3	日本	5.1
4	ドイツ	3.8
5	カリフォルニア州	3.1
6	インド	2.9
7	イギリス	2.7
8	フランス	2.7
9	イタリア	1.9
10	テキサス州	1.8
11	ブラジル	1.8
12	ニューヨーク州	1.7
13	カナダ	1.7
14	ロシア	1.6
15	韓国	1.6
16	スペイン	1.3
17	オーストラリア	1.3
18	メキシコ	1.2
19	インドネシア	1.1
20	フロリダ州	1.0
21	オランダ	0.9
22	イリノイ州	0.8
23	ペンシルベニア州	0.8
24	サウジアラビア	0.7
25	トルコ	0.7
26	スイス	0.7
27	オハイオ州	0.6
28	ニュージャージー州	0.6
29	ジョージア州	0.6
30	ワシントン州	0.5

出典：Wikipedia をもとに筆者作成。小数点第 2 位以下は切り捨て。

もできる。

　テキサス州はエネルギー関連産業が盛んな州であり，エクソンモービル社やコノコフィリップス社といった大手関連企業がテキサス州に本社を構えている。テキサス州の二酸化炭素排出量は，全米第1位の年間約7億トンであり（2018年），これは韓国，イラン，サウジアラビア，カナダ，メキシコといった国々と肩を並べる数字である[7]。気候変動の問題を考える場合，こうしたテキサス州の存在は無視しがたいものである。

　ニューヨーク州は国際的な金融センターのウォール街を抱えている。イギリスの著名なシンクタンク（Z/Yen）が公表している「世界金融センター・ランキング」の最新版（2020年9月公表）では，ウォール街のあるニューヨーク市が世界第1位となった[8]。このこと自体もきわめて重要であるが，たとえば，後述する対外制裁の問題では，こうしたニューヨーク州の特質が大きな意味をもつことにもなる。連邦政府の対外制裁を効果的なものにする上で，ニューヨーク州の果たす役割は小さくない。

（2）党派対立の影響

　州の国際関与を促進している第二の要因は，今日のアメリカ政治を規定する党派対立の激化，いわゆる「分極化」である。共和党・民主党双方のイデオロギー的純化と，党派対立の激化は，1970年代末頃から年を追うごとに進行し，2021年現在に至っては，時に「冷たい南北戦争」と呼ばれるような状態にすらなっている[9]。こうした党派対立の激化は，両党間の歩み寄りを困難にしている。互いに多様な考えを内包していた以前は，共和党と民主党の間で妥協が成立することもめずらしくなかったが，党派対立が激化した現在では，国の重要課題についても，両党で足並みがそろわない場面が目立つ。

　こうした党派対立は，アメリカの権力分立の制度にも大きな影響を及ぼしている。連邦政府の三権分立に関しては，大統領の政党と，連邦議会の多数党が一致しない「分割政府」の問題が注目されて久しい。こうした分割政府の問題は，外交の分野にも及び，国際舞台における大統領の行動を制約すると同時に，連邦議会の国際的存在感（ただし多くの場合は「妨害者」としての存在感である）を高めることにもなった[10]。

　そして近年では，同様のことが，連邦制についても指摘できるようになっている。すなわち，民主党の大統領が打ち出す外交方針に対して，共和党寄りの州がいわばボイコットを行ったり，逆に，共和党の大統領が目指す外交目標に対して，民主党寄りの州から公然と反対の声が上がったりする場面が増えているのである。

　たとえば，民主党のオバマ政権が合意にこぎつけたイラン核合意（Joint Comprehensive Plan of Action: JCPOA）に対しては，テキサス州のグレッグ・アボット知事（共和党）が反対の声を上げた。これだけにとどまらず，アボット知事はむしろ対イラン制裁を維持・強化する方針も打ち出し，他州に向けて同調の呼びかけも行った[11]。

　他方，トランプ政権のパリ協定離脱方針に対しては，カリフォルニア州のジェリー・ブラウン知事（民主党）の主導のもと，アメリカ気候同盟（U.S. Climate Alliance）が結成された。これは，パリ協定の目標達成を目指す州が集まって結成されたものであり，2021 年 4 月現在では，24 の州が参加している（プエルトリコとアメリカ領サモアも参加）[12]。

　このように，党派対立の激化は，州政府が連邦政府の外交方針に反対することを後押ししており，このことが，州の国際的存在感を高める一因にもなっている。

(3) 司法判断に関する近年の変化

　州の国際関与を促進している第三の要因は，連邦最高裁の判断や，判断に至る環境が，州にとって有利な方向に変化する兆しがあることである。

　第一の変化は，州政府の法律専門家が，近年，急激に力をつけてきていることである。各州の司法長官（state attorney general）は，連邦政府に対抗する意志と能力を備えた有能な人材に支えられるようになっている（第 8 章参照）。また，カリフォルニア州を例にとると，同州の州議会は，オバマ政権期に司法長官を務めていたエリック・ホルダー氏を法律顧問として招き入れ（2017 年 1 月），トランプ政権と法廷で争う強力な陣容を整えることになった[13]。

　こうした州の動きは，一義的には，連邦政府の攻勢から州の方針を守ることを目的とするものであった。たとえば，トランプ政権による「聖域都市（sanctuary city)」（不法移民に寛容な政策をとる都市）への補助金停止方針が，聖域都市を多く抱える州の反発を呼び起こし，これが結果として，州政府による法律専門家拡充の動きを（逆説的にではあるが）後押ししたと見ることができる。しかし同時に注意しなくてはならないのは，各州がこうした法律専門家というインフラを，今後，より能動的な形で用いる可能性もあるということである。各州による法律専門家の拡充については，この先も動向を注視していく必要があるであろう。

　第二の変化は，合衆国憲法の規定と実態が乖離する傾向が見られることである。合衆国憲法は，連邦議会の同意なしに，州が他国と協定を結んではならないと明記している（第1章10条3項）。しかしこうした規定は，近年の実態にそぐわなくなりつつある。各州は貿易・消防等に関する協定を他国と数多く結んでいて，とくに2010年くらいから，こうした傾向は加速しているとされる（1950年代以降に結ばれた350の州レベルの協定のうち，200は2010年以降に結ばれたもの）。こうした協定の中には，連邦議会が同意するのではなく，ただ単に「黙認」しているようなものも多く[14]，憲法の規定と実態の乖離を浮き彫りにすることとなっている。

　第三の変化は，州の側に有利な司法判断が下される事例が，近年，散見されるようになっていることである。たとえば，気候変動対策に消極的であったブッシュ政権下の環境保護庁（U.S. Enviromental Protection Agency: EPA）に対して，マサチューセッツ州など12の州（その他，いくつかの都市と環境保護団体も加わる）が，二酸化炭素およびその他の温室効果ガスの規制を求めた訴訟では，連邦最高裁が州に有利な判断を下した（2007年4月）。具体的には，気候変動に伴う海面上昇から臨海地域を守ることについて，これらの州が重大かつ長期的な利益を有しているとしたのである[15]。

　なお，このような州の側に有利な司法判断が下される背景として，グローバル化の影響を指摘する向きもある[16]。元来，グローバル化の議論は，どちらかというと，国際問題が国内問題に及ぼす影響を強調してきた。しかし，内政と外交の境界の曖昧化は，国内アクターの国際問題への参入を促してきた側面もある。こうした環境変化のなか，アメリカの州も，自らの利益が深くかかわる分野を中心に，国際問題への関与を強めているということになる。

（4）小括

　以上のように，州の国際関与を促進する要因は複数あり，実際にはこれらが
重なり合って，州の国際的存在感を高めていると言える。たとえば，いくつか
の州が経済規模で主要国と肩を並べること自体は，かなり以前から見られた現
象である。また逆に，州がどれだけ国際問題への関与を試みても，州の規模が
大したものでなければ，州の行動がもたらす国際的な影響は限定的なものとな
るであろう。しかし，諸条件が重なることによって，アメリカの州は国際的な
存在感を高めることになり，それが近年の傾向となっているのである。

　また，党派対立に関して補足をすると，州の行動が国際的に注目を集める事
例の多くは，州政府の方針が連邦政府の方針と食い違う場合に多く見られる。
この場合，州政府は連邦政府に対する「妨害者」として，国際社会の注目を集
めることになる。

　しかしながら，州が国際的な注目を集めるのは，このような事例だけでは決
してない。たとえば，冒頭で触れた中国政府を提訴するミズーリ州政府（ミズ
ーリ州は知事が共和党，州議会は上下両院とも共和党多数）の動きは，同じく
中国政府の責任を追及したトランプ政権の動きを後押しあるいは助長するもの
であった。この場合，州政府はむしろ連邦政府の「協力者」として，国際社会
の注目を集めることになる。州による国際関与を分析する場合は，こうした連
邦政府との関係性にも注意する必要があるであろう。

　さらに，党派対立に関して，もう一点補足をすると，共和党と民主党のどち
らが州の国際関与を支持しているかという問いも興味深いものである。元来，
州の権利を強く主張してきたのは，共和党の側であった。こうした図式は，
1960 年代の公民権運動の際にも見られたし，また近年では，第 6 章で述べら
れたように，同性婚合法化の問題などでも見られた。

　しかし，州の国際関与については，必ずしも党派による違いがはっきりして
いるわけではなく，民主党の側も，気候変動問題を中心に，州独自の国際関与
をかなり積極的に推し進めている。現状では，州の国際関与に対する支持・不
支持は，イデオロギーによって規定されるというよりも，争点や状況（大統領
の政党がどちらであるかなど）によって規定されると見たほうがよいであろう。

3．州の国際関与が注目される分野

（1）人権問題

　ここまで，州の国際関与を制約してきた歴史的な要因と，州の国際関与を促進している近年の要因について整理してきた。こうした点を踏まえ，以下においては，州の国際関与が注目される具体的な分野について見ていきたい。

　州の国際関与が注目される第一の分野は，人権問題である。人権問題における州の国際関与は，比較的古くから見られる現象で，1980 年代には，南アフリカのアパルトヘイト（人種隔離政策）の問題をめぐって，アメリカの州が国際的な存在感を示した。

　冷戦当初のアメリカは，世界におけるソ連への対抗や，国際共産主義の広がりを防ぐことを優先し，反共主義的な南アフリカ政権との関係維持を重視した。しかし，アメリカ国内の公民権運動の高まりは，アメリカの対南アフリカ政策にも大きな影響を及ぼし，アパルトヘイトの是正を求める声が，アメリカ国内で徐々に高まっていった。こうしたなか，1980 年代には，100 以上のアメリカの州政府・地方政府が，南アフリカとビジネス関係のある企業の活動を制限する州法や条例を立て続けに制定した[17]。

　また，こうした州・地方レベルの動きは，対南アフリカ制裁を求める連邦レベルの動きを後押しすることにもなり，1986 年 10 月には，包括的反アパルトヘイト法（Comprehensive Anti-Apartheid Act）が成立した。同法については，南アフリカとの関係を重視するレーガン政権が拒否権を発動したが，連邦議会は上下両院で 3 分の 2 以上の支持を確保し，同法を成立させることに成功した。

　以上のような制裁を通じた人権促進に加え，州政府と地方政府は，より象徴的な形で海外の人権問題に関与することもある。たとえば，2017 年 11 月に，サンフランシスコ市議会（カリフォルニア州）が「慰安婦像」の設置を支持する決議案を可決したことは，こうした関与の一例と見ることができる。人権問題においては，たとえ象徴的な姿勢を示すだけであっても，国際的な余波を生む場合が少なくない。実際，サンフランシスコ市議会の例では，決議案の可決が日本国内の反発を招き，大阪市に至っては，サンフランシスコ市との姉妹都

市関係を解消することになった [18]。

　こうした州政府・地方政府の国際的存在感は，アルメニアとトルコの歴史認識問題においても観察できる。オスマン帝国支配下のアルメニアで行われた強制移住や虐殺行為（19 世紀末から 20 世紀初頭）を，「ジェノサイド」と認定するか否かの問題は，国際社会も巻き込んだ両国の歴史認識問題として知られる。日韓の事例と同様，こうした問題では，たとえ象徴的なものであっても，第三者による言動が，当事国からの強い反応を招くことになる。アメリカでは，連邦議会とともに，各州の州議会が，トルコ側の行為を「ジェノサイド」と認定する決議を採択してきた。こうした動きは，トルコ政府からの強い反発を招くと同時に，ジョー・バイデン大統領による「ジェノサイド」認定表明（2021年 4 月）を後押しすることにもなった [19]。

（2）対外制裁

　州の国際関与が注目される第二の分野は，対外制裁である。対外制裁は，上述の人権問題とも深く関係する分野であるが，近年，効果的な対外制裁を実現する上で，州の果たす役割が注目されるようになっている。

　たとえば，財務省外国資産管理局（Office of Foreign Assets Control: OFAC）局長を務めた経験を持つアダム・シュビン氏は，対外制裁に関する下院外交委員会の公聴会（2018 年 1 月）に証人として招かれた際に，州の役割の重要性を指摘している。シュビン氏はこの公聴会で，効果的な対外制裁に向けた「7つの提言」を示したが，そのうちの 2 つは，州に関する提言であった [20]。

　州に関する提言のひとつは，州レベルの制裁を統制する必要性を指摘するものであった。シュビン氏によると，アメリカの連邦政府は各州による制裁を十分に統制できていないのが現状で，各州はイラン，シリア，スーダン，ミャンマーなどに対して，州法で独自の制裁を規定してきた。

　州による対外制裁の動きを時系列に整理すると，1980 年代の対南アフリカの事例では，州が独自に制裁を規定する動きが目立った。その後，先述の対ミャンマー制裁に関する連邦最高裁判決（1996 年）が下された後は，州による独自制裁の動きは一定の制約を受けるようになり，その後の州による制裁の多くは，連邦議会の同意を得たものとなった。しかし州の投資資金を念頭に，対

象国への投資撤退を呼びかける形式の対抗措置などは，あくまでも州の権限に基づくものであるため，州独自の措置が国際的な影響をもたらす実態は変わることなく続いている。

　また，州の役割が注目されるのは，制裁を履行する局面においても同じである。先述のシュビン氏のもうひとつの提言は，制裁の履行を徹底する重要性を指摘するものであったが，その中でシュビン氏が強調したのは，州政府が連邦政府と緊密に連携する必要性であった。

　どれほど厳しい制裁を規定しても，制裁逃れに対して厳正に対処しなければ，制裁は効果を上げない。このような対処役を主に担うのは，財務省の外国資産管理局や，司法省といった連邦政府機関である。しかし，州政府機関が果たす役割も重要であり，とくに多くの銀行が拠点を構えるニューヨーク州の金融サービス局（New York State Departement of Fincancial Services）が果たす役割は非常に大きいとされる。

　ニューヨーク州金融サービス局は，2011 年 10 月に新設された州政府機関で，州保険監督局（State Insurance Department）と州銀行局（State Banking Department）が合併してできたものである。金融サービス局の役割はかなり多岐にわたるが，財務省外国資産管理局が作成した制裁リストに基づいて，州内取引の監視等を行うことも役割のひとつである [21]。

　なお，シュビン氏によると，制裁履行に関する連邦と州の連携が乱れる場面は，近年，少なくない状況で，州の制裁履行が不十分な事例だけでなく，逆に，州のほうが連邦よりも厳しい制裁履行を行う場合もあるという [22]。

(3) 移民問題

　州の国際関与が注目される第三の分野は，移民問題である。合衆国憲法は，市民権取得に関する統一的なルールを定める権限は，連邦議会にあると規定している。連邦最高裁の判断も，こうした連邦政府の権限をこれまで認めてきた。

　しかし近年，不法移民問題を念頭に置いた「移民制度改革」では，各州で連邦政府の先を行くような動きが見られるようになり，この分野における州の存在感が高まりを見せている。

　州による「移民制度改革」の内実は多様であり，連邦レベルよりも不法移民

に厳しい州法を定める州もあれば（アリゾナ州やテキサス州など），逆に，不法移民に対して寛大な聖域都市を多数抱える州もある（オレゴン州やカリフォルニア州など）。

　聖域都市の中には，単に不法移民に寛大なだけでなく，不法移民に対して教育の機会を提供するなど，より積極的な支援策を打ち出している都市もある。また，不法移民に対して寛大な州の中には，不法移民を取り締まる連邦政府機関との協力を拒むような州もある。

　こうした実態は，市民権取得に関する権限を連邦政府が保持する中でも，州政府にできることが多々あることを示している。ここでもやはり重要になるのはグローバル化の影響であり，内政と外交の境界が曖昧になったことは，移民問題において州がこれまでよりも大きな役割を果たす可能性を高めている。「移民の流入を規定する法律」（連邦政府の管轄）と「州内における州民の福利を守る法律」（州政府の管轄）の峻別ができない限り，連邦最高裁によるこの先の判断も見通しが難しいと指摘されている[23]。

　また，聖域都市に関しては，連邦政府，州政府，地方政府の三者の利害が複雑に交差することも考えられる。アメリカの州の中には，州内の聖域都市を後押ししている州もあれば，逆に，州内の聖域都市を制限している州もある。こうした現状において，州政府と地方政府の利害がぶつかり合うことも生じている。また今後は，利害をともにする連邦政府と地方政府が，州政府の頭越しに協力を深めるような局面も増えてくるかもしれない[24]。

　そして，今後さらに注目されるのは，州が移民問題を議題に，独自の「外交活動」を展開する動きが見られるようになっていることである。具体的には，メキシコと隣接する南部諸州の州政府と，南部諸州に存在するメキシコ総領事館との間で，強制送還の問題に関する協議が行われている実態がある。こうした強制送還問題をきっかけに深まりつつある両者の交流は，その他の分野（不法移民に関する詐欺の問題など）にも広がりを見せる可能性が指摘されており，連邦政府の反応も含め，今後の動向が注目されるところである[25]。

おわりに

　州政府・地方政府による国際問題への関与は，今後，さらに注目を集める現象になっていくかもしれない。第一に，こうした行政主体の国際的存在感の高まりは，トランプ政権からバイデン政権に交代した後も，基本的には変わらない潮流である。たとえば，バイデン政権が，党内左派の求めに応じて，さらに寛容な移民政策を推し進めれば，今度は，共和党寄りの州が独自の動きを強める可能性がある。また，イラン問題でも，バイデン政権がイラン核合意への復帰を果たし，対イラン制裁を緩和する方向に進めば，オバマ政権期に見られたテキサス州などのボイコット活動が復活することになるかもしれない。州が独自の国際関与を模索する現象は，政権交代に関係なく継続していくものであり，政権交代によって大きく変わるのは，独自路線を進める州の顔ぶれだけということになる可能性は高い。

　また，現実の変化に応じて，この問題を扱う研究が増えていくことも予想される。多元主義を特徴とするアメリカにおいては，外交の分野でも，さまざまなアクターが政策決定に関与してきた。このような実情を反映し，連邦議会や利益団体といったアクターに注目する研究も豊富である。しかし，州政府・地方政府による国際関与は，相対的に新しい現象であるため，この問題を扱う研究は，他のアクターに関するものと比べるとかなり少ないと言える。

　ただ，こうした研究状況にも，変化の兆しは見られる。有力な外交専門シンクタンクとして知られるシカゴ・グローバル問題評議会は，「都市外交に向けて」という研究プロジェクトを始動し，包括的な報告書も公表している[26]。このプロジェクトは，地方政府の国際関与を分析対象とするものであり，同シンクタンクは，この問題に特化したTwitterアカウント（@_Global Cities）も開設している。

　州政府・地方政府の国際関与が注目される分野は，本章で取り上げたものも含め，実に多岐にわたる。現実問題としても，研究対象としても，引き続きこの問題への関心を深めていきたい。

注

1　松岡泰「地方自治と連邦制」久保文明・砂田一郎・松岡泰・森脇俊雅『アメリカ政治（第 3 版）』有斐閣，2017 年，184 頁。

2　David Freeman Engstrom and Jeremy M. Weinstein, "What If California Had a Foreign Policy? The New Frontier of States' Rights," *The Washington Quarterly*, Spring 2018, p. 31.

3　Ibid.

4　Crosby v. National Foreign Trade Council. 2007.

5　Engstrom and Weinsterin, "What If California Had a Foreign Policy? The New Frontier of States' Rights," p. 33.

6　"Comparison between U.S. States and Sovereign States by GDP," Wikipedia, https://en.wikipedia.org/wiki/Comparison_between_U.S._states_and_sovereign_states_by_GDP（2020 年 10 月 1 日閲覧）各国の GDP については，国際通貨基金（IMF）の調査，各州の GDP については，アメリカ商務省経済分析局（BEA）の調査をもとに算出している。

7　各州の二酸化炭素排出量については，アメリカ・エネルギー省エネルギー情報局（EIA）の調査を参照。"State Energy-Related Carbon Dioxide Emissions by Year, Unadjusted (1990-2018)," U.S. Energy Information Administration.

8　「国際金融都市ランキング，ニューヨークが首位，上海が東京抜く」『朝日新聞』2020 年 9 月 25 日。

9　Zack Beauchamp, "The Midterm Elections Revealed That America is in a Cold Civil War," Vox, Novermber 7, 2018.

10　久保文明「変容するアメリカの内政と外交——共和党多数議会の『外交政策』」五十嵐武士編『太平洋世界の国際関係』彩流社，2005 年。

11　"Governor Abbott Rejects Obama Administration's Request to Lift Iran Sanctions," Office of the Texas Governor, May 16, 2016 など。

12　"CA Governor Brown, NY Governor Cuomo and WA Governor Inslee Announce Formation of Climate Alliance," U.S. Climate Alliance, June 1, 2017 など。

13　Engstrom and Weinstein, "What If California Had a Foreign Policy? The New Frontier of States' Rights," pp. 35-36.

14　Ibid., pp.34-35.

15　American Insurance Association v. Garamendi. 2003.

16　Engstrom and Weinsterin,"What If California Had a Foreign Policy? The New Frontier of States' Rights," p. 34.

17　Brentin Mock, "When Cities Fought the Feds over Apartheid," *Bloomberg*, May

24, 2017.

18　Sasha Ingber, "Osaka, Japan, Ends Ties with San Francisco in Protests of 'Comfort Women' Statue," NPR, October 4, 2018 など。

19　Sarah Wire, "House Overwhelmingly Approves Resolution Recognizing Armenian Genocide," *Los Angels Times*, October 29, 2019 など。

20　その他，制裁に関する人材・予算面での環境を整えることや，他国との連携を強化することなどが，提言として示された。

21　"What is the New York State Department of Financial Services?" Sanction Scanner, https://sanctionscanner.com/knowledge-base/new-york-state-department-of-financial-services-62（2020 年 11 月 22 日閲覧）

22　Adam Szubin, Prepared Paper for the Hearing of the House Committee on Foreign Affairs, "Sanction and Financial Pressure: Major National Security Tools," 115th Congress, 2nd Session, January 10, 2018.

23　Engstrom and Weinsterin, "What If California Had a Foreign Policy? The New Frontier of States' Rights," p. 40.

24　"Sanctuary Policy FAQ," National Conference of State Legislature, June 20, 2019.

25　Engstrom and Weinsterin, "What If California Had a Foreign Policy? The New Frontier of States' Rights," pp. 40–41.

26　Anna Kosovac, Kris Hartley, Michele Acuto, and Darcy Gunning "Conducting City Diplomacy: A Survey of International Engagement in 47 Cities," The Chicago Council on Global Affairs, October 7th, 2020.

【コラム 4】 「丘の上の町」アメリカ

　これまで，経団連アメリカ委員会の訪米ミッションや，「日本・米国中西部会」，「日本・米国南東部会」の年次会合等に，団員，随員あるいは事務局として参加する機会を得て，全米の 20 州余りの知事・市長や州・地方政府の幹部の方々とお会いしてきた。

　各州は，いかに自州でビジネスを行うことが魅力的かを熱心に説明される。空港・港湾・道路・エネルギーなどのインフラの整備，市場へのアクセスの利便性，高い教育・訓練を受けた労働力の存在，各種優遇税制等に加え，気候風土や文化が日本人にもマッチすることをアピールされることも多い。これらの州は，日本に代表事務所を設置しているところも多い。お互いを「フレンドリー・コンペティター」として，日本との貿易，対米投資，観光促進を競い合っている。「わが州には Right-to-Work 法（労働権法）があります」と言われ，労働者の権利とは，「労働組合に入らなくとも働ける権利」だと教えられ日米の違いに驚かされることもあった。

　トランプ政権時代には，同盟国である日本に対しても，安全保障上の懸念を理由に制裁関税が課せられる等，ビジネスにおける不確実性が急激に高まった。ワシントン DC のエスタブリッシュメントの排除を旗印にした同政権に対して，どのように働きかけたらよいのか，日本企業はみな悩んだ。ひとつのヒントがわれわれとも縁が深かった知事経験者が閣僚（各省の長官）や大使として登用されたことだった。歴史を振り返ってみれば，州知事から大統領になった人も多い。政権の支持基盤となった中西部や南東部の諸州は，製造業が盛んで，日本から自動車メーカー等が進出してきた歴史も長い。これをレバレッジとして，連邦政府に働きかけを行うことはできるのではないか。

　経団連は，全米の州知事により構成される全米知事会の年 2 回の総会に，海外友好経済団体として参加するなど，州政府との関係の強化を進めてきた。コロナ前には，知事の訪日機会を捉えて精力的に面談も重ね，アメリカ委員長が知事と気楽に立ち話ができるような関係も構築できてきている。

　こうしたタイミングで，21 世紀政策研究所の米国研究会が，州政府が連邦レベルで果たす役割に着目し，法律・司法，政治，通商，環境・エネルギー，労働組合，宗教，文化等，多くの分野の若手研究者を集めて研究を進め，本書のような成果をまとめていただいたのは大変ありがたい。この後，アメリカとの関係をさらに実質

的なものとし，具体的な問題や課題が発生した際に，培ったネットワークをどう活用したらよいのか，大きなヒントを与えていただいたと感謝している。

　2000 年代初頭，サンフランシスコに駐在したが，リベラルな土地柄もあり，家族共々嫌な思いをしたことはなかった。とくに日本人は，数世代にわたり良き市民として信用を培ってきた日系人の方々の努力のお陰もあり，家を借りるにしても，車を購入するにしても，全く問題がなかった。豊かで寛容なアメリカ社会は，まさに「丘の上の町」だった。最近の分断された社会状況を見るにつけ，残念な気持ちにならざるを得ないが，いつかまた，かつての輝きを取り戻す時が必ず来ると信じている。

（東京海上日動火災保険株式会社業務企画部部長　金井田智久）

著 者 紹 介

久保 文明（くぼ ふみあき）〔編著者，序章担当〕
東京大学法学部を卒業，同大学より法学博士を取得。慶應義塾大学教授，東京大学教授など
を経て，
現在：防衛大学校長。専門はアメリカ政治外交史。
主著：『アメリカ政治史』（有斐閣，2018年），『トランプ政権の分析——分極化と政策的収
　　　斂との間で』（日本評論社，2020年，共編）など。

梅川 健（うめかわ たけし）〔第1章担当〕
東京大学大学院法学政治学研究科博士課程修了，博士（法学）を取得。首都大学東京（現・
東京都立大学）准教授などを経て，
現在：東京都立大学法学部教授。専門はアメリカ政治。
主著：『大統領が変えるアメリカの三権分立制——署名時声明をめぐる議会との攻防』（東京
　　　大学出版会，2015年），『アメリカ大統領の権限とその限界——トランプ大統領はど
　　　こまでできるか』（日本評論社，2018年，共編）など。

前嶋 和弘（まえしま かずひろ）〔第2，3章担当〕
メリーランド大学大学院政治学部博士課程修了，Ph.D.を取得。文教大学准教授などを経て，
現在：上智大学総合グローバル学部教授。専門は現代アメリカ政治外交。
主著：『アメリカ政治とメディア——「政治のインフラ」から「政治の主役」に変貌するメ
　　　ディア』（北樹出版，2011年），『危機のアメリカ「選挙デモクラシー」——社会経済
　　　変化からトランプ現象へ』（東信堂，2020年，共編著）など。

松井 孝太（まつい こうた）〔第4，5章担当〕
東京大学大学院法学政治学研究科博士課程単位取得退学。イェール大学フォックス・インタ
ーナショナル・フェローなどを経て，
現在：杏林大学総合政策学部講師。専門は現代アメリカ政治，労働・社会保障政策。
主著：『高齢者法——長寿社会の法の基礎』（東京大学出版会，2019年，共著）など。

藤本 龍児（ふじもと りゅうじ）〔第6章担当〕
京都大学大学院人間・環境学研究科博士課程修了，博士（人間・環境学）を取得。同志社大
学一神教学際研究センター特別研究員などを経て，

現在：帝京大学文学部准教授。専門は社会哲学，宗教社会学。

主著：『アメリカの公共宗教——多元社会における精神性』（NTT 出版，2009 年），『宗教と
　　　公共空間——見直される宗教の役割』（東京大学出版会，2014 年，共著）など。

杉野 綾子（すぎの あやこ）〔第 7 章担当〕

東京大学大学院法学政治学研究科博士課程修了，博士（法学）を取得。日本エネルギー経済
研究所研究主幹などを経て，

現在：武蔵野大学法学部准教授。専門はアメリカ政治，エネルギー政策。

主著：『アメリカ大統領の権限強化と新たな政策手段——温室効果ガス排出規制を事例に』
　　　（日本評論社，2017 年），『オバマ政治を採点する』（日本評論社，2010 年，共著）な
　　　ど。

梅川 葉菜（うめかわ はな）〔第 8，9 章担当〕

東京大学大学院法学政治学研究科博士課程修了，博士（法学）を取得。駒澤大学専任講師な
どを経て，

現在：駒澤大学法学部准教授。専門はアメリカ政治。

主著：『アメリカ大統領と政策革新——連邦制と三権分立制の間で』（東京大学出版会，2018
　　　年），『アメリカの政治』（弘文堂，2019 年，共著）など。

西住 祐亮（にしずみ ゆうすけ）〔第 10 章担当〕

中央大学大学院法学研究科博士後期課程修了，博士（政治学）を取得。明治学院大学法学部
非常勤講師などを経て，

現在：中央大学法学部兼任講師。専門はアメリカ外交，アメリカ政治。

主著：『変容する地球社会と平和への課題』（中央大学出版部，2016 年，共著），『米国の対
　　　外政策に影響を与える国内的諸要因』（日本国際問題研究所，2017 年，共著）など。

50 州が動かすアメリカ政治

2021 年 6 月 20 日　第 1 版第 1 刷発行

編著者　久 保 文 明
　　　く　ほ　ふみ　あき

21 世紀政策研究所

発行者　井 村 寿 人

発行所　株式会社　勁 草 書 房
　　　　　　　　　けい　そう

112-0005　東京都文京区水道 2-1-1　振替 00150-2-175253
　　　　（編集）電話 03-3815-5277／FAX 03-3814-6968
　　　　（営業）電話 03-3814-6861／FAX 03-3814-6854
　　　　　　　　　　　　　　　　　理想社・松岳社